编译文库

文学

李莉 刘英 主编

国家社科基金重大项目"美国文学地理的文史考证与学科建构"
（项目批准号 16ZDA197）阶段性成果

"一带一路"与文学地理新探究

"Belt and Road" and New Explorations of Literary Geographies

中央编译出版社
Central Compilation & Translation Press

图书在版编目（CIP）数据

"一带一路"与文学地理新探究 / 李莉，刘英主编. —— 北京：中央编译出版社，2025.5. —— ISBN 978-7-5117-4862-1

Ⅰ．K901.6

中国国家版本馆CIP数据核字第2025VK1070号

"一带一路"与文学地理新探究

责任编辑	翟　桐
责任印制	李　颖
出版发行	中央编译出版社
网　　址	www.cctpcm.com
地　　址	北京市海淀区北四环西路69号（100080）
电　　话	（010）55627391（总编室）　　（010）55627302（编辑室） （010）55627320（发行部）　　（010）55627377（新技术部）
经　　销	全国新华书店
印　　刷	佳兴达印刷（天津）有限公司
开　　本	710毫米×1000毫米　1/16
字　　数	245千字
印　　张	15.5
版　　次	2025年5月第1版
印　　次	2025年5月第1次印刷
定　　价	98.00元

新浪微博：@中央编译出版社　　　　微　信：中央编译出版社（ID: cctphome）
淘宝店铺：中央编译出版社直销店（http://shop108367160.taobao.com）　　（010）55627331

本社常年法律顾问：北京市吴栾赵阎律师事务所律师　闫军　梁勤
凡有印装质量问题，本社负责调换。电话：（010）55627320

目录

总　论 ·· 001
　"一带一路"与文学地理研究 ······················· 李　莉　003
　"一带一路"背景下的交通流动性叙事 ··········· 刘　英　014
　文学地理研究关键词：文学地域主义 ············· 刘　英　024
　西方马克思主义风景观 ······························· 李　莉　038

"一带一路"沿线国家文学地理研究 ····················· 057
　"重新书写"非洲大地
　　——莫桑比克作家米亚·科托小说的文学地理学研究 ········ 胡　婧　059
　绿色的未来想象：气候危机与非洲气候小说 ······· 朱新竹　072
　南非农场小说的生态绘图 ··························· 朱永玲　085

英美文学地理研究 ··· 099
　当风景不仅仅是风景
　　——《风景与认同：英国民族与阶级地理》评介 ········· 崔丽芳　101
　讲述唐人街的内部故事
　　——华裔作家伍慧明《骨》中的空间叙事 ··········· 蔡晓惠　111
　索尔·贝娄的芝加哥城市风景书写
　　——以《奥吉·马奇历险记》为中心 ··········· 简　悦　122

《泰比》中麦尔维尔的太平洋文学绘图 …………………… 侯　杰　132

从社区走向世界：《世界博览会》中的都市空间与共同体
　　意识 ……………………………………… 刘　英　石雨晨　144

城市中的"漫游者"
　　——论爱伦·坡小说中的人与空间 ……………… 韩红宇　156

物质流动与流行病书写：《荒凉山庄》的新物质主义解读 …… 穆玉瑶　169

海岛与印第安文化
　　——斯·奥台尔《蓝色的海豚岛》的景观解读 ……… 秦鹏钧　181

音景、移民与水位线：论《孔雀的叫喊》中的音景叙事 … 徐超超　193

《进入空气稀薄地带》中的三重悖论 …………………… 王承诚　206

《推销员之死》的现代城市景观与空间政治 ……………… 杨艾苒　218

艾德里安娜·里奇诗歌《潜入沉船的残骸》中的女性与
　　空间 …………………………………………………… 王阳阳　232

一

总　论

"一带一路"与文学地理研究

李 莉*

摘要：2017年在"一带一路"国际合作高峰论坛开幕式上,习近平主席首次提出"以文明交流超越文明隔阂、文明互鉴超越文明冲突、文明共存超越文明优越"的重大论断,为文学地理研究带来新思路。文学地理研究涉及一个国家或地区的地理、文化、政治、经济、历史等宏观因素,具有鲜明的地域、空间特性和国家/民族特征。同时,不同区域、国别的文学地理研究又可以相互借鉴,具有共性。因此,文学地理研究是一个打破地区、学科疆域束缚,整合不同文化和学科优势的研究领域。我们应探讨沿线国家共有的文化历史记忆,揭示不同文明交流互鉴的过去、现在和未来,打破国别区域界限和文化壁垒,在相互尊重、文化平等和充分对话的基础上,探索不同文化之间的共性,发掘文学地理研究的共同主题,以实现不同文化之间的共同繁荣和发展。

关键词:"一带一路";文学地理;人类命运共同体

---

* 李莉,南开大学外国语学院教授、博士生导师,研究领域为英美文学批评与西方文论,在研的科研项目有国家社科基金一般项目"美国河流美学研究"(主持人)、国家社科基金重大招标项目"美国文学地理的文史考证与学科建构"(子课题负责人)、教育部人文社科一般项目"美国河流风景研究"(主持人)。代表性论文有《"风景"研究的文化地理学价值》《被遗弃的乡村家园——20世纪美国诗歌的田园传统》《美国现代主义诗歌中的风景》等。

一、引言

2013年习近平主席提出"一带一路"倡议以来,中国已经同180多个国家和国际组织签署200余份合作文件。"一带一路"倡议以"和平合作,开放包容,互学互鉴,互利共赢"为核心精神,向全世界倡议不同地域、不同民族文化之间的相互合作,共同构建人类命运共同体,把"中国梦、亚洲梦、世界梦对接"①。

除沿线国家外,"一带一路"倡议吸引了越来越多国家和民族的目光。共处"百年未有之大变局"中,战争、气候环境恶化、新冠疫情、地缘政治等全球性问题威胁着整个人类的现在和未来。面对共同的全球危机,"一带一路"倡议为人类的共同发展提出全新思路,主张"应对共同挑战、迈向美好未来"②,"文明因多样而交流,因交流而互鉴,因互鉴而发展"③。

新时代的文学地理研究受到"文明交流与互鉴"新理念的启发,不同国家和地区的学者们一方面积极探讨本国家和地区的文化历史记忆;另一方面秉承不同民族文化的平等、相互尊重和对话原则,不断发掘各国文明交流与互鉴的过去、现在和未来,在打破地域界限和文化壁垒的同时,以共同构建人类命运共同体为最终目标。

二、文学地理研究梳理

文学地理探讨不同地域的地理因素与作家个体及群体的创作主题及其风格、文学文化思想的产生发展之间的相互关系,是研究民族/国族文化的路径。自然地理环境对文学的生成发挥了重要影响,而文学作品中所表征的人类改造自然的各种活动和轨迹又反过来改变了地理环境,地理环境和人文环境相互制

---

① 肖燕飞:《"一带一路"文明交流互鉴:构建人类命运共同体的中国贡献》,载《社会科学家》2022年第9期。
② 《习近平谈治国理政》(第三卷),外文出版社2020年版,第465页。
③ 《习近平谈治国理政》(第三卷),外文出版社2020年版,第468页。

约、相互影响，关注现实中的地理变化以及文学作品中真实和想象的地理变化正是文学地理探讨的话题，这一话题与不同民族、国家以及全球人类的命运息息相关。

对中外一些国家的文学地理发展进行梳理总结发现，虽然各国各民族在文化历史、宗教信仰等方面存在诸多差异，也曾发生矛盾和冲突，但是，文学地理在关注地理学中的文学以及文学中的地理学两大主题中，不同文化都从地方主义或者地域主义文学研究出发，以自然环境与人类活动的和谐共生为聚焦点，关注地方、空间、自然风景之间的相互关系，聚焦不同文化的作家受本国自然和人文环境的影响，在文学的想象空间中再现本国的地理地貌、风土人情、文化习俗，揭示文学和自然如何共同构成"生态—宇宙—诗学"的统一体①。

1. 欧美的文学地理研究

"文学地理"这一概念出现在法国的时间是20世纪初，更确切地说是1907年，保罗·德·博拜–弗洛蒙（Paul de Beaurepaire-Fromont）在《法国文学的地理梗概》一文中提到这一概念。20世纪40年代，奥古斯特·杜布依（Auguste Dupouy）的《法国文学中的地理学》（1942）和安德烈·费雷（André Ferré）的《文学地理学》（1946）相继面世，西方文学地理学首先在法国诞生。法国米歇尔·柯罗（Michel Collot）在《文学地理学》（2021）中指出文学空间包括三个维度："一是与真实地点的关联；二是一片'想象的天地'或一片'景观'的建构；三是文本本身独有的空间性"②。这本书的第一部分厘清了文学地理学的三个重要概念——地理（空间）测绘法、地理批评的方法和地理（空间）诗学的方法，第二部分包括法国文学地理学的具体实例。法国文学地理学主要关注三个要素：空间、地方和景观，研究方法主要有三个：地理（空间）测绘法、地理批评法以及地理（空间）诗学法。

英国的文学地理一词最早出现在1904年苏格兰作家威廉·夏普（William Sharp）的著作《文学地理》以及1905年弗吉尼亚·伍尔夫（Virginia Woolf）

---

① 转引自［法］米歇尔·柯罗：《文学地理学》，袁莉译，福建教育出版社2021年版，第131页。
② ［法］米歇尔·柯罗：《文学地理学》，袁莉译，福建教育出版社2021年版，第16页。

的一篇名为《文学地理》的文章里。英国文学地理的主要成果是"文学地图"以及小说的地理批评[1]，俄罗斯的文学地理研究以空间研究为特点，别尔嘉耶夫在《论空间对俄罗斯灵魂的统治》中指出，辽阔的"空间本身就是俄罗斯命运的内在的、精神的事实。这是俄罗斯灵魂的地理学"[2]。美国的文学地理到目前为止，没有成为一个独立的学科，文学地理研究主要以"地域主义"文学为特点，包括中西部文学、南方文学、东部文学等。"地理批评"在20世纪经历"空间转向"之后受到法国和美国学者的关注，法国的"地理批评"以贝特兰德·韦斯特法尔（Bertrand Westphal）为代表，提出空时性、越界性、指涉性三大地理批评核心概念。美国的"地理批评"以罗伯特·塔利（Robert Tally Jr.）为代表，其主要思想是"文学制图"，关注文学作品中空间、地方和制图的相互关系。

2. 非洲的文学地理研究

"一带一路"沿线包括数量众多的非洲国家，非洲文明历史悠久、文化众多。"一带一路"倡议获得热烈反响，越来越多的非洲国家参与其中，中国和非洲各国的政治、经济、文化合作和交流日益广泛和深入。齐林东指出，"一带一路"倡议为中国的非洲文学研究开创新契机，非洲文学研究为"一带一路"倡议提供了学术支撑和文化保障[3]。非洲处于古代陆上丝绸之路和海上丝绸之路的路线范围内，著名的汉武帝时期张骞出使西域以及明代郑和下西洋都曾到访过非洲，中非贸易和文化交往历史源远流长。"非洲学"专家刘鸿武提出建构"中国非洲学"，创建一门"专门以非洲大陆为研究对象、探究非洲文明历史进程及其当代政治经济与社会发展问题的综合性交叉学科"[4]。

3. 中国的文学地理学研究

柯罗的《文学地理学》一书译者袁莉在译序中认为中国文学地理学的研究是缺失的，这样的论述有失偏颇。曾大兴认为，中国的文学地理学研究是世

---

[1] 梅新林：《文学地理学原理》，中国社会科学出版社2017年版，第107页。
[2] 梅新林：《文学地理学原理》，中国社会科学出版社2017年版，第108页。
[3] 齐林东：《"一带一路"倡议与中国的非洲文学研究》，载《阴山学报》2021年第1期。
[4] 刘鸿武：《"非洲学"的演进形态及其中国路径》，载《国际政治研究》2016年第6期。

界上最早的,《左传·襄公二十九年》记录的季札对"国风"的评价比法国学者孟德斯鸠《论法的精神》(1748)的言论早了 2292 年①。1997 年,陶礼天提出了关于"文学地理学学科"的初步构想,认为文学地理学属于"文学研究的边缘学科",文学地理学的目标是研究文学与地理之间多层次的辩证的相互关系②。中国文学地理学会自 2011 年成立以来一直致力于研究"文学"与"地理"的内在关系,探讨文学的地理学内涵,使文学地理学研究成为中国学术界的一门发展迅速的显学。中国文学地理学学科建构成果的专著也陆续面世,代表性著作包括曾大兴的《文学地理学概论》(2016),梅新林、葛永海合著的《文学地理学原理》(上、下卷)(2017)。二十多年来,包括杨义、周尚意、邹建军、夏汉宁等在内的一大批中国学者围绕文学地理学的基础理论与基本概念、文学地理学的研究方法、区域文学地理、文学风景研究等话题进行了深入探讨。可以说,文学地理学已经发展为有中国特色的学科体系,以文学地理学为研究视角的学术论文近年来呈现快速增加的趋势。

曾大兴认为中国地理学研究有悠久的历史,约有 2560 年,分为三个阶段:第一阶段(前 544—1905)是片段言说阶段,以公元前 544 年的季札观乐为标志。第二阶段(1905—2011)是系统研究阶段,以 1905 年刘师培发表的《南北文学不同论》一文为标志。第三阶段(2011 年以来)是学科建设阶段,以 2011 年中国文学地理学会的成立为标志③。众多学者致力于把文学地理学建构为一门独立的学科,曾大兴总结了中国文学地理学研究的特色:第一,中国的文学地理学具有以实证研究为基础的理论架构。中国学者采用既重视实践又注重理论建构的实证方法,避免了西方"长于事实而短于理论"的弊端。第二,中国文学地理学以中国式的话语体系为表达方式,"其理论体系和知识体系是中国式的,它用来表达这个理论体系和知识体系的概念也是中国式的"④。第三,中国的文学地理学研究得到老中青三代学者的不懈努力。潘德宝对中国文学地理学发展的评价颇高,认为中国学者"承接西方文学地理学与'空间批

---

① 曾大兴:《文学地理学概论》,商务印书馆 2016 年版,第 447 页。
② 陶礼天:《北"风"与南"骚"》,华文出版社 1997 年版,第 11 页。
③ 曾大兴:《文学地理学概论》,商务印书馆 2016 年版,第 367 页。
④ 曾大兴:《中国文学地理研究与学科建设》,载《美学与艺术评论》2019 年第 19 辑。

'评'的学术传统与理论成果",以超越时代的视野对"新文学地理学"展开系统的理论辨思与建构,充分体现了中国文学地理研究是"国际视野、本土情怀、时代精神与理论创新的有机统一"①。

总之,中国学者在文学地理学理论和实践所做的开拓性努力,契合了"一带一路"倡议所坚持的以中华文明为依托,坚持文化自信,在与"一带一路"沿线各国以及其他国家进行文化交流过程中,既坚守自身的文化价值观,讲好中国故事,又以开放包容、互相学习、相互合作的态度,关注共同的人类命运和时代召唤,共建全球范围内的人类命运共同体。

三、"一带一路"理念下的文学地理研究主题

"一带一路"倡议下的文学地理研究应该遵循文化平等、相互尊重、相互信任的基本原则,致力于打破地缘政治和不同文化之间的壁垒,在不断深入的文化交流互鉴基础上,发掘不同文化体系之间的共性,总结文学地理研究中的共同主题,实现不同文化之间的共同繁荣和发展。

因此,尽管文学地理研究存在国别区域的差异,研究理念、方法和思路各有不同,学科建构和地区发展不平衡,但对人类共同命运的关注让我们在不同国别文学的文学地理探讨中找到了共同的话题。

1. 国别文学之下的地域—区域文学研究

每个国家的文学地理研究都以本国的地域—区域文学研究为原材料,展现本国/本民族文学思想的内在和外在机理。中国学者王向远是这样界定"区域文学"的:"区域文学"是"若干民族和国家文学形成的集合体。由于各民族文学的相互交流、相互关联,而使某一区域内的各民族文学出现了一定程度的共通性和相似性,这就形成了'区域文学'"②。以中国的地域—区域文学研究

---

① 潘德宝:《文学地理学的理论奠基》,载《光明数字报》2019年2月27日第10版,(https://epaper.gmw.cn/zhdsb/html/2019-02/27/nw.D110000zhdsb_20190227_2-10.htm)。

② 王向远:《试论文学史研究的三种类型及其与比较文学的关系》,载《外国文学研究》2003年第3期。

为例,中国文学地理学视域下的地域—区域文学研究是确立中华文化认同的重要手段,文化认同可以从身份认同和价值认同两方面得以确定①,这一传统思想在地域—区域文学地理研究中经历了从"华夏中心论"到"华夏多元论",这一变化受到中国地域—区域文化地理观的变迁以及文化认同思想变化的影响②。

中国幅员辽阔,地理区域类型多样,曾大兴根据地理、历史和文学依据,把中国的文学地理学视域下的主要文学区域划分为 11 个,分别是东北文学区、秦陇文学区、三晋文学区、中原文学区、燕赵文学区、齐鲁文学区、巴蜀文学区、荆楚文学区、吴越文学区、闽台文学区和岭南文学区,另外,还有云贵文学区、青藏高原文学区和新疆文学区。他认为文学区的划分要考虑四个文学要素:"一是文学所赖以生成的地理环境,包括自然地理环境和人文地理环境;二是文学家,包括文学家个体、文学家族、文学流派、文学社团、文学活动中心;三是文学作品及其构成元素如题材、主题、母题、原型、人物、意象、文学内部景观、文体、结构、语言、风格等;四是文学外部景观,如文学家的故居、墓地、文学活动场所、纪念馆、文学家的登临游览题吟之地等"③。每个文学区的文学作品都具有鲜明的地域、地方特征,共同组成百花齐放、各具特色的中华优秀文化传统。

同中华文化一样,非洲的地域—区域文学研究包括"非洲在内的各个特定自然区域的文明、制度、文化,都是具有突出的地域特点、民族个性、时空痕迹的可感知的活生生的'生活存在'"④。尽管非洲文学地理曾长期作为"西方中心主义"者凝视、评判的对象,殖民主义思想至今仍然是非洲被殖民国家的主导思想之一,但随着 20 世纪 60 年代非洲大陆独立运动的高涨及几十个非洲独立国家的涌现,西欧宗主国丧失了在非洲的支配地位,非洲本土文化兴起,西方国家推行的非洲文化霸权制度日益衰败,非洲本土的文化研究发展迅速,社会影响力不断扩大。2021 年,被称为世界上最杰出的后殖民作家之一的坦桑尼亚的阿卜杜勒拉扎克·古尔纳(Abdulrazak Gurnah)成为又一位获得

---

① 梅新林:《文学地理学原理》,中国社会科学出版社 2017 年版,第 635 页。
② 梅新林:《文学地理学原理》,中国社会科学出版社 2017 年版,第 635—636 页。
③ 曾大兴:《文学地理学概论》,商务印书馆 2016 年版,第 267 页。
④ 刘鸿武:《"非洲学"的演进形态及其中国路径》,载《国际政治研究》2016 年第 6 期。

诺贝尔文学奖的非洲作家，古尔纳的文学创作始终围绕着非裔身份、个人和集体的殖民记忆以及难民流亡图这三大主题。朱振武教授认为非洲作家之所以屡次斩获世界各大文学奖项是因为非洲作家的作品中都蕴含着鲜明的"非洲性"（Africanness），非洲性是指"非洲及非裔人民对源自非洲大陆历史文化的深层认同和对那片故土的深层依恋，是其秉持自我、消弭隔阂、牢记历史但又眼望前方的文化特质。非洲文化的非洲性正是基于这种文化共同体认同的书写表征"[①]。

如果以中、美、非洲三个国家或地区的三个诺贝尔文学奖获得者为例，我们不难发现，他们都是以本国的地理空间、文学景观为创作源泉，揭示地域—区域民族/国族文化的特性，都从自己的本土文化出发，因揭示人类共同面临的生存问题和价值观而走向了世界。中国作家莫言的文学创作是从河南高密出发的，美国作家福克纳是美国南方文学的代言人，古尔纳的家乡非洲的桑给巴尔给了作家创作的灵感。正是美国南方独特的自然环境、气候、地方风俗习性以及文化精神使福克纳的"约克纳帕塔法"神话王国具有鲜明的南方地理空间特性和人地关系。这就是曾大兴所说的"本籍文化"是影响力最大的地域文化，因为正是家乡的一切培育了一个作家"基本的人生观、基本的价值观、基本的文化心理结构和基本的文化态度，这些东西构成了他这棵文学之树的'根'和'本'，构成了他生命的'原色'"[②]。同样，齐鲁文化和高密民间文化是莫言文学创作的源泉，地域对莫言的创作产生了重要影响。地域文化是其作品的重要因素。一方面，莫言的思想习惯、书写方式、人生态度等思想的形成深受家乡地域文化的影响。另一方面，莫言在作品中以各种方式把地域文化融入作品当中，成为作品的有机组成部分。正如2012年诺贝尔文学奖颁奖词指出，"高密东北乡体现了中国的民间故事和历史"。坦桑尼亚作家古尔纳的作品植根于多文化混杂的东非，历史上的东非曾相继被德国和英国殖民。古尔纳通过自己的文学创作让全世界了解了鲜为人知的东非悠久的历史和文化，通

[①] 朱振武、李丹：《非洲文学与文明多样性》，载《中国社会科学》2022年第8期。
[②] 曾大兴：《理论品质的提升与理论体系的建立：文学地理学的几个基本问题》，载《学术月刊》2012年第10期。

过追溯民族/国家的历史，作家希望人们理解自己的国家和民族被殖民的历史，理解非洲难民的精神困境，探讨非洲未来主义的前景："非洲现代文学要想持续稳健地发展，必须立于世界的高度，审问过去和现在的关系，铭记历史缝隙中的苦痛，建构非洲文学自身的话语体系，方能实现流散群体和民族自我的精神突围。"①

2. 全球共同体理念

中国是一个历史悠久、国土面积辽阔的国家，"一带一路"倡议提出的文明交流互鉴正是对中国传统文化思想"天人合一、世界大同"的继承和发展。老子强调"道生一，一生二，二生三，三生万物"，庄子提出"天地与我并生，而万物与我为一"，康有为提出"大同世界"的理想社会。"天人合一、世界大同"的思想，"海纳百川、有容乃大"的宽广胸襟，既是中华传统文化的根基，也展现了中华民族和谐友善、求同存异、共同发展的民族特质。"一带一路"倡议就是在以丝路精神为指导，在尊重文化差异、包容多样性的前提下，为推动建设人类命运共同体，所发挥的中国智慧和担当精神。

中国的文学地理学之所以发展为一门显学，就是由于一大批中国学者在受到天人合一、世界大同的中国传统文学地理学思想影响和启发下，既关注本土文学与地理环境的相互关系，又注重人们与自然界的联系，鼓励人们关注人类所栖居的自然环境，注重改善生态环境和人文环境。中国学者发挥自身的文化优势和国际视野，坚守自身文化，在文学地理学的理论和实践中大胆创新，充分彰显中华文化自信，为文学地理学在世界的发展发出了中国自己的声音，作出了自己的贡献。

当代西方马克思主义文艺评论家弗朗哥·莫雷蒂（Franco Moretti）勾勒了全球文学远景，他在早期的文学创作中就立志完成"世界—作品集"的百科全书式的现代史诗——《现代史诗：从歌德到加西亚·马尔克斯的世界体系》，提出世界文学、世界体系的概念，认为世界文学经历了从18世纪之前的变异到18世纪之后的趋同，"世界—文本"所参照的地理体系就不局限于一

---

① 朱振武、程雅乐：《从诺奖作家古尔纳的〈砾石之心〉看非洲流散群体的精神突围》，载《解放军外国语学院学报》2022年第5期。

个民族或国家，而是一个更大的实体，一片大陆，或者是整个的世界体系①。美国新马克思主义学者伊曼纽尔·沃勒斯坦（Immanuel Wallerstein）是当代世界体系理论（World System Theory）的创建者之一。他对世界范围内资本主义政治、经济和文化结构的新变化进行了系统研究，认为随着这种世界范围内的变化，文化世界必将趋向多元化。

2021年的非洲文化年不仅体现了非洲作家正在继承本土历史，打破西方话语的霸主地位，更展现了非洲作家立足非洲现实、放眼天下，为打破不同文化和时代的隔阂、宣扬自己的文化付出的努力。非洲文学地理研究包含多种宗教观、历史观、哲学观等，不同国别的非洲作家都以本国家本民族的文化传统、风土人情、地理地貌为创作源泉，在面对非洲与西方之间长期以来的博弈和冲突时，非洲的作家群体在充分吸收本国文化优秀传统的基础上，与西方文化进行主动积极对话，不断打破被凝视的他者身份，变被动为主动，积极吸收外来文化的精华，大胆表达本民族本国家的去殖民诉求。他们的文学地理研究以对话交流为手段，秉持"现代非洲的多元文化共生共栖理念，与我国百年现代化道路、新中国成立特别是改革开放以来人民创造的人类文明新形态遥相呼应，共同驳斥了以文化单极为导向的占据西方主流思想的'文明冲突论'，预示了马克思主义文明观的未来发展方向"②。

四、结语

2022年4月9日，首届中非文明对话大会在北京召开，会议的主题就是"文明交流互鉴推动构建新时代中非命运共同体"。2023年5月24—26日，第三届"一带一路"倡议跨学科会议在英国兰卡斯特大学召开，兰卡斯特大学组建的"一带一路"研究院成立于2019年，研究院成立的目的是邀请各国专家、研究机构及智库共同组成跨学科科研团队，定期举办学术座谈会、论坛等

---

① 转引自［法］米歇尔·柯罗：《文学地理学》，袁莉译，福建教育出版社2021年版，第79—81页。
② 朱振武、李丹：《非洲文学与文明多样性》，载《中国社会科学》2022年第8期。

活动，促进更加全面地理解"一带一路"倡议①。

新时代的文学地理研究既关注不同国家及地区独特的地域—区域文学地理研究成果，每个文明国家都坚守自己本民族/国族文化的独特性，又在积极主动的文化交流互动过程中，求同存异，在面对人类共同的全球性问题和各种危机时，理解尊重彼此的文化价值观，以开放的视野寻求构建命运共同体，为人类美好的未来做出自己的努力。在这一过程中，中国的"一带一路"倡议为全世界的未来做出了自己的回应，学者们义无反顾地肩负起引领责任，充分显示了中华民族的勇气担当和海纳天下的胸襟。我们有理由相信，中国学者致力于建设的中国文学地理研究一定能在世界文学地理学界发挥自己独特的作用。

（本文原载于《中国社会科学报》2024 年 5 月 13 日，收录于本文集时增加约 4000 字。）

---

① https：//www.yidaiyilu.gov.cn/info/iList.jsp? cat_id = 10042&cur_page = 2.

"一带一路"背景下的交通流动性叙事

刘 英*

摘要：2023年是共建"一带一路"倡议提出十周年。交通作为经济动脉和文明纽带，在推动"一带一路"沿线国家政策沟通、设施联通、贸易畅通、资金融通、民心相通方面作出重要贡献。中国作家和学者聚焦"一带一路"交通建设，书写了中国交通叙事和流动性叙事。中国交通流动性叙事是中国式现代化的参与者、见证者，彰显了中国气派，助力共同打造开放包容、互利共赢的高质量发展之路，共同打造和平之路、合作之路、幸福之路，展示了中国对构建人类命运共同体的巨大贡献。

关键词："一带一路"；设施联通；交通叙事

2023年是共建"一带一路"倡议提出十周年。共建"一带一路"彰显了中国在推动落实联合国2030年可持续发展议程方面的领导力和决心。经过十年发展，"一带一路"已成为开放包容、互利互惠、合作共赢之路，成为推动全球互联互通、搭建国际合作平台、受国际社会普遍欢迎的全球公共产品。

2021年10月14日，国家主席习近平以视频方式出席第二届联合国全球可持续交通大会开幕式并发表主旨讲话，强调："各国只有开放包容、互联互

---

* 刘英，南开大学外国语学院教授、博士生导师。主要研究方向为英美文学和文学理论研究。国家社科基金重大项目"美国文学地理的文史考证与学科建构"首席专家。在《外国文学研究》《外国文学》《文艺理论研究》《国外文学》等核心刊物发表论文近60篇，出版专著《书写现代性：美国文学中的地理与空间》等。

通,才能相互助力、互利共赢","要加强基础设施'硬联通'、制度规则'软联通',促进陆、海、天、网'四位一体'互联互通"。① 因此,高质量推进共建"一带一路",需要充分发挥交通的作用,推进全球交通合作,推进铁路与"一带一路"沿线国家其他交通方式融合发展,推进交通网、信息网、能源网融合发展,充分发挥交通作为经济动脉和文明纽带的作用,持续推动"一带一路"沿线国家经济融通、人文交流。

在此背景下,如何从文学叙事角度出发研究交通所发挥的重要作用?首先,文学叙事与交通之间的密切关系为此研究提供了可行性前提。早在宋代,朱熹就提出文学与交通相似:"文所以载道,犹车所以载物",表示文学与交通相通,皆为传播工具。当代法国思想家德塞托(Michel de Certeau)在《日常生活实践》中也论及叙事与交通的关系:"在现代雅典,大众交通工具被称为 metaphorai。人们乘坐 metaphor——火车或公交汽车——去上班或回家。同时,'故事'也叫 metaphor,故事就是空间轨迹,叙事结构具有空间句法。"② 可见,文学、艺术等叙事与交通有着密切的亲缘关系。

在中国语境下,文学和艺术如何书写交通流动性叙事?文学和艺术在交通和通信等流动性基础设施的建设和发展方面发挥了怎样的作用?既有的相关研究大多聚焦文学中的火车,例如,陈建华的专著《文以载车——民国火车小传》聚焦中国近代不同流派作家笔下文学作品中的火车意象,通过研究火车在文明史中的象征意义,洞察时代的变迁③。该书的特色是通过历史考证研究方法观察文学作品中的火车表现。叶祝弟的《"上海特别快"与都市欣快体验——以新感觉派为中心》探讨了新感觉派笔下的火车,提出火车是资本主义上升时代的隐喻,在不同时空的对峙、插穿与闪回中,古老的龙的神性和现代的火车的魔性,留给都市人的是震惊、兴奋、恐惧混合在一起的

---

① 习近平:《与世界相交 与时代相通:在可持续发展道路上阔步前行——在第二届联合国全球可持续交通大会开幕式上的主旨讲话》(2021年10月14日),(https://www.gov.cn/gongbao/content/2021/content_5647344.htm)。

② Michel De Certeau, *The Practice of Everyday Life*, Translated by Steven F. Rendall, University of California Press, 2011, p.115.

③ 陈建华:《文以载车——民国火车小传》,商务印书馆2017年版。

漂移体验的狐步诗学①。李彦姝的论文《"往来交通"的文学功能及美学意蕴——新时期以来文学语境中的交通工具》将研究视野拓展到飞机机舱和轮船等更多交通工具,认为其充当了在日常生活中挖掘人性邂逅事件发生的空间载体。②张杰的专著《火车的文化政治学》将铁路视为一种文化现象和日常生活现象,梳理了火车和铁路对晚清以来中国社会所产生的文化影响③。

已有的相关研究具有重要开拓意义,对文学与交通研究具有深刻启发。基于既有研究,本文尝试在三个方面进行拓展:一是关注"一带一路"倡议提出后的新文学作品及其新特点;二是将绘画和摄影等纳入交通叙事的研究;三是借鉴"流动性转向"相关理论,探讨叙事对于交通建设与发展的作用。"流动性转向"中的一个重要创新概念是蒂姆·克莱斯维尔提出的"流动性星丛","流动性星丛"(constellations of mobility)包括三个方面:物理流动性、流动性的表征、流动性的具身实践,三者相互关联④。物理流动指的是两点之间的空间移动,物理流动可以被体验、被表征、被赋予含义,即,流动性表征与流动性实践相互作用。火车、铁路、汽车和公路是流动性星丛中比较明显的元素,而文学、绘画和摄影等则是流动性星丛中相对不明显的元素,但后者的作用与交通同等重要,因此,本文将虚构小说、非虚构小说、报告文学、传记、绘画和摄影等交通叙事都纳入研究对象。

一、中国铁路建设小说

近年来,聚焦交通建设等重大现实题材的小说不断涌现。孟广顺的长篇小说《国门之外》于2020年出版发行。作为当代工业题材文学作品,与其2019

---

① 叶祝弟:《"上海特别快"与都市欣快体验——以新感觉派为中心》,载《社会科学》2018年第6期。

② 李彦姝:《"往来交通"的文学功能及美学意蕴——新时期以来文学语境中的交通工具》,载《文艺研究》2016年第10期。

③ 张杰:《火车的文化政治学》,中国社会科学出版社2018年版。

④ Tim Cresswell, "Towards a Politics of Mobility", *Environment and Planning D: Society and Space* 28 (2010), p. 26.

年 10 月出版的中国首部反映高铁建设的长篇小说《高铁作证》，组成"高铁三部曲"系列。该书以高铁建设者钟铁军为代表，塑造了一批性格鲜明的高铁建设者群像，展现了那些奔走于"一带一路"的践行者，在陌生环境中的艰辛历程和为国奉献的高尚情怀，是中国高铁建设者海外工作、生活和命运的真实写照。①《国门之外》不仅有对施工场景的描写，例如，上千公里的施工便道上的几千台各种各样的车辆，载满不计其数的物资设备和工人来往不绝，而且有对东非的自然风光和文化习俗的描写。钟铁军和他的同事们在援建过程中，通过自己的一言一行，展现了中国谦逊实干的形象、开放包容的态度，以及携手共进、共同发展的目标。这部当代工业题材的长篇小说，形象地阐述了"一带一路"构建人类命运共同体的深刻内涵。

袁姣素的长篇小说《白驹过隙》再现了中国铁路建设的激情岁月，塑造了一系列时代英雄的群像。② 中国铁路交通的多次改革历历在目，从以前的绿皮火车，到快车、特快、动车、高铁，中国铁路发展到今天，是无数平凡的英雄默默奉献的结果。该小说描写了这些铁路建设者把青春和热血化作漫长铁路上的碎石和枕木的故事。家国情怀与个体命运的交融是《白驹过隙》小说叙事的特色。小说以柳汀的命运发展为主线，围绕着柳汀个人成长与铁路发展史展开剧情，透过她的家庭、事业、爱情、命运、家国情怀，从不同角度、不同层面展现出那段波澜多姿、跌宕起伏的峥嵘岁月。柳汀十六岁随父亲柳胜利来到铁路工地，从此就把自己的人生与爱情融入中国的铁路事业中，见证了中国铁路从蒸汽机车到柴油机车到电力机车的提速、升级、飞跃的巨大变迁，她这一辈子与铁路相牵、相连、相伴，浓缩了一个无名英雄的时代镜像。

中国铁路建设助推中国式现代化建设。中国铁路自诞生至今，一直是经济社会发展和国家现代化建设的重要参与者。我国铁路营业里程从新中国刚成立时的 2.18 万公里起步，靠肩挑靠背扛，成渝、包兰、兰新、成昆等铁路建设稳步推进，铁路成为社会主义建设当之无愧的开路先锋。改革开放后，在"南攻衡广、北战大秦、中取华东""强攻京九、兰新，速战宝中、候月，再

---

① 孟广顺：《国门之外》，中国工人出版社 2020 年版。
② 袁姣素：《白驹过隙》，湖南文艺出版社 2022 年版。

取华东、西南"等安排下,我国先后建成了横贯东西、沟通南北的铁路大干线,初步构建现代化铁路基础设施体系。进入新时代,铁路建设者们更加坚定自觉肩负起强国的使命任务。

二、非虚构小说、传记和报告文学

刘怀宇、刘子毅合著的长篇小说《远道苍苍》于2021年由重庆出版集团出版,这是基于真实人物生平的小说,以中国民办铁路"新宁铁路"的建设为背景,描绘了"中国侨办民营铁路之父"企业家陈宜禧的传奇人生①,让读者感受到一代铁路建设先驱深厚的家国情怀。《远道苍苍》成功重述华人移民的历史和海外华人返乡创业的中国故事,陈宜禧建成新宁铁路,成为中国铁路建造者的先驱人物,也为世界铁路史上留下了"中国智造"的历史记录。1889年,陈宜禧组建广德公司,包工承建美国大北方铁路工程。因不满当时祖国铁路路权被洋人控制,他誓要修一条"中国人的铁路"。1904年,年逾花甲的陈宜禧回到故乡,以"不收洋股,不借洋款、不雇洋工"为号召,倡建新宁铁路(1909年通车)。这条贯穿台山南北的铁路,给当时五邑地区的经济、文化带来了巨大的影响。《远道苍苍》的创作是由刘子毅和刘怀宇父女薪火相传而成。刘子毅生前20多年一直致力于搜集和撰写关于新宁铁路的史料和故事。在他去世后,女儿刘怀宇继承父亲遗志,经过5年的调研和沉淀,潜心创作了这部上下两卷共计50万字的小说。加州大学洛杉矶分校(UCLA)张敬珏教授认为《远道苍苍》丰富了华裔美国文学的语言和内容,赞扬刘怀宇作为新一代华裔作家再现了华人华侨对美国西部开发和祖国早期工业化作出的重要贡献。

北京大学赵白生教授撰写的《尼雷尔传论》是一部别具洞见的传记,该传记最后一章"尼雷尔与中国",以生动的文笔与理论性话语相结合,描写了中国和尼雷尔为建造赞比亚与坦桑尼亚之间的铁路所作的贡献。赞比亚属于内陆国,没有出海口,它的铜矿是其经济命脉,迫切需要出口。修建一条铁路造

---

① 刘怀宇、刘子毅:《远道苍苍》,重庆出版社2021年版。

福赞比亚和坦桑尼亚两国的工程，需要投资。在遭到英国、美国等拒绝后，尼雷尔向中国提出申请。中方提供坦赞铁路无息贷款合计人民币9.88亿元。这条铁路的意义远远超越了赞比亚和坦桑尼亚的经济问题，"不仅仅是把赞比亚和坦桑尼亚在地理上连接在一起，更是让赞比亚在某种意义上融入东非共同体，铁路成为东部非洲一体化的纽带"[1]，也为非洲统一提供了坚实基础。尼雷尔本人一直倡导"把民族主义转化为国际主义"，他以行动践行这一理念，将修建铁路作为赞比亚和坦桑尼亚走向工业化和国际化的重要途径。坦赞铁路是迄今中国最大的援外成套项目之一，坦赞铁路于1970年10月开工，1976年7月正式移交坦、赞两国政府。该铁路为非洲国家打破种族隔离制度封锁、推进民族独立和解放发挥了巨大作用，被非洲人民称为"自由之路"和"友谊之路"。

生动反映和真实再现中国交通建设和发展的报告文学也成为近年来的新现象。例如，2023年第3期《人民文学》头条刊登了欧阳黔森的《天堑变通途》，书写和记录贵州交通的伟大实践和历史巨变。这篇报告文学呈现了贵州交通发展的城乡新风貌。贵州地处云贵高原东麓，境内山脉众多，重峦叠嶂，绵延纵横，山高险峻，河谷深切。这样的地理条件，交通落后是其经济社会发展的瓶颈。高山挡不住，天堑变通途。这是贵州人千百年来的夙愿和梦想。如今，贵州建成高速公路总里程8010公里，排全国第四。至此，贵州已初步形成覆盖全省、通达全国的综合交通运输体系，实现与海上丝绸之路的连接，向北实现了与古丝绸之路经济带的高速连接。贵州作为西南重要陆路交通枢纽的地理区位优势不断凸显，成为"一带一路"和长江经济带战略的重要通道。钟法权的《人间飞虹》是第一部全面聚焦于贵州重要桥梁建设的作品，记录了最近十多年贵州在世界重大桥梁建设方面的历程，呈现了坝陵河大桥、清水河大桥等数十座桥梁的历史和形象，全书主要塑造了一批艰苦奋斗、敢于创新的桥梁建设工作者。桥在贵州的巨大作用，不仅在于方便了人民出行，推动社会经济发展，关乎民众的生计，还在于建设者们以神来之笔，为多彩的贵州增添了新的无限光彩。陈南辉的长篇报告文学《国家名片——中国高速铁路发

---

[1] 赵白生等：《尼雷尔传论》，世界知识出版社2022年版，第207页。

展纪实》全景式描绘了中国高铁艰难曲折的发展经历,讲述了中国高铁的成功之路,多视角记录中国高铁大发展的历史,全书分为"历史选择""科学决策""梦圆京沪""引进'盛宴'""举国优势""磨难辉煌""盛世丰碑"7章。全书的最后三章将叙述重点落在高铁技术创新,以及高铁给我国国民经济建设、老百姓出行,甚至给世界高铁发展格局所带来的重大影响上。徐亚平在2023年出版的长篇报告文学《喀喇昆仑上的丰碑——中巴公路修筑纪实》共包括"旗卷昆仑""英雄血泪""再战天路""国旗勋章""荜路蓝缕""苦乐年华""白衣天使""熠熠丰碑""风雨故园""常伴英雄""御风万里""跨国祭灵""皓首同归"等13章内容,是我国首部真实全面记录中国援巴往事的文学作品。王雄的"中国高铁三部曲"《中国智慧——中国高铁科技创新之路》《中国力量——高铁正在改变中国》和《中国速度——中国高速铁路发展纪实》书写中国高铁故事,展现了中国精神和中国形象。王雄的《纽带——中老铁路纪行》生动诠释了中老命运共同体精神的深刻内涵,彰显了"打造黄金线路,造福两国民众"的大国担当,展示了中国和老挝乃至东南亚国家合作共赢、共同繁荣的广阔前景。该书以行走的方式,图文并茂地引导读者一同观察、体验、领略中老铁路沿线风情,追述中老铁路艰苦卓绝的建设历程,从各个视角解读建设者、运营者的精彩故事。自2021年12月3日中老铁路通车以来,中老铁路有效促进了区域互联互通和互利共赢,为沿线经济社会高质量发展注入了强劲动力。

三、视觉化:多样态的交通叙事

交通叙事还包括绘画和摄影等艺术形式。2023年3月,"以路为媒——从'坦赞铁路'到'亚吉铁路'艺术作品交流展"在浙江师范大学美术馆举行。展览由"不忘初心,友谊路"和"坚持信念,发展路"两个单元构成。"不忘初心,友谊路"单元,主要以摄影、摄像、纪实性实物等艺术形式再现两条铁路建设过程中的感人画面,真实描述两条铁路建成后非洲人民生活发生的巨大变化;"坚持信念,发展路"单元,呈现了"艺术家走进非洲"的艺术成果,艺术家走进"坦赞"和"亚吉"两条铁路,用心聆听非洲人民对美好生活的向往，用美术作品来表现非洲的风物人情。展览项目组以"路"为媒，通过讲述好援非故事来传递"一带一路"的内涵和作用。一张张拍摄于半个世纪前的黑白照片，记录了当时中国援建者付出的巨大努力，也见证了中非人民同甘共苦、并肩奋斗的伟大历史。而创作于新时期的一幅幅摄影和绘画作品生动展现了铁路的开通运行给非洲经济社会发展带来的巨大变化，也为中国观众近距离了解非洲历史文化、风土人情提供了一个独特的视角和窗口。

2021年"第十八届大路画展"以全球"一带一路"基建工程进展为线索，汇聚了以中国铁建系统为主的老中青三代画家近年创作的中国画、油画、版画等多个门类优秀美术作品共100余件，旨在多角度地表现"政策沟通、设施联通、贸易畅通、资金融通、民心相通"的"一带一路"主题，展现劳动之美与建设之美。画家冯一束曾获第十三届东京国际书画大展金奖，绘著有《水墨丝路》等。该书以文字和插画形式围绕新亚欧大陆桥这一地理概念，讲述中外交往的故事。通过回顾千年以前古丝绸之路上的印记，印证"一带一路"思想产生的历史必然性。中国传统的笔墨纸砚勾绘出丝路沿线的历史变迁和民族风情风貌，其中不仅有陆上丝路沿线迥异的建筑，也有丝绸之路上生动的文化符号。自2013年"一带一路"倡议提出后，参与国在科学、教育、文化、卫生、民间交往等各领域广泛开展合作，促进了民心相通，为"一带一路"建设夯实了民意基础，筑牢了社会根基。作为推动中外文化交流的倡议者和参与者，冯一束践行以艺术增进民心相通。

画家王忠良用钢笔画，记录了中国铁路的变迁史和城市公共交通的发展历程。在他的画作中，既有1957年北京第一辆国产公共汽车"五七型"；也有近些年投入使用的清洁能源公共汽车。王忠良在杂志《世纪火车》工作时，杂志上大到每期的封面，小到每一页的插图，都要靠王忠良一笔笔地画出来。王忠良喜欢近距离接触火车，一支笔、一个画板、一个相机，是王忠良外出写生时必带的三件东西。从1990年开始，他走遍了全国7万多公里的铁路线，画了无数的机车。为了画好火车，王忠良经常跑到图书馆内查询中外各种火车的资料图片，还和火车驾驶员研究火车的结构，光是蒸汽机车他就画了6000多幅。照片固然在真实性上具有显著的优势，但钢笔画更能体现出细节，富有温度，独具魅力。

除绘画和摄影外,评书艺术家田连元的成名作《追车回电》讲述了20世纪60年代火车流动性媒介和通信流动性媒介的故事。刘岩揭示了评书涉及的铁路网和社会主义建设的关系。① 该评书所讲述的交通流动性叙事既关注到两条铁路——沈丹线和京沈线,以及城市群和铁路网,也涉及电话媒介。该评书反映了当时的交通和通信基础设施建设,而且这种基础设施与评书的传播密切相关。

结 语

随着21世纪交通和通讯的迅猛发展,"流动性转向"或"新流动性范式"在社会科学和人文学科领域产生广泛影响。在21世纪"流动性转向"之前,"流动性"一词主要出现在社会学文献中,通常是指"社会流动性"(social mobility),即个体社会经济阶层的升降或社会群体集体地位的变化。② 人们对空间流动性的关注是在"空间转向"之后。空间流动性虽然是交通地理的常规议题,但交通地理曾一度通过量化研究来提出交通政策,忽视了社会和经济等因素。另一方面,马歇尔·麦克卢汉(Marshall McLuhan)首先注意到"传播"一词逐渐从运输和交通中分离出来,在其启发下,斯里夫特(Nigel Thrift)提出"传输和传播不可分开"③,即思想、信息、文化的交流离不开交通技术(火车、飞机、汽车等)和交通基础设施(铁路、公路等)。基于此,"流动性转向"强调跨越物理移动与虚拟流动、宏观流动和微观流动的分界,强调交通、通讯、文化、思想、情感流动等各种流动性的集合和系统④。"流

---

① 刘岩:《"追车回电"的人》,载《读书》2023年第2期。
② Seymour Martin Lipset and Reinhard Bendix, *Social Mobility and Industrial Society*, London and New York: Routledge, 1991, p. 1 – 2.
③ Nigel Thrift, "Transport and communications 1730 – 1914", Butlin, R. A. and Dodgshon, R. A. (eds) *An Historical Geography of England and Wales*, London: Academic Press, 1990, p. 453.
④ Mimi Sheller, "Sociology after the Mobilities Turn", in Peter Adey, etal. (eds.), *The Routledge Handbook of Mobilities*, London and New York: Routledge, 2014, p. 49. John Urry, "Moving on the Mobility Turn", in Weert Canzler, Vincent Kaufmann & Sven Kesselring (eds.), *Tracing Mobilities: Towards a Cosmopolitan Perspective*, Aldershot: Ashgate, 2008, p. 14.

动性转向"强调交通技术和交通基础设施在形成和促进经济交流、社会互动、文化交流、情感交流等方面的重要作用。这一理论印证了交通在"一带一路"倡议中的重要作用。

在这一过程中，文学和艺术作为"流动性星丛"中的重要元素，承担着神圣的责任和使命，文学和艺术作为中国式现代化的参与者、见证者，以现代的形态、品质讲述中国式现代化的故事，为中国式现代化的伟大实践烙上鲜明的文学烙印，书写了中国交通叙事和流动性叙事，彰显了中国气派，助力共同打造开放包容、互利共赢的高质量发展之路，共同打造和平之路、合作之路、幸福之路，展示了中国对构建人类命运共同体的巨大贡献。

（本文有部分内容原载于《中国社会科学报》2024年1月8日，收录于本文集时增加约4000字。）

文学地理研究关键词：文学地域主义

刘 英[*]

摘要：本文探讨了文学地域主义在美国文学史上的独特地位。文学地域主义的两次高峰期分别与现实主义和现代主义共时，与两者形成了互动。文学地域主义在经历了一度辉煌后，便长期处于研究边缘，但在全球化背景下，地域主义作为承继传统维护多元的堡垒重新被坚守。同时生态批评对环境的重视，使得"地方"成为关注的焦点。"文学地域主义"在历史上所发挥的文化和政治功能，对全球化和后工业化的今天依然有着重要的启示。

关键词：文学地域主义；地方色彩小说；生态批评；全球化

文学地域主义（Literary Regionalism）是19世纪后期和20世纪20年代在美国风行一时的文类。文学地域主义的定义在美国文学界没有达成共识，另一种说法是"地域文学"（regional literature）。广义上来讲，泛指体现某一地域特色的文学，比如描绘某一地区的自然风貌、人文环境、民风民俗、语言特色等。狭义的解释各有不同。作为文学概念，文学地域主义通常与地方色彩小说或乡土文学（Local Color Fiction）同时出现①，后者指"风行于美国19世纪60

---

[*] 刘英，南开大学外国语学院教授、博士生导师。主要研究方向为英美文学和文学理论研究。国家社科基金重大项目"美国文学地理的文史考证与学科建构"首席专家。在《外国文学研究》《外国文学》《文艺理论研究》《国外文学》等核心刊物发表论文近60篇，出版专著《书写现代性：美国文学中的地理与空间》等。

① Kathy Darrow, et al. (eds.), *Nineteenth-Century Literature Criticism*, Vol. 188, Thomson Gale, 2008, p. 174.

年代末期到二十世纪初,描绘某地区的特有的当地语言、风土人情、民间传说等的文学"。① 文学地域主义与地方色彩小说有很多共同之处,例如二者都受浪漫主义和现实主义的双重影响,都描写某一特定地区的风土人情、地理风貌、性格特点和方言等。因此,一部分评论家认为二者可以通用,但很多评论家认为二者之间存在差别,主要体现在题材和时间方面。首先,题材方面,文学地域主义范围广于地方色彩小说,后者主要是以乡村和乡镇为题材的乡土文学,但文学地域主义还包括以城市为题材的城市文学。② 的确,在体现地域特色上,乡土文学可能具有优势,因为乡村或乡镇所保留的地形地貌、民俗民风更浓郁更原始。但不可否认的是,城市自有其人文特色和标志性的景观。特别是在 20 世纪初,随着城市化的发展,纽约和芝加哥迅速崛起,成为美国的经济和文化中心,城市文学成为文学地域主义的一支重要力量。从这个角度上说,地方色彩小说是文学地域主义的亚文类(subgenre)。其次,文学地域主义的时间跨度大于地方色彩小说,后者专指从美国内战后到 19 世纪末的地域文学,而前者指从殖民地时期至今的一种地域差异意识。20 世纪二三十年代左右,地域主义成为一种自觉的知识分子运动,文学地域主义是其中的重要部分。③

文学地域主义是个复杂的文类,其在美国文学史上的沉浮与历史、政治、文化背景有关,同时也受文学批评理论的变迁影响。全球化背景下,地域主义作为承继传统保护多元的堡垒重新被坚守,为文学地域主义研究的复出提供了契机。同时生态批评对环境的重视,使得"地方"成为文学批评的要素之一。

综 述

"文学地域主义",这个曾经在 19 世纪后期和 20 世纪 20 年代在美国风行

---

① 常耀信:《美国文学史》上,南开大学出版社 1998 年版,第 491 页。
② Kathy Darrow, et al. (eds.), *Nineteenth-Century Literature Criticism*, Vol. 188, Thomson Gale, 2008, p. 174.
③ T. McDowell, "Regionalism in American Literature", *Minnesota History*, Vol. 20, No. 2, 1939, pp. 105 – 118.

一时的文类,在消失于研究视野几十年后,以"王者归来"的态势重新成为美国文学研究界关注的焦点。浏览一下近期美国文学研究热点,不难发现,一个高频出现的关键词是文学地域主义研究。以文学核心刊物《现代小说研究》(*Modern Fiction Studies*)为例,2009年第1期以专刊形式围绕"地域主义与现代主义的交融"主题展开讨论,撰文者从多种角度探讨了地域主义研究的重要性。事实上,该刊物的做法既非个例,也非先例。美国地域主义研究学术成果的大量涌现始于20世纪90年代,不仅相关论文多达数百篇,出版的文选和研究专著也相当丰富。在"全球化"和后殖民的语境下,"文学地域主义"研究逆流而上,其背后必然有深层次的原因。"文学地域主义"在历史上所发挥的文化和政治功能,对全球化和后工业化的今天依然有着重要的启示。

文学地域主义的兴起

回首美国文学发展的历史,文学地域主义出现的必然性一目了然。早在殖民地时期,北美拓荒者就开始寻求一条独立的美国文学之路。两个世纪以来,众多文学志士与华盛顿·欧文、库柏、爱默生、霍桑、梭罗和惠特曼一道在这条路上摸索、奋斗,他们终于向世界展示了"美国精神",让世界听到了"美国在歌唱"。两百多年的酝酿和积累,适逢19世纪后期社会、政治、经济、文化等综合因素的催化,文学地域主义应运而生。

首先,从文化方面看,一切俱备,又恰遇东风。一方面,西部边疆的幽默故事早已为地域文学的崛起准备了充分的条件,马克·吐温就是受到西南部幽默文学的影响和熏陶成长起来的地域文学代表作家之一;另一方面,新英格兰作家急于确立和表现新英格兰品质,并从该地区的自然和历史中挖掘构成英格兰品质的源泉。当地出版社对表现地域主题的作品求之若渴,新英格兰读者对表现当地风貌的作品爱不释手,于是,作家、出版商和读者三方一拍即合,地域主义小说在当地迅速风行。同时,随着印刷市场扩大,市场开始分化,全国性的期刊投入大量篇幅登载地域小说,为其提供了稳定的市场。[①] 例如,在波

---

① 常耀信:《美国文学史》上,南开大学出版社1998版,第493页。

士顿出版的《大西洋月刊》，虽仍与新英格兰密切相关，但旨在面向全国读者并展示出美国文学的精华，因此，吸引了大批优秀作家为其撰稿，也培养了众多精英读者群。著名的地域文学家布莱特·哈特（Bret Harte）本身就是《大陆月刊》（*The Overland Monthly*）的主编，对推动地域文学的发展功不可没。

其次，内战后到19世纪末的美国经历了从孤立主义到帝国主义、从农业化到城市工业化的转变。这期间，美国积极投入两大政治活动中：一是，收拾内战后四分五裂的残局，统一国家；二是，扩大西部疆域，开启海外帝国之旅。然而，中央政府的成立、国家的建构、移民的涌入和帝国主义扩张、使得国家与地方、原始与文明、自然与文化、集体与个体之间的种种矛盾日益激化，因此，缓解上述矛盾乃当务之急。文学地域主义正好顺应这一时代要求。文学地域主义描述某一区域内本地人与外来人的文化冲突以及冲突的消解，并通过报刊向全国发行，增进了不同地域间人们的相互理解，消除地域隔膜，增强了国家的凝聚力。另外，某些地域文学常常以虚构或纪实的形式对新地域进行探索，这与内战后上层阶级读者的愿望密切相关。上层阶级希望尝试一种新的生活，体验一种不同的文化。许多表现西进理想的地域文学能够满足上层阶级的这种扩张想象，因此无形中竟成为领土扩张的助手，与帝国主义共谋。

同时，19世纪末也是工业化和城市化开始加速发展的时期。工业化造成了大规模的移民，城市化和阶级分化加速，随之而来的是人们的焦虑感和碎片感，于是，地域文学成为抒发怀旧情绪的重要途径。地域文学将乡村生活理想化，弘扬传统的道德，怀念乡村生活的稳定和谐。乡土的美好意象对于舒缓城乡之间的矛盾，排解强烈的焦虑感起到了重要作用。怀旧的形式在地域文学中表现得多种多样，女性主义乌托邦小说通过想象构建了远离城市喧嚣和父权统治的理想社会［如，朱厄特（Sara Orne Jewett）的《尖枞树之乡》（*The Country of Pointed Firs*, 1896）］；西部小说通过憧憬神秘的西部排解东部工业化引起的社会政治矛盾而造成的焦虑［如，哈特的《咆哮营的幸运儿》（*The Luck of Roaring Camp and Other Stories*, 1870）］；南方小说以其浪漫情怀诉说着对南方逝去生活方式的思念。文学地域主义的第二次高峰期是20世纪二三十年代，这一时期，英格兰地区已经失去了昔日的中心地位，中西部在崛起，地域间差异开始增大。在考察20年代的美国文坛时,虞建华教授观察到一个现象:这一时期的许多作家来自中西部。例如,辛克莱·刘易斯(Sinclair Lewis)来自明尼苏达州,舍伍德·安德森(Sherwood Anderson)来自俄亥俄州,维拉·凯瑟(Willa Cather)来自内布拉斯加州。① 罗纳德·韦伯(Ronald Weber)的《中西部在美国文学作品中的崛起》对此也有相关论述。②

这些来自中西部的作家大多在东部找到了发展机会,但对家乡仍怀着深深的眷恋,在他们的笔下,中西部既是田园理想的寄托,又是落后保守的代表。维拉·凯瑟创作的一部部拓荒者小说体现了她对西部质朴民风的留恋;而美国第一个诺贝尔文学奖获得者辛克莱·刘易斯的《大街》(*Main street*,1920)则表现了他对令人窒息的中西部乡镇文化的厌倦。

与19世纪的地方色彩运动不同的是,文学地域主义在20世纪二三十年代的复兴是一种自觉的知识分子运动,作家将美国的各个地域看成独特的地理、文化和经济实体。南方文学,特别是"南方文艺复兴"在这场运动中发挥了重要作用。对于一个曾经以农为本的地区,"土地情结"构成了南方文学经典主题。1930年出版的《我要坚守我的立场:南方及其农业传统》(*I'll Take My Stand: The South and the Agrarian Tradition*)堪称地域主义的宣言,12位联手作者中包括文学巨匠兰瑟姆(Ransom)、泰特(Allan Tate)和沃伦(Robert Penn Warren)。他们欲以南方传统的温馨的社群关系、浓郁的乡土情怀抵御工业化和城市化所带来的人际关系疏离、土地意识淡化和文化同一化的威胁。与这一号召相呼应的作家有福克纳、沃伦和托马斯·沃尔夫(Thomas Wolfe)。之后,美国南方又涌现了许多优秀作家,彰显了南方独特的文化身份。

文学地域主义·现实主义·现代主义

文学地域主义在美国的第一次高峰(或地方色彩文学)(1865—1900)与

---

① 虞建华:《美国文学的第二次繁荣》,上海外语教育出版社2004年版,第14页。
② Ronald Weber, *The Midwestern Ascendancy in American Writing*, Bloomington: Indiana University Press, 1992, pp. 2 – 3.

现实主义文学运动同期，今天的评论家高度肯定了文学地域主义在现实主义运动中的重要作用①，《牛津美国文学词典》指出地方色彩主义受浪漫主义与现实主义的双重影响，"作品虽常常游离于现实生活之外而徜徉在世外桃源，但也能通过其精细入微的描写保留其叙事的真实感与准确性。"② 然而，在文学地域主义兴起之时它却被评论家排斥于现实主义之外。埃里克·森德奎斯特（Eric Sundquist）在界定现实主义与地方色彩主义的差异时曾评论道：经济和政治因素在判定作品是否属于现实主义时具有决定性。比如，城市白人男性这些处于"权力"中心的作者通常被认定为"现实主义者"，而那些远离"权力"中心的人（中西部人，黑人，移民或女性作者）则常被界定为地域主义者③。美国文学史上耳熟能详的现实主义大师基本都是白人男性，如豪威尔斯（William Dean Howells）、马克·吐温（Mark Twain）、亨利·詹姆斯（Henry James）等。而且，现实主义被认为是19世纪后期美国的主流文学，而地域主义一直处于边缘。近些年来，女性主义批评、后殖民批评、生态批评等分别从政治、环境和审美角度重新考察了文学地域主义，确立了地域主义对现实主义的特别贡献。

首先，19世纪末文学市场对地域主义文学的大量需求，让凯特·肖邦（Kate Chopin）等女作家从中看到了施展抱负的机会《"着色"本土居民：凯特·肖邦〈青年伴侣〉中的种族形塑》（*Coloring Locals: Racial Formation in Kate Chopin's Youth's Companion*），因为文学地域主义以描绘生活细节见长，包括方言、人物、地理、服饰和习俗等，不要求史诗的英雄伟绩和宏大叙事，女作家写起来更得心应手。凯特·肖邦本人就在当时美国发行量最大的杂志《青年伴侣》（*Youth's Companion*）上发表了11篇短篇小说，为其经典小说《觉醒》奠定了基础。另外，斯托夫人、凯特·肖邦、朱厄特、玛丽·弗里曼（Mary Freeman）和玛丽·奥斯汀（Mary Austin）等以细腻的笔触使看似琐碎的生活、看似平凡的人物跃然纸上，她们以女性对世界的感知方式，表现出对

---

① 常耀信：《美国文学史》上，南开大学出版社1998年版，第491页。
② [美]哈特、莱宁格尔：《牛津美国文学词典》，外语教学与研究出版社2005年版，第383页。
③ American literary regionalism, Wikipedia: The Free Encyclopedia.

社区、自然、家庭、合作、对话的崇尚,开创了一种有别于男性的价值取向和叙事传统,显示出独特的审美取向和政治内涵。

其次,文学地域主义虽受现实主义影响,但它有力地抵制了现实主义文学中的国家主义、殖民主义和种族主义。美国西部扩张时期的主导思想是把西部当成一个不断被盎格鲁血统的美国人殖民开化的荒野。这种思想已经成为一种美国神话。哈特在他的西部故事集中,通过着墨于女性和印第安人,抵制国家主义将加州塑造成充满男性气质和个人主义的形象。另一位积极支持印第安民权运动的地域作家海伦·亨特·杰克森(Helen Hunt Jackson),在其小说《拉蒙娜》(Romona,1884)对征服边境的意识形态进行了抗议。作品一方面反映出印第安文化逐渐被美国主流文化所吸收和同化,但另一方面,作品意在强调,印第安人只有守住自己独特的地域文化才能继续生存。这些地域文学作家成为日后多元文化主义的先驱。

文学地域主义在美国的第二次高峰期是20世纪20年代,但这同时也是现代主义在美国的鼎盛时期,值得思考的是,以"怀旧"为特色的地域文学与以背离传统、崇尚实验、强调人的危机及异化感为核心的现代主义文学却共存于这一特定的历史时代之中,两者之间是否存在关联,如果存在,是怎样的关联?

传统研究忽略了这种可能性,其普遍所持的观点是:地域文学是怀旧的、乡村的、保守的,而现代主义则是都市的、反叛的、创新的,两者形成二元对立的关系。然而,当我们浏览现代主义经典作家名单时,会发现其中不乏地域文学家,如福克纳、哈特·克莱恩(Hart Crane)、舍伍德·安德森(Sherwood Anderson)等。事实上,这一问题已经引起学界的关注,例如,现代主义研究学会(Modernist Studies Association)2002年在威斯康星麦迪逊大学召开的第四次年会中,一个重要的议题就是"地域主义与现代"。2006年该学会在途沙(Tulsa)召开的年会以"地域现代主义的再构想"为议题再次展开讨论。越来越多的学者认识到文学地域主义与现代主义的关系是个值得深入思考、认真研究和探索的问题。

在中国学界,现代主义和地域主义(南方文学、西部文学等)一直是研究热点,但研究基本在两个领域分别独立进行。对于二者之间的交叉关系,肖明翰教授在从事福克纳研究时曾略有提及。肖教授指出:"现代主义从本质上是反现代的,现代主义文学家大多是使用革命性技巧的保守主义者。因此在对待传统观念、社会现实和文学艺术的基本态度和看法上,南方文艺复兴的代表作家和现代主义文学家是一致的。南方文艺复兴是欧美现代主义文学的重要组成部分。其最完美的结合体现在福克纳的创作中。"[1] 在这里,肖明翰教授明确指出了以福克纳为代表的地域文学小说家对于现代主义所作出的不可磨灭的贡献,为进一步研究地域文学与现代主义之间的关系奠定了基础。

地域文学对美国现代主义的贡献主要集中于两方面:一是建立了具有美国特色的现代主义,区别于其他国家的现代主义;二是建立具有地域特色的现代主义,区别于其他形式的美国现代主义,如旅居欧洲的"迷惘一代"作家所代表的现代主义及哈雷姆文艺复兴现代主义。罗伯特·多曼(Robert Dorman)指出,20世纪20年代的地域主义与现代主义一样,认为美国是"一个非人的、动荡的、颓废的、自私的、分裂的、物化的、空虚的、堕落的国家"[2],为防止这个国家继续"堕落",美国地域作家试图找到救赎的途径,正如"自我流放到巴黎的'迷惘一代'作家在欧洲现代主义中找到救国的答案,哈雷姆文艺复兴的作家在黑人文化中发现了传统的力量,而地域作家在地方文化和群体中找到了精神支点"[3]。随着现代社会科技与交通的飞速发展,现代人的"家园"日渐失落,那种由"居家"带来的稳定感、确定感和温暖感愈益消失,因此,现代人的心理有着回归家园的渴求。家园不仅仅是物理家园,更是一种文化归属感,而这种归属感正可以由地域文化所提供。地域文化成为抵制现代化力量对个体威胁的有力武器。以维拉·凯瑟为代表的20世纪初期的重要作家用现代主义的理念对地域主义进行了重新包装,满足了读者的不同需求。维拉·凯瑟等地域文学小说家用艺术向读者提供心理补偿的方法为后期福

---

[1] 曾艳兵:《西方现代主义文学概论》,北京大学出版社2006年版,第61页。
[2] Robert Lee Dorman, "Revolt of the Provinces: The Regionalist Movement in America, 1920 – 1945", *The New Regionalism: Essays and Commentaries*, Charles Reagan Wilson (ed.), MS: University Press of Mississippi, 1998, p. 2.
[3] Robert Lee Dorman, "Revolt of the Provinces: The Regionalist Movement in America, 1920 – 1945", *The New Regionalism: Essays and Commentaries*, Charles Reagan Wilson (ed.), MS: University Press of Mississippi, 1998, p. 3.

克纳和海明威的创作提供了示范,从而铸就了具有美国特色的地域现代主义。

文学地域主义与现代主义在时间上具有共时性,在空间上具有历时性。地域文学的怀旧不是时间意义上的倾向,而是空间意义上的怀旧,其对象常常是宁静、稳定质朴的乡村世界,与躁动、变化、喧嚣的现代世界形成鲜明对比,恍如隔世,这是其空间上的历时性;而地域文学所描写的人物又处在现代社会,所经历的对现代生活的感悟只有使用现代叙事才能表达,构成与现代主义的共时性。现代主义不是抽象的概念,必须通过具体事物和环境体现;而地域主义也不是一成不变,必须和时代精神撞击才能保持其永久生命力。

文学地域主义研究

美国文学地域主义研究基本分为两大阵营:一是探讨地域对于文学创作的影响,一是考察地域文学的政治和文化功能。换言之,一是强调地域对文学的作用,一是强调文学对地域和社会的反作用。

早期的美国地域文学研究有地域决定论的倾向,最有名的例子当属特纳(Frederick Jackson Turner)的边疆论文,他依据荒原意识来勾勒美国文化的发展。[①] 20 世纪 30 年代的自然文学之母玛丽·奥斯汀(Mary Austin)在《美国小说中的地域主义》一文中指出地域影响着人的情感,是艺术创作的源泉。[②] 这种研究传统延续到 20 世纪 80 年代,例如,肯尼斯·密西尔(Kenneth Mitchell)认为美国与加拿大文学的区别主要源于其地理差异。[③] 还有的学者分析地域作为文学元素所起的作用,例如,卢特瓦克(Leonard Lutwack)列举了英美文学中地域作为场景,地域作为象征的种种情况。[④] 在该书的第五章,他讨论了美国文学中的三个"风景原型"(Landscape Archetype):花园、荒原和

---

① Roderick Nash, *Wilderness and the American Mind*, New Haven: Yale UP, 1982, pp. 145 – 147.

② M. Austin, "Regionalism in American Fiction". *English Journal*, No. 21, 1932, p. 97.

③ Kenneth Mitchell, "'A Grim and Original Beauty': Arnold Bennett and the Landscape of the Five Towns", *Geography and Literature: A Meeting of the Disciplines*, William E. Mallory and Paul Simpson-Housley (eds.), Syracuse: Syracuse UP, 1987, p. 3.

④ Lutwack Leonard, *The Role of Place in Literature*, Syracuse: Syracuse UP, 1984, p. 1.

游乐园。① 他指出："人与地方的关系是三种因素互动的结果。这三个因素是：环境的基本物理特质，居民对其环境的概念预设，人对环境所做的改变。"② 卢特瓦克坚持认为文学仅仅通过意象和象征反映人对环境的概念预设，他没有认识到文学其实可以发挥更主动的作用。

20 世纪 90 年代以后，随着生态批评、女性主义批评和后殖民批评的蓬勃发展，越来越多的评论家致力于探讨文学地域主义研究的政治、经济和文化功能。大量地方性文选的出版就是试图证明美国的各个州、各个城市都有自己的文学传统，从而加强地方感和身份认同，并起到对外宣传本土特色，提高本地知名度的作用。文学地域主义在文学市场中获得越来越多的大众及传媒关注。书店内热卖的游记及地域文学风靡全美，推动了旅游经济的发展。例如，维拉·凯瑟所描写的红云镇等吸引了成千上万的游客，带动了地方旅游业的发展。在旅游业经济方面，地域文学通常有将某一特定地区点石成金为游览胜地的可能，也可以将地方性消费打造成全国甚至国际性消费，亦可成为作家名利双收的触媒。

当然，文学地域主义不仅仅给文学名人的故居等带去了摩肩接踵的游客，与此同时，在高度提倡生态与环保的语境下，也为地方环境和生态平衡发展起到促进作用。在这方面，生态批评与文学地域主义研究的联姻有着天然的基础，生态批评关注人与环境的关系，与地域主义不谋而合。作为美国地域文学和自然文学共同起点的新英格兰文学，就是文学地域主义研究与生态批评结合的极好个案。地域与生态的结合，会生成一种以地域为基础的生态研究，可以形成地方环境意识，以促进各个地区的社会和生态平衡发展。因此，对环境的重视，加强了地方意识，而地方意识又反过来提高环境意识，两者形成良好互动。

以生态批评角度检视文学地域主义，文学中的"地方"就不仅是人类活动的背景，而其本身就是具有感知的主体，动物、河流和岩石等都可以进入"历史"。在这方面，玛丽·奥斯汀（Mary Austin）的创作理念和作品就很典型。奥斯汀认为，地域在塑造着美国文学，必须建构性地进入故

---

① Lutwack Leonard, *The Role of Place in Literature*, Syracuse: Syracuse UP, 1984, p. 165.
② Lutwack Leonard, *The Role of Place in Literature*, Syracuse: Syracuse UP, 1984, p. 142.

事，成为一个角色。对于奥斯汀来说，是作家对一片土地的适应过程造就了一部地域小说。在其代表作《少雨的土地》中，小说的主角是土地，更确切地说，是它的水陆地形，展现了人与自然环境所组成的不可分离的社区。① 在奥斯汀的笔下，沙漠充满了生命与活力。作品中除了对自然的描述和赞美之外，又多出了几许为自然辩护的激情和保护自然的理智。该书传递的信息是：现代人应当提高自身的生态意识，以平等的身份去接近自然，经历自然，融入自然。

  生态批评唤起文学中的自然意识，而女性主义批评更是从根本上修改了文学的判断标准。传统的研究认为地域文学过于微观、具体、地方化，缺少宏大的阳刚之气。而女性主义学者对此进行了挑战，使得以凯特·肖邦为代表的优秀地域主义作家被肯定，列入经典作家行列。20世纪90年代朱蒂斯·菲特里与马乔里·普拉斯（Judith Fetterley and Marjorie Pryse）合编了《美国女性地域作家：1850—1910诺顿文选》②，证明美国女性地域文学传统的存在。书中定义了女性地域现实主义传统，勾勒了从斯托夫人到朱厄特、奥斯汀和薇拉·凯瑟的发展脉络。她们指出这些作家共有的兴趣和主题，以及艺术成就。尽管该书忽略了这些作家各有的特点，但该书开启地域文学研究复兴所作的贡献不可否认。此后十多年她们一直致力于女性地域文学研究，终于推出《从地域写作：地域主义、女性、美国文学文化》这一力作。该书着重分析了女性与文学地域主义的密切联系，展示了其对民族主义、殖民主义、性别主义和种族主义的挑战，显示出文学地域主义研究多层面的意义追求。③

全球化与文学地域主义

  文学地域主义研究的真正勃发是伴随着全球化加速而开始的。全球化之于

---

① 程虹：《自然文学》，载赵一凡等主编：《西方文论关键词》，外语教学与研究出版社2006年版，第907页。

② Judith Fetterley and Pryse Marjorie, *American Women Regionalists*: *1850–1910*: *A Norton Anthology*, New York: Norton, 1992, p. xii.

③ Judith Fetterley and Pryse Marjorie, *Writing Out of Place*: *Regionalism*, *Women and American Literary Culture*, Urbana: University of Illinois Press, 2003.

文学地域主义，扮演了"终结者"和"激励者"的双重角色。一方面，全球化消蚀地域差异，使文学地域主义面临失去存在土壤的威胁；另一方面，全球化所导致的文化同质化又重新引起人们对地域文化差异和多样性的重视。全球化增加人的流动性，弱化了地域意识，但同时，人际资本的丧失又引发了对传统地域文化和共同体的怀念。全球化让人与人之间的关系变得随意、短暂和易变，使现代人丧失了深沉的友谊和坚实的纽带等传统社会资本。如此松散、离散的社会关系从长久来看不利于社会和经济的可持续发展。因此，建设富有凝聚力的文化共同体，建构温情的公民社会，发挥地域主义的积极作用，构成全球化背景下文学地域主义研究的根本目标之一。

19 世纪末到 20 世纪初的地域小说作家努力通过文学建立理想公民社会模式，即，在国家与家庭之间建立一个纽带——"地方共同体"，在共同体内，人们同甘共苦、休戚与共；同时，地方共同体与外部世界保持对话，与国家保持互动。这些小说不仅在发生和接受之初产生了重要影响，而且在全球化时代同样有着借鉴意义。

文学地域主义所表现的经济发展不平衡所造成的地域之间的矛盾，不同群体之间的思想冲突，依然是全球化时代的基本矛盾，地域小说对这些问题的探讨完全可以在全球化的背景下进行新的解读。地域小说的叙事结构中往往设置一个外来人的全景叙事视角，他所代表的异域文化与当地文化形成冲突，经过一系列的对抗、同化和融合，形成新的文化。地域小说所描写的这种地域文化与异域文化对话的过程，对在全球化时代消除偏见、增进宽容、建立和谐有重要启示。

全球化造成的劳动力迁徙不仅使人们离开现实的家园，而且在精神层面，也有一种"生活在别处"的疏离感。全球化加强了人们对"家园"的渴望，对归宿感的追求。美国加利福尼亚大学洛杉矶分校的童明教授指出："从飞散新视角来看，'家园'既是实际的地缘所在，也可以是想象的空间。"[①] 在全球化时代重读经典地域文学，会对乡土和田园意象产生全新的体认：乡土承载了

---

① 童明：《飞散》，载赵一凡等主编：《西方文论关键词》，外语教学与研究出版社 2006 年版，第 113 页。

当下现实所匮乏的东西，成了一个思念的美学对象，一种回忆，一个灵魂归属的符号。于是，"我的安东尼娅"，一声轻轻的呼唤，不仅代表薇拉·凯瑟对家乡、对自然的深深思念，也同样表达了全球化时代的人们对宁静、安全、简单、质朴生活的无限怀念。

全球化使人类文明面临一元化的危机，因此，文学地域主义研究在全球化时代的意义不仅仅是强调地域文学的成就，更重要的是文学的多样性。文学地域主义研究思潮在全球化背景的复出显示出美国学者欲以文学地域研究制约文化一体化的努力。全球化导致的文化相互渗透和整合使文化变得单调和贫乏，文学地域主义研究可以维护文化多样性，在"和而不同"的原则上建设文化生态。

中国的文学地域性研究

中国的文学地域性研究最早多从水土和风俗立论。《左传》襄公二十九年记载吴公子季札观乐评论了各地民歌，认为王风"思而不惧"，魏风"大而婉，俭而易"。自六朝到近代的刘师培、梁启超，多从南北地域差异谈论文学，如，唐代的《隋书·文学传序》写道："江左宫商发越，贵于清绮；河朔词义贞刚，重乎气质。"刘师培的《南北文学不同论》探讨了南北自然环境差异与人文气质的关系："大抵北方之地，土厚水深，民生其间，多尚实际；南方之地，水势浩洋，民生其际，多尚虚无。民崇实际，故所著之文，不外记事、析理二端；民尚虚无，故所作之文，或为言志、抒情之体。"[①] 梁启超在《中国地理大势论》描写了南北自然风貌对文学创作的影响："自唐以前，于诗于文于赋，皆南北为家数，长城饮马，河梁携手，北人之气概也；江南草长，洞庭始波，南人之情怀也。散文之长江大河一泻千里者，北人为优；骈文之镂云刻膳移我情者，南人为优。"在现代文学史上，文学地域性批评尽管仍然活跃，但一度被抑制和替代。文学地域研究的重新萌芽始于20世纪80年代的新时期文学研究。除了大量的地域文学史出版外，北京大学袁行霈先生的

---

① 舒芜等编：《中国近代文论选》下册，人民文学出版社1981年版，第570页。

《中国文学概论》第三章"中国文学的地域性与文学家的地理分布"从宏观上勾勒出中国文学地域性的发展规律①，为 20 世纪 90 年代中期以后的文学地域研究蓬勃发展奠定了基础。

随着全球化进程的加速，地域研究成为中国学术焦点。全球化背景下的文学地域研究担负了新的使命，旨在发现地域文学如何在全球化中捍卫民族文化和文化多样性。全球化给中国文学批评界带来了一丝焦虑，中国学者普遍感到了全球化对民族文化的威胁，认为全球化就是西方化，甚至就是美国化，是美国霸权话语对中国民族和地域文化的侵蚀。② 因此，中国学界拉开了一场轰轰烈烈的地域文化及民族文学保卫战。如此看来，这场文化自卫战也是全球性的。

结　语

文学地域主义有过辉煌，遭遇过冷落，又东山再起。文学地域主义的沉浮折射着社会的变迁和时代的流变，然而，不论时光如何流转，不变的是人们对土地的眷恋，因为地域决定着人的存在，地域给人们一种身份认同感，一种集体归属感，一种过去和将来感，一种温暖、踏实和宁静感。文学地域主义从地域出发，但又超越了地域。它从地域中获得素材和启示，将其沉淀成思想，传达的是终极的人文关怀；文学地域主义虽然是时代的产物，但它超越时代，文学地域主义在全球化时代的复兴见证了其意义的永恒。

（本文原载于《外国文学》2010 年第 4 期，第 98—106 页，收录于本文集时略有改动。）

---

① 袁行霈：《中国文学概论》，高等教育出版社 1990 年版，第 46 页。
② 张颐武：《全球化：亚洲危机中的反思》，载王宁、薛晓源主编：《全球化与后殖民批评》，中央编译出版社 1998 年版，第 87 页。

西方马克思主义风景观

李 莉*

摘要：20世纪70年代，在马克思主义哲学和政治经济学推动下，西方马克思主义地理学应运而生。20世纪80年代，文化地理学从以伯克利学派为代表的旧文化地理学发展到以伯明翰学派为领军的新文化地理学。文化地理学的主要研究对象风景，由于马克思主义地理学与新文化地理学的相互作用，在理论内涵和研究主题上取得新突破。西方马克思主义风景观是众多马克思主义学者和地理学家思想精华的体现。作为一种意识形态，它既关注风景的历史、地理发展史，又与西方国家或地区的政治、经济、文化传统紧密相连，是资本主义制度下资本运作、空间生产、权力和社会公平等政治议题的表征和具象化。

关键词：西方马克思主义地理学；新文化地理学；西方马克思主义风景观；权力；社会公平

20世纪70年代，受马克思主义哲学和政治经济学影响，激进的地理学家把历史—地理唯物主义思想纳入文化地理学科体系，生发出西方马克思主义地

---

* 李莉，南开大学外国语学院教授、博士生导师，研究领域为英美文学批评与西方文论，在研的科研项目有国家社科基金一般项目"美国河流美学研究"（主持人）、国家社科基金重大招标项目"美国文学地理的文史考证与学科建构"（子课题负责人）、教育部人文社科一般项目"美国河流风景研究"（主持人）。代表性论文有《"风景"研究的文化地理学价值》《被遗弃的乡村家园——20世纪美国诗歌的田园传统》《美国现代主义诗歌中的风景》等。

理学；80年代，新文化地理学兴起。马克思主义地理学和新文化地理学的相互作用促成马克思主义风景观。

对于西方马克思主义风景观的探讨尚未引起国内外学者的足够关注。1989年的论文集《地理学新模式》首次运用政治—经济学理论进行地理研究，地理学研究的新模式主要受到马克思主义政治经济学的启发。[1] 论文集里仅有少数作家从马克思主义政治经济学视角展开人文地理学研究，其中马克思主义学者史蒂芬·丹尼尔斯（Stephen Daniels）关注了马克思主义、文化和风景之间的相互关系，但并未系统阐释马克思主义风景的内涵和思想脉络。此外，《劳特里奇风景研究指南》（2019，第二版）零星提及马克思主义思想与风景研究的几位学者。英国地理学家约翰·怀利（John Wylie）在《风景》中在论述马克思主义、艺术史和风景互动时，对风景作为"面纱"在文化马克思主义和文化地理研究中的表征和象征意义作了简要概述。国内学者对于马克思主义风景观的研究更少见，《新文化地理学视角下的文化景观研究发展》一文中认为马克思主义对文化地理学的影响表现在静态和动态两方面：一在静态的意识形态构造上，景观呈现的结构是垂直的。景观作为面纱，掩盖的是经济、政治和社会的差异和不公平。二是作为生产实践的风景聚焦风景的物质层面，关注景观的劳动生产过程，揭示风景在日常经济活动中的动态结构。[2]

本文拟首先梳理马克思主义地理学与新文化地理学在思想脉络上的相互影响，并对马克思主义风景观的内涵和主要研究议题进行探索，旨在为国内外文化风景研究提供一个新思路。

一、马克思主义地理学与新文化地理学的相互影响

从历史轨迹看，马克思主义地理学产生和发展的重要历史阶段正是新旧文化地理学争论正酣之时，马克思主义地理学与新文化地理学相互影响、共同发

---

[1] Peet, Richard and Nigel Thrift, "Introduction", *New Models in Geography*, Vol. 2, eds. Richard Peet and Nigel Thrift, London: Unwin Hyman Ltd, 1989, p. xiii.

[2] 向岚麟、吕斌：《新文化地理学视角下的文化景观研究进展》，载《人文地理》2010年第6期。

展。其中，美国著名文化地理学家大卫·哈维（David Harvey）对马克思主义地理学的产生和发展作出巨大贡献；马克思主义学者丹尼斯·科斯格罗夫（Dennis Cosgrove）和以丹尼尔斯为代表的新文化地理学家受马克思主义地理学启发，自觉运用马克思主义唯物论思想，研究风景在资本主义社会的阶级属性和空间生产模式。

马克思主义地理学被界定为"应用马克思主义的分析观点、概念和理论框架对地理问题的研究。尽管没有局限于某一类社会，但马克思主义地理学主要集中于资本主义社会的各种地理研究"[①]。西方马克思主义地理学是 70 年代激进地理学（radical geography）与马克思主义分析方法相结合的产物。1977年《激进地理学》[②] 一书的出版标志着激进地理学高潮时期，激进地理学家几乎对现代资本主义体制下所有的地理问题进行了反思，他们反对自由主义的历史决定论对地理学的影响，批判人文地理学家忽略社会弱势群体，包括女性、流动工人以及贫困、犯罪等城市和乡村社会问题。西方马克思主义理论和方法被现代地理学所接受，导致新兴的批判人文地理学的兴起。马克思主义地理学给文化地理学带来的新思路是：地理学所关注的空间超越了物理学意义上的空间概念，更关注社会空间的塑造、空间和时间的关系以及空间的生产。

文化地理学家哈维也对马克思主义地理学的发展起到至关重要的作用，他主张应用历史—空间—社会三维辩证法把空间生产整合进马克思主义理论框架的核心中，把马克思主义空间化，开创了后现代主义与马克思主义结合在一起的空间美学新模式。1969 年，哈维概括了地理学中空间概念的演变，揭示出空间概念的差异是与空间背后的文化价值观密不可分的："一个社会所发展的用来表示空间的概念框架不是静态的，自古以来空间概念已发生了实质性的变化。文化的变化一般包括空间概念的变化，但有时通过科学发现突然需要对空间概念进行重新评价，这对现行的一套文化价值给予了猛烈一击。"[③] 哈维认为马克思主义地理学应聚焦城市化理论，为此，他把社会正义引入城市空间地

---

① [英] R. J. 约翰斯顿主编：《人文地理学词典》，柴彦威等译，商务印书馆 2005 年版，第 424 页。
② 参阅 Richard Peet, *Radical Geography: Alternative Viewpoints on Contemporary Social Issues*, Chicago: Maaroufa Press, 1977.
③ [美] 大卫·哈维：《地理学中的解释》，高泳源等译，商务印书馆 1986 年版，第 235 页。

理学研究之中。同样,后现代地理学先驱亨利·列斐伏尔(Henri Lefebvre)在《空间的生产》中认同马克思主义关于社会空间是一种上层建筑的观点,认为资本主义生产方式决定了空间和时间的生产,也同时生成了相应的社会关系。他还一针见血地指出空间的生产,尤其是差异空间的生产是理解资本主义存在及其理论内核的关键。

1980年代之后,西方马克思主义与文化地理学之间的双向互动日益深入。在哈维、多琳·马西(Doreen Massey)以及尼尔·史密斯(Neil Smith)等多名马克思主义地理学家的共同努力下,历史地理唯物主义进一步成为文化地理学的重要理论依据。空间化历史唯物主义成为包括新文化地理学在内的现代地理学的核心概念并被批评性地应用,这一时期的现代地理学受到人文主义、现代主义、结构主义以及解构主义等思想的冲击和影响。例如,社会学家曼纽尔·卡斯特尔斯受阿尔都塞结构主义影响,主张用结构主义的社会分析模式解读城市社会空间,他的马克思主义城市地理学"强调确定的分析范畴,如生产方式和社会构成;强调各个重要链条中要素之间的相互关系"①,他主张用经济、政治和意识形态系统来解读城市空间。总之,80年代以后的马克思主义地理学"以激进的风格重写文化地理"②,引导科斯格罗夫和丹尼尔斯等地理学家在资本主义再生产新模式下,对新文化地理学的核心概念"风景"进行全新界定。

二、马克思主义风景观的内涵

1987年,科斯格罗夫和彼得·杰克逊(Peter Jackson)发表的《文化地理的新方向》标志着新文化地理学登场。新文化地理"既聚焦历史也聚焦当代(但始终关注情景化和理论化),既探讨空间也探讨社会(不仅仅局限于狭义的景观),既探讨乡村也探讨城市,既思考主导意识形态也考察文化的偶然

---

① [美]理查德·皮特:《现代地理学思想》,周尚意等译,商务印书馆2007年版,第128页。
② Denis Cosgrove, "Towards a Radical Cultural Geography: Problems of Theory", *Antipode*, 1983 (15), pp. 1 – 11.

性。总之,强调文化在人类生活的中心地位"。① 1989 年,丹尼尔斯也强调新文化地理学应密切关注文化作为社会权力的媒介,在维护精英或官方权威中起到的作用。其原因是作为传统文化地理学核心概念之一的风景,不会轻易接纳权力和冲突等政治观念,甚至试图消解或掩盖风景的政治话题。可见,新文化地理正是融合马克思主义地理学与人文地理学的交叉领域,对传统文化地理学中的风景概念重新界定。②

早在 1983 年,科斯格罗夫就敏锐地提出马克思主义的历史唯物论为文化地理学研究提供新的研究视角。首先,马克思主义与文化地理学都关注文化生产和实践的重要意义。马克思主义和文化地理学从同一个本体论观点出发,都反对任何形式的决定论或者线性的因果解释,坚持把人类与自然的关系定义为历史的。这一点也是以卡尔·索尔(Carl Sauer)为首的旧文化地理学所采用的研究方法,索尔在《风景形态学》中力主反对环境决定论,从概念上区分自然风景和文化风景概念,指出自然是文化实践的基础和产物,强调文化和自然的辩证统一关系。③ 科斯格罗夫指出旧文化地理学存在的两个问题把文化地理学理论研究带入困境,一是没有从理论上界定文化产生的原因和文化的特性,二是忽略了文化中的阶级属性。科斯格罗夫为新文化地理学总结了三大任务。第一,文化地理学家要揭示不同生产模式下,地方和风景所隐含的社会意义,并且把这种研究与社会和经济形态的历史背景结合起来,原因是每一社会和经济形态都有其具体特性,其生产和再生产都发生在具体空间例如风景之中,社会形态在空间中书写历史,社会形态的形成是风景在不同生产模式中的叠加。文化地理学的第二个任务是把空间并入文化生产的象征代码中,原因是意识形态作为阶级社会的象征性权力,其空间的占用和再生产旨在维护阶级统治的合法化和长久化。"风景既建构象征性权力,又被象征性权力

---

① Denis Cosgrove and Peter Jackson, "New Directions in Cultural Geography", *Area*, 1987 (19), pp. 95 – 101.
② Stephen Daniels, "Marxism, culture, and the duplicity of landscape", *New Models in Geography*, Vol 2, eds. Richard Peet and Nigel Thrist, London: Unwin Hyman, 1989, p. 196.
③ Carl Sauer, "The morphology of landscape", reprinted in *Land and life: selections from the writings of Carl Ortwin Sauer*, ed. J, Leighly, Berkeley, CA: University of California Press, 1974, pp. 315 – 350.

所构建。"① 第三，作为革命性实践活动，文化地理学不仅要揭示人类行动（human agency）在风景生产和维护中所起的象征作用，更要批判性地审视空间组织和风景中的新形式。② 总之，科斯格罗夫首次把马克思主义的历史唯物观纳入文化地理学的理论方法之中，提出把空间生产、空间建构以及马克思主义哲学的社会形态列入风景的理论框架和研究主题中。马克思主义的社会形态包括经济形态、政治形态和意识形态，每一种社会形态都是经济基础和上层建筑的统一体。

1984年，科斯格罗夫在《社会形态和象征风景》一书中进一步明晰了马克思主义文化风景观。他对马克思主义视角下风景概念从15世纪开始的演变史进行梳理、概括，形成激进的文化风景观——"风景是一种意识形态概念，它代表某些阶层的人们通过想象与自然的关系，表征自我和世界"。③ 科斯格罗夫把风景概念的起源定位在意大利文艺复兴时期早期资本主义城市，"城市是资本主义和风景的发源地"④。这段高频引用正是对科斯格罗夫风景观的概括："风景作为一种观看方式经历了自己的形成史，但其形成史必须置于更大的经济和社会史视域下才能得以理解；风景有自己的假设和结果，但其假设和结果在起源和意义上远远超越对土地的使用和感知上；风景有独特的表现技巧，但这些技巧是与文化实践的其他领域共享的。"⑤ 总之，科斯格罗夫强调风景是作为主体的人在认识世界、改造世界过程中的社会实践活动。风景的形成受到不同历史时期社会关系的影响，风景既是客观的物质存在，更重要的是主观意识的反映，风景背后是不同观察主体的观看方式，代表不同的政治和文

---

① Denis Cosgrove, "Towards a Radical Cultural Geography: Problems of Theory", *Antipode*, 1983 (15), pp. 1 – 11.

② Denis Cosgrove, "Towards a Radical Cultural Geography: Problems of Theory", *Antipode*, 1983 (15), pp. 1 – 11.

③ Denis Cosgrove, *Social Formation and Symbolic Landscape: With a New Introduction*, Madison: the University of Wisconsin Press, 1998, p. 15.

④ Denis Cosgrove, *Social Formation and Symbolic Landscape: With a New Introduction*, Madison: the University of Wisconsin Press, 1998, p. 70.

⑤ Denis Cosgrove, *Social Formation and Symbolic Landscape: With a New Introduction*, Madison: the University of Wisconsin Press, 1998, p. 1.

化立场，不同的表征方式和美学思想。在传统的文化地理中，风景被当作一种传统的视觉意识形态，这种意识形态不仅有意掩盖了各种生产关系和生产力之间的矛盾，更掩盖了平常百姓对自然风景的认知和体验。① 科斯格罗夫在该书1997年再版引言里，对自己的风景概念再次进行阐述，他认为这本书的创新点是通过引用"社会形态"这一马克思主义思想的核心概念，把风景概念在不同历史时期的表象、表述和意义挖掘出来。

英国历史学家西蒙·沙玛（Simon Schama）在《风景与记忆》（1995）一书中穿越时空，勾勒出一幅浩瀚宏大的风景隐喻的漫长历史画卷，引导人们重新发现"隐藏在表面之下的神话和记忆的脉络"。② 沙玛指出，风景都是人类文明的产物，人类对于风景的规划、使用、改造由来已久，风景神话与人类历史、民族认同、国家身份紧密相连。风景是自然背后的文化，现代社会的诸多问题例如"帝国、民族、自由、企业以及独裁——都曾借助地形学，将自然形式赋予自己的统治理念"③。

沙玛的研究意义重大，因为他开启了记忆和风景研究的交叉领域。后殖民主义理论家爱德华·W. 萨义德（Edward W. Said）指出，记忆和记忆再现是关乎国家身份、民族主义以及权力和权威的重大问题。对于沙玛的乐观史学观，萨义德提出了另外一种思考，提醒学者们关注虚构在记忆和风景研究中的作用以及建构社会、政治和历史记忆过程中错综复杂的权力关系和阶级纷争。萨义德一针见血地指出，"虚构传统是当权者经常采用的一种实践。它是他们在大众社会中的一种统治工具。……虚构传统就是选择性地使用集体记忆的一种办法，其做法是篡改某一部分的国家历史，对其他部分进行压制，以及通过完全功能性的方式抬高特定部分的地位。这样，记忆就不一定是真实的，而是有用的。"④ 萨义德多次用自己家乡巴勒斯坦作为例子，重申对于巴勒斯坦人

---

① Stephen Daniels, "Marxism, culture, and the duplicity of landscape", *New Models in Geography*, Vol 2, eds. Richard Peet and Nigel Thrist, London: Unwin Hyman, 1989, p. 206.
② [英] 西蒙·沙玛：《风景与记忆》，胡淑陈、冯樨译，译林出版社2013年版，第14页。
③ [英] 西蒙·沙玛：《风景与记忆》，胡淑陈、冯樨译，译林出版社2013年版，第18页。
④ [美] 爱德华·W. 萨义德：《虚构、记忆和地方》，选自《风景与权力》，W. J. T. 米切尔编，杨丽、万信琼译，译林出版社2014年版，第264页。

和以色列人来说,耶路撒冷神话记忆至少意味着两种冲突的记忆、两种历史虚构、两种地理想象。① W. J. T. 米切尔(W. J. T. Mitchell)也对沙玛的风景记忆观表示了不同看法,"我将风景当作一个记忆缺失和记忆擦除的地方加以研究,一个用'自然的美丽'来掩盖过去、遮蔽历史的战略场所。"②萨义德和米切尔警示人们要对风景记忆所涉及的国家身份、民族认同、文化价值观等保持清醒的头脑和批评的态度,建构风景记忆的过程就是某个国家、民族、种族在某一地方或者空间所进行的空间生产、文化实践活动,就是权力维护、文化霸权、阶级冲突的过程,就是以隐秘、虚构的方式利用、误导集体意识,构建国家叙事的过程。

米切尔在关于"帝国的风景"中进一步提出作为一种权力的文化实践,风景是"人与自然,自我和他者之间交换的媒介"③,是它所隐匿的社会关系的象征,不仅仅象征着复杂的权力关系,更是文化权力的工具,是社会和主体身份得以形成、阶级概念得以表述的文化实践,甚至是权力的手段,是帝国主义为了实现自己的目的,"解放""自然化""统一"这个世界的手段和媒介。④将帝国意识灌输到当地风景之中,实现风景的"自然化"。除此以外,殖民者更多地通过风景的空间扩张推进殖民活动,其结果是,"在它们面前展现的'前景'不仅仅是一个空间场景,还是一个被投射的'发展'与剥削的未来。"⑤

科斯格罗夫和沙玛主要从历史层面探究风景与国家意识形态和地方文化传统的关系,而马克思主义社会学家弗雷德·英格里斯(Fred Inglis)对风景的概念界定则是彻底的唯物主义思想。他把风景视为高张力概念,其目标是直接

---

① [美]爱德华·W. 萨义德:《虚构、记忆和地方》,选自《风景与权力》,W. J. T. 米切尔编,杨丽、万信琼译,译林出版社2014年版,第269页。
② [美]W. J. T. 米切尔:《神圣的风景:以色列、巴勒斯坦及美国荒野》,选自《风景与权力》,W. J. T. 米切尔编,杨丽、万信琼译,译林出版社2014年版,第286页。
③ [美]W. J. T. 米切尔:《帝国的风景》,选自《风景与权力》,W. J. T. 米切尔编,杨丽、万信琼译,译林出版社2014年版,第5页。
④ [美]W. J. T. 米切尔:《帝国的风景》,选自《风景与权力》,W. J. T. 米切尔编,杨丽、万信琼译,译林出版社2014年版,第14页。
⑤ [美]W. J. T. 米切尔:《帝国的风景》,选自《风景与权力》,W. J. T. 米切尔编,杨丽、万信琼译,译林出版社2014年版,第19页。

打破统治阶级的幻想,原因是"风景位于几个概念的交叉点上,这些概念正是一个社会科学家竭力区分的:'机构'、'产品'、'过程'和'意识形态'"。① 这种张力还表现在把风景当作精英阶级的"观看方式"与风景是日常的"生活方式"两种风景观的差异上。因此,不能把风景看作一个客体,而是一个鲜活的过程,风景创造了人,反过来又被人所改造。谈论风景时,人们必须考虑风景生产的实践过程:它被生产的同时其定义被接受和被解读。② 英格里斯对风景研究带来的启示是,对风景的解读阐释有助于理解和评判某一社会及其文化思想。

英国著名马克思主义文化批评家雷蒙·威廉斯(Raymond Williams)在《乡村与城市》中从文化唯物主义出发,分析产生于地理或者风景中各种文学和文化形式的变化,指出这些变化是英国社会斗争、阶级冲突、权力更迭带来的结果:"劳作的乡村几乎从来都不是一种风景。风景的概念暗示着分隔和观察";风景是英国贵族阶级为了自己的利益和权力,通过风景绘画、风景写作、风景园艺和风景建筑的历史进行再现,而这些历史必须与"土地及其社会的历史联系起来"。③ 威廉斯从丰富的城市和乡村主题的文学分析中得出结论,不同历史时期的文学家从不同视角描绘自己亲历或者记忆中的英国历史和现状:"不管是过去的还是当代的意象,它们都是历史的建构,是不同时期的社会地理神话,由不同的阶级、不同的利益以及关于民族身份、政体和作为一个整体的国家的不同观点所塑造的。这些意象没有一个不是没有实际的斗争和修辞争议的。"④

英国左翼艺术史家约翰·伯格(John Berger)同威廉斯一样,指出视觉艺术尤其风景画在揭示土地与人的关系时要考察更大的现实、历史、物质因素以

---

① Fred Inglis, "Nation and Community: A Landscape and Its Morality", *The Sociological Review*, 1977, Vol. 25, Iss, 3, pp. 489–514.

② Fred Inglis, "Nation and Community: A Landscape and Its Morality", *The Sociological Review*, 1977, Vol. 25, Iss, 3, pp. 489–514.

③ [英]雷蒙·威廉斯:《乡村与城市》,韩子满、刘戈、徐珊珊译,商务印书馆2013年版,第167页。

④ [美]爱德华·W. 萨义德:《虚构、记忆和地方》,选自《风景与权力》,W.J.T. 米切尔编,杨丽、万信琼译,译林出版社2014年版,第269页。

及他们之间的相互关系。"任何时代的艺术，都是为统治阶级的意识形态和利益服务的"①。在《观看之道》（1972）中，伯格审视了西方风景画传统中资本主义策略在经济、社会和性别方面的操控和挪用。伯格首先指出过去的艺术作品之所以被神秘化，其目的是把统治阶级的统治合法化，少数特权人物有意编造历史，使普通民众被剥夺了了解历史的权利。②同样，艺术作品被上层人士收藏，脱离了大众，成为统治阶级文化的一部分。随着影像设备的普及、艺术复制品的大量出现，古代艺术被新的影像语言所替代，伯格提出新的问题，"谁在使用这种语言？目的何在？"③ 约翰·巴威尔（John Barrell）在审视了1730年到1840年的英国风景画后得出结论：风景画是英国意识形态的表现形式。安·伯明翰（Ann Bermingham）在《风景与意识形态》（1987）中也指出18世纪晚期和19世纪早期的风景画是意识形态的工具，风景被以风景画的艺术表征方式符号化、具体化，被权力机构和统治阶层给予政治、文化和社会赋值。

总之，主要受马克思主义哲学思想尤其是西方马克思主义地理学的影响，风景作为一种意识形态，是权力的文化实践过程，是历史、文化、地理、政治、经济等诸多因素相互作用的文化表征，是资本运作、国家立法、权力和社会公平作用于不同种族、性别、阶级等复杂关系的具象化。风景不仅是客观的物质存在，更是人类主观意识的体现，反映不同社会阶层文化立场的差异性。

三、西方马克思主义风景的研究主题

除了风景的内涵得到重新界定外，风景的研究主题也得到拓展，主要集中在四个方面：风景与社会公平、风景与女性主义、风景与权力以及城市景观与空间政治。

1. 风景与社会公平

社会公平是马克思主义哲学、政治经济学和科学社会主义产生和发展过程

---

① ［英］约翰·伯格：《观看之道》，戴行钺译，广西师范大学出版社2005年版，第91页。
② ［英］约翰·伯格：《观看之道》，戴行钺译，广西师范大学出版社2005年版，第5页。
③ ［英］约翰·伯格：《观看之道》，戴行钺译，广西师范大学出版社2005年版，第32页。

中逐渐系统化的思想，包括政治公平、经济公平、教育公平和民族公平。马克思主义深刻揭示了社会公平的本质，对资产阶级的社会公平观进行了批评和否定。风景与社会公平正是马克思主义地理学家关注最多的话题，涉及国家立法、司法、执法、社区、民族、种族、性别等方面。

马克思在《资本论》中揭示了资本主义商品社会的本质，"资本主义生产方式统治下社会的财富，表现为'一个惊人庞大的商品堆积'"①，商品背后是真实存在的货币、资本关系，尤其是资本家获得剩余价值的秘密。资本主义市场中经济现象之间的关系是物化了的人与人之间的社会关系。风景作为一种文化实践媒介和社会意识形态符号，成为了一种商品——马克思所说的"社会的象形文字"及它所隐匿的社会关系的象征。② 由此，风景成为切入社会公平/不公平话题的途径。风景的社会公平性主要包括：一是法律、公平和政体，二是"风景民主"、公共参与和政体，三是劳工、阶级与生产，四是国家、种族与记忆，五是日常冲突和归属权。③ 肯尼思·奥维格（Kenneth Olwig）主要通过"实体法"（substantiveness），考察风景生产、再生产（背后是社会生产与再生产实践过程）以及风景的视觉和文字再现过程中，风景是如何呈现社会公平的："风景不必只从地域或者景色角度来理解，它还可以被看作社区、司法正义、自然和环境公平的一个连结点。"④

乔治·亨德森（George Henderson）认为风景是一种社会空间，认识论意义的风景是一种人类实践和人类思想的物质再现。作为一种意识形态，风景的真实性具有欺骗性和虚伪性，因为风景是一种"观看方式，尤其是一种很享受的凝视方式，通过有特权的透视法来宣称主权。这不仅仅是一种观看方式，

---

① ［德］卡尔·马克思：《资本论》，第 1 卷，人民出版社 1953 年版，第 1 页。
② ［美］W. J. T. 米切尔：《帝国的风景》，选自《风景与权力》，W. J. T. 米切尔编，杨丽、万信琼译，译林出版社 2014 年版，第 16 页。
③ Gunhild Setten, Katrina Myrvang Brown and Hilde Nymoen Rortveit, "Landscape and Social Justice", in *The Routledge Companion to Landscape Studies*, 2nd edition, eds. Peter Howard, Ian Thompson, Emma Waterton and Mick Atha, London and New York: Routledge, 2019, pp. 418–428.
④ Kenneth Olwig, "Recovering the substantive nature of landscape", *Annuals of the Association of American Geographers*, 1996 (86), pp. 630–631.

而是地方的真实物质构建"①。温迪·J. 达比（Wendy Joy Darby）也认为透视法凝视满足了商业资本主义维护社会秩序和法律的需要，其运行模式有两个，一是能使观众体验真实空间的再现性，二是政策性，欧洲通过"掌握所有实际的和象征性的测量结果而实现了领土扩张"。② 唐·米切尔（Don Mitchell）多次重申风景主题的模糊性和隐晦性存在于资本主义的生产、资本和流通整个过程中，最终的决定因素是权力，风景的政治性和公平问题是普遍的存在而非地方性问题。因此，唐·米切尔建议风景的概念和理论化需要把资本流通、资本的危机、种族、性别以及地缘政治和权力等因素考虑进去。③

邓肯夫妇（James S. Duncan and Nancy J. Duncan）通过研究纽约市郊区贝德福德小镇的景观，揭示风景、阶级和社会公平之间的权力关系。贝德福德小镇是特权阶层的生活场所，是特权阶层的社会地位、社会能力的反映，因此小镇的乡村田园风景、风景所象征的历史记忆和社区文化是小镇居民全力保护和维持的。例如，为了保护位于小镇中心、被视为小镇象征的"贝德福德橡树"，社区和居民们多次通过立法和环境保护组织阻止开发商在橡树附近施工。该小镇的风景"被看作美学产物受到严格控制……居民们很自信地认为通过保持开阔的绿地，他们的审美利益就可以通过空间隔离得以保障，这样，居民们从空间和视觉上把自己屏蔽在令人烦恼的种族和贫困问题之外"。④ 然而，风景政治涉及阶级、种族、宗教和性别关系等话题，小镇风景的特权性和不公平性在全球化以及权力体系日益复杂的当今时代受到越来越多的质疑，最主要的批评来自维护小镇景观的拉丁美洲工人，他们作为廉价劳动力被雇佣，却被特权群体排斥在外，被迫居住在小镇之外的廉价社区。

---

① George Henderson, "What (Else) we talk about when we talk about landscape," in *Everyday America: Cultural Landscape Studies after J. B. Jackson*, eds. Chris Wilson and Paul Groth, Berkeley: University of California Press, 2003, p. 192.

② [英]温迪·J. 达比：《风景与认同：英国民族与阶级地理》，张箭飞、赵红英译，译林出版社2018年版，第15页。

③ Don Mitchell, "Cultural landscapes: just landscapes or landscapes of justice?", *Progress in Human Geography*, 2003 (27), pp. 787–796.

④ James Duncan, and Nancy Duncan, *Landscapes of Privilege: the Politics of the Aesthetic in an American Suburb*, New York: Routledge, 2004, p. 9.

2. 风景与女性主义

女性主义与马克思主义的关系一直十分密切。约翰·伯格在《观看之道》的"女性作为观看的对象"章节里，指出欧洲裸像中往往女性为画作对象，画家、观赏者、收藏者通常是男性："这不平等的关系深深植根于我们的文化中，以致构成众多女性的心理状况。她们以男性对待她们的方式来对待自己。她们像男性般审视自己的女性气质。"① 在新旧文化地理学发展的任何历史时期，男性都是风景的凝视者，风景被女性化，是男性观察、评论的对象，对风景和女性的表征反映男权主义意识形态。温迪·J. 达比直言，"风景一直是男性的领域。大多数地形学方面的工作反映出男性和军事性的眼光。游览欧洲大陆，欣赏沿途风景的人最初大多是男性；艺术市场由男性主宰，他们是风景画派的资助人或是生产者；争论风景的范畴及其对人类身心影响的美学家是男性；早期风景旅游的倡导者也是男性；有关徒步旅行和登山活动的讨论也反映出一种性别化了的风景象征主义；风景，无论是再现的还是实际的，都是身份的附属物，正如妻子、情人和女儿们是拥有土地并管理国家的男人的附属物一样。"② 科斯格罗夫认为风景的意识形态体现在其与父权制话语的合谋上，"文化被界定为'男性'的属性，而自然则属于'女性'的属性……这些'女性特质'表现为非理性、任性和野性，有时也感性、温柔和驯服——但自然屈服于男性理性和独创性的控制力，则是一个一贯的比喻。"③

女性主义地理学家批评地理学被男性所垄断，所关注的空间、地方和风景是从男人的视角出发的。玛格丽特·菲茨西蒙斯（Margaret Fitzsimmons）指出在人文地理学话语中，自然被女性化，风景被女性化，风景与女性都被视为他者。因此，风景经常被认作女性的身体和自然之美："诸位地理学家主要兴趣所在是大地母亲的外表和特征。为此，我们务必了解地质学的基本原则，如同

---

① [英]约翰·伯格：《观看之道》，戴行钺译，广西师范大学出版社2005年版，第65页。
② [英]温迪·J. 达比：《风景与认同：英国民族与阶级地理》，张箭飞、赵红英译，译林出版社2018年版，第2页。
③ [英]丹尼斯·科斯格罗夫：《景观和欧洲的视觉感—注视自然》，载凯·安德森等主编：《文化地理学手册》，李蕾蕾、张景秋译，商务印书馆2009年版，第374—375页。

画家要对人体或者动物的解剖有所了解……地表的特征和地球的内在特点值得学习、了解和领悟的是它们的美。"① 女性主义学者吉莉安·罗斯（Gillian Rose）十分关注知识生产的政治性，她指出，地理学传统表现为"一种大男子主义凝视景观（Masculine Gaze）方式，这类凝视具有二元性，既有观者支配与掌握的主动性，也包括作为女性而建造的'自然化的'景观的被动性；既有研究者所宣称的科学理性，也隐含了被压制的视觉愉悦"②。20 世纪 70 年代，美国女性主义作家安妮特·克洛德尼（Annette Kolodny）批评了环境叙事的主流视角是白人男性，土地被女性化，以及女性如何以花园作为自己的风景隐喻对抗男性话语。③ 1996 年，路易斯·H. 韦斯特林（Louise H. Westling）首次考察了美国小说中的性别与风景主题，指出美国超验主义作家拉尔夫·瓦尔多·爱默生（Ralph Waldo Emerson）和亨利·戴维·梭罗（Henry David Thoreau）强化了美国田园思想核心的帝国主义怀旧——对待女性化风景和自然生物的自作多情的男性凝视掩盖了对于原始荒野的征服和破坏。④

3. 风景与权力

权力与社会公平是紧密相连的社会话题。在《风景与认同：英国民族与阶级地理》一书中，达比认同米切尔关于风景是文化权力的工具，风景背后隐匿的是错综复杂的社会关系及其之间的博弈等观点。他从 18 世纪英国的风景意象的历史和文化背景开始，考察了风景占有所代表的阶级冲突和矛盾，展示风景表征与政治表征之间的关系。达比把 18 世纪英国风景传统按照文化生产的形式分成风景与早期剧场、权力的印刷与印记、17 世纪风景画与 18 世纪英国乡村别墅、18 世纪舞台布景与全景画，从文化历史角度，揭示阶级概念

---

① Gillian Rose, *Feminism and Geography: The Limits of Geographical Knowledge*, Cambridge: Polity Press, 1993, p. 87.
② 向岚麟、吕斌：《新文化地理学视角下的文化景观研究进展》，载《人文地理》2010 年第 6 期。
③ 参看 Annette Kolodny, *The Lay of the Land: Metaphor as Experience and History in American Life and Letters*, Chapel Hill, North Carolina: University of North Carolina Press, 1975; *The Land Before Her: Fantasy and Experience of the American Frontiers*, 1630 – 1860, Chapel Hill and London: the University of North Carolina Press, 1984.
④ Louis Hutchings Westling, *The Green Breast of the New World: Landscape, Gender, and American Fiction*. Athens, Georgia: the University of Georgia Press, 1996, p. 52.

是如何通过不同时期的风景表征得以传播、合法化。在这一复杂的文化过程中,"地理空间和社会形态按高低有序的等级建构起来",而"在其他领域发挥作用的各种层次的象征性等级制度不断推进、强化或分解"等级建构。① 达比还以英格兰湖区(Lake District)和峰区(Peak District)两大风景区的立法史为例,揭示了隐匿在风景问题之中的权力关系——"文化霸权和意识形态"② 呈现为风景进入权与政治进入权的冲突与互动等。

唐·米切尔以 1913 年到 1942 年的加利福尼亚州农业风景和流动工人为探讨对象,揭示了"土地的谎言"。米切尔强调"风景的形塑是妥协的产物,是权力体系和政治经济学运行产生的多种权力状况的产物"③,每一处风景都是人类劳动基础上的社会建构。加利福尼亚的农业风景主要是来自不同移民国家的流动工人辛勤劳作创造的,他们为加利福尼亚乃至全美的农业综合体作出了巨大贡献。然而,被监管和被动隐形的流动工人、劳工营以及失业者、流浪汉留宿地的恶劣条件背后的决定因素是资本的占有和权力运作。流动工人在改造农业景观中的作用不仅被有意识忽略,他们应当享有的平等和社会权力也被资本家剥夺。

4. 城市景观与空间政治

城市景观是城市空间研究的主要对象,西方马克思主义地理学家对城市景观的空间生产、区域划分、空间表征和象征意义等给予大量关注。哈维有诸多关于城市空间生产、资本运行等城市政治的论著。例如,在《公平、自然和差异地理学》一书中,哈维指出,西方世界卷入了一个资本主义城市化或时空发展不平衡的全球过程,所有的新技术进步、快速城市化过程带来的城市问题以及政治差异都是受资本主义生产方式驱使。从历史地理唯物主义理论出发,哈维对城市的意义进行界定,在他看来当代城市是一种复合景观,一种经

---

① 转引自 [英] 温迪·J. 达比:《风景与认同:英国民族与阶级地理》,张箭飞、赵红英译,译林出版社 2018 年版,第 12 页。

② [英] 温迪·J. 达比:《风景与认同:英国民族与阶级地理》,张箭飞、赵红英译,译林出版社 2018 年版,第 142 页。

③ Don Mitchell, *The Lie of the Land: Migrant Workers and the California Landscape*, Minneapolis: the University of Minnesota Press, 1996, p. 121.

过不同历史时期的人工改造的人工制品。①唐·米切尔在《城市权利：社会正义与公共空间之争》中回应列斐伏尔所说的"城市权利"，以美国城市中的公共空间实践为例，提出这样的问题：谁拥有城市权利和公共空间？这种权利在法律层面和街区是如何被决定的？城市权利是怎样被监督、合法化或者削弱的？这种必须被限制和抗争的权利在美国城市中是如何被形塑为社会公平或者不公平的？②这些问题的背后是米切尔所关注的城市弱势群体，揭露无家可归者如何被国家立法排除在城市的公共空间之外或者受限进入公共空间。

美国城市社会学家莎伦·佐金（Sharon Zukin）的研究重点是工业化、消费社会以及审美经济兴起的社会背景下，现代城市空间生产背后的资本运作。她多次引用哈维、爱德华·苏贾（Edware Soja）等的理论学说，延续了马克思主义对资本的批判，认为以文化、艺术符号为代表的"象征性经济"起到了重塑城市的重要作用，同时，不同的社会阶层也在城市空间生产和运作中进行了重组。她在《权力地景：从底特律到迪士尼世界》中分析了美国五种不同的城市市区类型，揭示经济和政治权力在构建城市风景中的不同模式和形态，以迪士尼世界和亨利·福特产业综合体为实例探究强大的利益集团是怎样改造土地的使用权和土地规划的。佐金在对纽约苏荷区（SoHo）20世纪60年代以来的变化以及纽约城市的变迁进行多年研究发现，二十年来该区已经被一些特权阶层通常是艺术家重新占领，他们改变了苏荷区的街景和生活。佐金指出，风景以一种物质形式表现权力关系，尤其是后现代资本主义的权力关系："视觉意义上的不对称权力意味着资本主义吸取潜在的形象能量、发展真实的或者象征的一系列风景的巨大能力，这些风景界定着每个历史时期，包括后现代性，这颠覆了詹明信的权威论断——建筑对后现代性的重要性在于它是资本主义的象征。相反，建筑的重要性在于它是象征主义的资本。"③佐金直言在现

---

① [美]大卫·哈维：《正义、自然和差异地理学》，胡大平译，人民出版社2015年版，第474—478页。

② Don Mitchell, *The Right to the City: Social Justice and the Fight for Public Space*, New York: the Guilford Press, 2003, p.4.

③ 转引自[英]阿雷恩·鲍尔德温、布莱恩·朗赫斯特、斯考特·麦克拉肯、迈尔斯·奥格伯恩、格瑞葛·斯密斯：《文化研究导论》（修订版），陶东风等译，高等教育出版社2004年版，第416页。

代社会，风景早已超越了"实体环境"的地理学意义，而是物质与社会实践及其表征的复合体。狭义意义上的风景代表权力机构强加的社会阶级、性别和种族关系的体系结构；广义的风景涵盖人们所看到的全景："有权有势者的地景——大教堂、工厂和摩天大楼——以及无权无势者附属的、抗拒的、或饱具乡土气息的地景——村落礼拜堂、贫民窟和廉价公寓。"① 因此，权力、压迫和集体抵抗把风景形塑为社会的缩影。对激进地理学家来说，风景是一块资本积累的白板，反映资本主义生产方式各历史阶段的空间性。无论是地方还是国家，无论是在城市还是乡村，无论是自主的还是被动的空间移动，经济力量是决定性因素，用马克思主义学者哈维的话，"资本创造并破坏了自身的地景"。②

结　语

1980 年代，在马克思主义哲学和政治经济学尤其是西方马克思主义地理学与新文化地理学相互作用和共同进步中，风景的内涵得以延展，研究内容和视角得以充实。尽管西方马克思主义思想体系庞杂，派别众多，文化地理学仍处于不断发展变化之中，西方马克思主义风景观仍然汇集了众多西方学者对资本主义社会中自然和文化关系的深刻反思和激进的改良社会思想，其革命性、创新性、实践性和多元性必将在未来的文化地理学研究中得到深化和完善。

西方马克思主义风景观作为一种意识形态，既关注风景的历史，地理发生、发展史，又与一个国家和地区的文化、政治、经济息息相关，背后是资本主义资本运作、空间生产、权力和社会公平等政治议题的表征和具象化。随着全球化趋势的不断冲击，城市化进程和流动性的加快，风景的文化、社会、政治属性将愈来愈强。风景与社会公平、风景与权力涉及民族、种族、性别、阶级等诸多社会因素，必将引起更广泛深入的探讨。此外，城市风景背后的空间生产和空间政治随着后现代社会新矛盾和新焦点的出现必将呈现更加错综复杂

---

① ［美］莎伦·佐金：《权力地景：从底特律到迪士尼世界》，王志弘等译，群学出版社 2010 年版，第 19 页。

② 转引自［美］莎伦·佐金：《权力地景：从底特律到迪士尼世界》，王志弘等译，群学出版社 2010 年版，第 23 页。

的关系，城市景观将成为未来马克思主义地理学家研究的重点话题之一。毋庸置疑，西方马克思主义思想的革命精神和开放性大大促进了文化地理学在深度和广度上的拓展延伸，也将为中国文化地理学的发展提供有益的借鉴。

（本文原载于《广东社会科学学报》2023年第5期，第192—202页，收录于本文集时略有改动。）

"一带一路"沿线国家文学地理研究

"重新书写"非洲大地
——莫桑比克作家米亚·科托小说的文学地理学研究

胡 婧[*]

摘要：文学地理学作为一种跨学科研究，从地理和空间的角度去研究文学，为文学研究提供了一个新的视角和切入点。本文选择文学地理学批评方法对莫桑比克作家米亚·科托小说进行研究，聚焦科托小说文本中地理景观、地理意象和地理空间，从人地关系的角度来研究人与地理空间的互构问题，讨论地理学与文学的艺术交织。科托小说通过各种地理空间元素来解读非洲错综复杂的现状：乡村和城市、海洋和大陆、大草原和动物群、暴露在人类贪婪中的环境的脆弱性以及自然风险的不确定性、文化多样性、社会的脆弱性。科托的小说不仅具有十分重要的文学价值，也具有真实反映并深刻表现民族和国家的困境和矛盾的现实意义。

关键词：米亚·科托；文学地理学；文学批评；小说；非洲

米亚·科托（Mia Couto）1955年生于非洲莫桑比克的一个葡萄牙移民家庭，父亲是记者。科托大学修习医学，随着莫桑比克独立战争爆发，他放弃学业成为记者。莫桑比克独立后，随即开始长达17年的内战，科托重返大学学

---

[*] 胡婧，南开大学外国语学院副教授，硕士生导师，博士，研究方向是比较文学、教育学，近三年在国内外学术期刊发表论文6篇，主持国家社科基金项目1项，天津市哲学社会科学规划课题1项，南开大学校级科研项目2项。

习生物学,并继续文字创作。1983年,他的首部诗集《露水之根》问世;1986年,短篇小说集《夜晚的声音》出版并引发国际关注。此后科托笔耕不辍,获得多项文学大奖:1992年长篇小说处女作《梦游之地》获得莫桑比克作家协会的国家小说奖,并入选"20世纪最伟大的12部非洲小说";2013年获得葡语文学最高奖项卡蒙斯文学奖;2014年获得有"美国的诺贝尔奖"之称的纽斯塔特国际文学奖;2015年他凭借《耶稣撒冷》入围国际布克奖终选名单;2017年凭借《母狮的忏悔》入围国际都柏林文学奖短名单;2022年获莫桑比克克拉维林尼亚文学奖。2023年莫桑比克设立科托文学奖。他的作品已被译成三十多种语言,是当今非洲文学和葡语文学的中坚力量。

一、文学地理学与文学地理学批评

　　文学与地理的关系与生俱来,地理是文学的土壤,是文学的生命依托。中国古代文论家刘勰曾指出:"屈平所以能洞监风骚之情者,抑亦江山之助乎。"[①] 文学是作家对生活的审美反映,作家通过实践感知创作文学作品,而这个实践很大一部分来源于作家的生活经验和对自然地理的接触。文学地理学,顾名思义,是由文学和地理学两部分构成。英国学者迈克·克朗(Mike Crang)在《文化地理学》中专门讨论过文学与地理的关系[②],认为小说具有内在的地理学属性,通过想象构建有关地理的叙事,表达关注人与空间的互动关系,文学中的地理意象、地理景观和地方则成为一系列具有文化意义的符号,折射价值观念的象征系统。法国文学地理学研究学者米歇尔·柯罗(Michel Collot)提出文学地理学研究的三个核心概念[③],首先是文学地理学,研究作品中制造的空间语境,其次是地理批评,研究文本中的空间再现,再次是地理诗学,研究空间、文学形式和文学体裁之间的关系。中国学者曾大兴强调文学地理学研究要注重内部研究,也就是对文学作品本身进行的研究,注重分析

---

① 刘勰:《文心雕龙·物色》,范文澜注,人民文学出版社1958年版,第695页。
② [英]迈克·克朗:《文化地理学》,杨淑华等译,南京大学出版社2003年版,第72页。
③ [法]米歇尔·柯罗:《文学地理学》,袁莉译,福建教育出版社2021年版,第15页。

和探讨文本的空间结构，还原文本的艺术和思想空间，并重建文本的意义空间①。

文学地理学批评是一种文学批评新方法，在整个文学地理学学科体系中居于核心地位。文学地理学的批评方法衍生出众多批评术语，如地理基因、地理意象、地理景观、地理叙事、地理空间、人地关系、文学地图等，其目标是直抵文学现象的地理本质。邹建军和周亚芬在《文学地理学批评的十个关键词》中指出："任何国家与民族的文学，甚至任何作家与作品，都存在一个地理基础与空间前提的问题，因为任何作家与作品都不可能在真空中产生出来，任何文学类型也不可能在真空中发表起来，任何作家与作品及其文学类型绝对不可能离开特定的时间与空间而存在。"② 在文学地理学批评话语体系中，地理空间是由地理意象、地理景观和地方形态所构建起来的。文学地理学批评关注地理空间构建如何实现空间叙事，以及如何体现作者的意象化构建，从而发现其代表的审美意义和社会价值。科托的长篇小说注重地理景观的描写、地理意象的呈现和地理空间的构建，关注人物与环境的关系，因此，文学地理学批评方法有助于对其长篇小说的理解。

二、小说中意蕴深刻的自然意象

文学地理学考察文学中的地理空间要素，自然意象是主要的对象与首要的内容。科托的小说中多次出现河流意象。西方文学中河流这一地理类自然意象由来已久，含义丰富，常被赋予生命状态流动的意味，如赫尔曼·黑塞（Hermann Hesse）在中篇小说《悉达多》中将河流视为生命的轮回，"这也是我跟河水学到的：一切都会重来"③；而在非洲文化背景下，河流还代表着对自身历史的追溯，对祖先和故土的寻根。

在科托1996年小说《祝福的故事》的"时间的长河"一篇中，河流意象

---

① 曾大兴等主编：《文学地理学》第十辑，中国社会科学出版社2022年版，第20页。
② 邹建军、周亚芬：《文学地理学批评的十个关键词》，载《安徽大学学报》2010年第2期，第1—8页。
③ [德]赫尔曼·黑塞：《悉达多》，杨武能译，译林出版社2015年版，第19页。

共出现了四次：

    1）那些天，祖父把我塞进他的独木舟，带着我顺流而下。
    2）然后我们去了大湖，家乡的小河在那里汇入。
    3）我刚刚在自己身上发现了一条永不消逝的河流。
    4）现在，我又带着儿子来到那条河边，教他瞥一眼对岸的白布。①

    这四幕分别出现在小说故事的开篇和结尾祈祷部分：在第一幕中，河流作为一种空间指示，男孩和祖父顺流而下，而到第四幕，故事开始时的男孩已成年，他再次回到童年的河流，并带着他的儿子横渡。在第二幕中，河流汇入了大湖，正是在这里奇怪的事件发生了，这条河似乎仅仅是去往另一个地方的路。第三幕出现的河流则是一种隐喻，男孩所说的"永不消逝的河流"是指家族传统的传承，是从他祖父那里学到的。而第四幕出现的"河边"一词前面科托使用了指示代词"那条"，既可以指代男孩"内化"的河流，即对传统的认知与传承，也可以指代物理空间，即祖父和男孩童年时横渡过的河流。由此来看，科托给了读者一个相对开放的结局：男孩成年后或是用与祖父相同的方法来教育他的孩子，带孩子乘坐独木舟渡过同一条河流去到湖边，在那里与祖先交流；又或是男孩从童年经历中获得了需要一代代延续的家族传统价值观。然而，无论河流是字面意义上的物理空间还是被理解为传统的隐喻，科托在这一幕里所要表现的价值观念的永恒都是一样的。

    在另一部小说《一条河叫做时间，一座房子叫做大地》中，河流意象出现了67次之多。马里亚尼奥回到家乡名为"地上月光"的小岛操办祖父马里亚诺的葬礼，却发现自己与家族众人之间产生了陌生感，城市生活已让他养成白人的习惯。更为奇怪的是，人们无法确定祖父是否真的死了。为了解开谜团，一系列家族秘辛被一一揭露。在最终的秘密被揭开前，人们发现大地已经关闭：掘墓人不能掘开土地葬下祖父的棺材。最后，祖父被葬在河床，没有任何仪式，大地才重新打开。在这个神秘的地上月光岛上，马兹米河储存着灵魂

---

① Mia Couto, *Estórias abensonhadas*, Rio de Janeiro: nova Fronteira, 1996, pp. 9, 10, 13, 13.

的记忆，大地承受着古老的咒语，呈现出一种文化、宗教和政治僵局，与后殖民时代非洲社会状况相对应。

小说中地理空间构建的灵感来源是伊尼亚卡岛，属马普托省管辖，科托曾作为生物学家在这个岛上工作过几年。他依托真实的岛屿构建了虚构的地上月光岛，以此体现因城市化进程和"进步"而引起的社会文化误解和空间保护，讨论了传统仪式在岛民中的永存，并完成了空间的神圣化。科托借着小说将地上月光岛构建成了"这里的边缘"，"边缘之外"则是一个"进步"和习俗现代化的地方——城市。小说中写道：

> 没有哪个国家像我们的这样小。这里只有两个地点：城市和小岛。把它们分开的，只是一条河。然而，河流的宽度远大于两个地点间的距离，一岸与另一岸之间的距离无穷大。它们是两个比行星更远的地点。我们是一个民族，是的，但有两个族群，两个灵魂。①

> 正是通过这个现在扩大了的世界，我才能继续前行。在我看来，这个岛从来没有像现在这样广阔，比河流本身还要大。我顺着河岸往下游走，直到看到乌蒂米奥坐在码头城墙那儿。他正在看着河的对岸。②

乌蒂米奥正看着的对岸便是城市，他要回到那里的家，再将岛上的祖宅买下改造成一家豪华酒店，对他来说，财产的商业价值比情感价值重要，这便是那个"进步"的世界教会他的。分开城市和小岛的就是马兹米河。在这片水域，马里亚尼奥开始找寻他的起点和过去，渐渐地，他再次发现了自己。小说中，祖父曾在给马里亚尼奥的信中写道，"以前，你父亲对自己很满意，……离开后，他变得陌生、遥远。……你提醒他，在河的这一边，他可以驯服，没有生活的光明，也没有梦想的光彩"；"我们不需要以这样的方式互相了解。这

---

① Mia Couto, *Um Rio Chamado Tempo, Uma Casa Chamada Terra*, São Paulo: Cia. das letras. 2003, p. 18.

② Mia Couto, *Um Rio Chamado Tempo, Uma Casa Chamada Terra*, São Paulo: Cia. das letras. 2003, p. 248.

只是在你内心中的阴影,你到达了另一片大海,在河流之外,在时间之后"。所以科托才说,"这里的每个人都不是死于疾病,而是死于对生命的蔑视"。

在小说中,渡过马兹米河似乎是地上月光岛居民生活中的一个常态:

1) 月光下渡河而去的不仅仅是我和叔叔,全家人都在前往葬礼。

2) 当我住在洛佩斯家里时,我看到她总是要回到我们的岛上。不需要任何回还是不回的借口,她就在渡船上,朝着地上月光岛的方向渡河。

3) 从认出我渡河的那一刻起她就记住了我的声音。①

尽管在这些片段中,科托描写的马兹米河似乎只是一个空间构建,但我们在其中感知到了时间的痕迹:马里亚尼奥和叔叔渡河,与家人一起经历了一段哀悼的时光;洛佩斯渡河,是为了重拾那些爱的时光;正是在渡河的时候米塞琳娜认出了马里亚尼奥,继而想起了她和马里亚诺之间的激情岁月。在非洲文学中,人与河流之间有着深刻的联系,河流从来不仅仅是作为一个地点出现的,它汹涌澎湃,就像时间一样无法停止,人类实现和感受到的时间以一种远远超出行为轨迹的幅度覆盖河流文学空间,体现了"时空并重"。这种时空结构在《一条河叫做时间,一座房子叫做大地》中尤为明显。

除了地理类的自然意象,动物类的自然意象同样具有很强的寓意性。它们不仅是人类社会中某些阶层力量的贴切象征,而且常常体现人类某种精神境界和道德力量。小说《母狮的忏悔》中"母狮"是当仁不让的主角,是最具代表性的动物意象。小说直接以动物名称命名,可见科托的重视程度,而且非洲狮具有很强的地域特色。《母狮的忏悔》是一部万物有灵论小说,充满对人类兽性、暴力和性别不平等的评论。小说以"马里阿玛的记述"和"猎人日记"两条线展开,马里阿玛的姐姐被村子里的狮子袭击而丧生,猎人阿尔坎如因此来到库鲁马尼村进行捕狮任务。随着阿尔坎如的到来,村子里的生活受到巨大冲击,马里阿玛希望猎人将自己从虐待她的家庭中拯救出来,村里的男人则发

---

① Mia Couto, *Um Rio Chamado Tempo, Uma Casa Chamada Terra*, São Paulo: Cia. das letras. 2003, pp. 18, 75, 136.

觉自己受到外来者的威胁。与此同时，猎人在荒野寻找狮子的踪迹时，怀疑眼前看到的并非全部真相，这个在文明与野蛮边缘的库鲁马尼村庄比外部世界更加危险。

小说中，科托将一种精神本质赋予非人类实体，在库鲁马尼，所有活物都被训练过撕咬，甚至连植物都有爪子，"鸟抓破天空，树枝撕裂云层，雨啃食大地，死者用牙齿为命运复仇"。科托还在人和动物之间构建了几个隐喻相似性，来暗示村里男人们行为的暴力和野蛮本质。小说中，男性扮演着狮子或丛林之王的角色，将女性置于奴役之下。在一段重要的情节中，阿苏鲁阿看着她喝醉的丈夫，对猎人说："他看起来像一只动物"。乡村妇女遭受身心虐待和人身权利的不平等对待，按阿苏鲁阿的说法，"我们所有的女人很久以前就被埋葬了……我们所有人都被活埋了"。

狮子和男人的隐喻并置不仅展示了科托关于人性与动物性的思考，也展示了女性的力量。小说开篇的第一句话来自马里阿玛的日记，上面写道："上帝已经是一个女人了"。将神性想象成一个女性的创作加强了女性地位，马里阿玛为母狮获得力量，并有能力应对母狮所代表的男人的暴力。正如猎人第一次看到这头狮子时，他才知道这是一只母狮：

> 母狮盯着我，既不恐惧也不兴奋，倒像是等我很久了，询问的眼神将我钉在原地。它的动作并不带有一触即发的紧张，它认识我，不仅如此，母狮以对姐妹般的尊敬向我问好。对视持续了一段时间，一种宗教般的和谐之感在我心中油然而生。
>
> 母狮喝足了水，开始伸懒腰，仿佛有另一具身体想从它的体内抽离。接着，它慢悠悠地转身，步伐轻柔，尾巴左右摇摆着，如同长着绒毛的钟摆。我笑了，内心感到无比骄傲。所有人都以为威胁村子的是公狮子。并非如此。是这只母狮，如舞者一般精致、美丽，如女神一般威严、崇高，是这只母狮使得恐惧在附近蔓延。有权势的男人以及手握武器的战士都被她征服，成为恐惧的奴隶，输给自己的无能。①

---

① ［葡］米亚·科托：《母狮的忏悔》，马琳译，中信出版集团2018年版，第37页。

库鲁马尼的雄狮和雌狮在体型和鬃毛上非常相似,这表明它们在力量上是平等的。科托在小说中详细阐释过母狮所具有的寓意,他将母狮作为为女性赋权的意象,是对父权制下女性身份地位低下的反抗。科托在小说序言引用了《多马福音》中的句子:"被人吃掉的狮子是幸运的,它转化为人;被狮子吃掉的人是不幸的,而狮子依旧可以转化为人。"母狮作为小说里的重要意象,在神秘主义风格的催化下,变得多疑而复杂。

动物群像成为非洲殖民历史的隐喻,一方面,殖民者如狮子般吞噬财富之后,并没有给非洲人带来真正意义上的文明。后殖民时代,无数个"库鲁马尼村"遍布在非洲大陆的角落,它们依然落后黑暗,而这种黑暗最先笼罩女性,体现为传统父权制的压迫。另一方面,正是库鲁马尼村男人的压迫把女人变成了暴力的狮子,女性只能将反抗寄托在神秘主义的想象里,化身为复仇的母狮,杀掉所有女性,让村子无法延续后代。可哪怕在巫术与幻想中,她们也只能将狮口对着同为女性的群体。由此可见,小说中的女性主体意识得以展现,但不是翻天覆地的革命,或不可逆转的新思想、新观念,非洲部族的父权制、民主制、等级制极为森严,这些制度在非洲当今社会生活、政治决策中仍起着重要作用,这也是科托小说非洲性的体现。

三、小说中的地理空间构建与人物塑造

人地关系也是文学地理学研究的主要内容之一。地理空间构建是中外作家用来塑造人物形象、表现其心理状态的常用手法之一,时间、人物行动、空间彼此叠加构成了一个能充分展示人物性格或人物心理状态的空间。

就像地理学家用指南针找到正确的方向,牧羊人用星星来确定自己的位置一样,科托将他的小说作为想象中的地理虚构坐标。在小说《耶稣撒冷》中,科托塑造了一个与世隔绝的封闭空间。莫桑比克内战结束后,希尔维斯特勒因妻子意外去世伤心欲绝,举家迁往遥远的废弃猎场,他将那里命名为"耶稣撒冷",等待上帝向他道歉。希尔维斯特勒欺骗儿子说世界已经终结,这里的五个男人是人类仅有的幸存者。在希尔维斯特勒创造的这处地狱,他们似乎与宇宙再无联系,不能唱歌、回忆、祈祷、哭泣、写作,处处体现出人物的压

抑感。

小儿子姆万尼托既是小说故事中的人物，也是故事的叙述者之一。他随着父亲和哥哥从一个不知名的城市跋山涉水历尽艰辛，躲到这个"耶稣逃离十字架的地方"，这里杳无人迹，只有野生丛林和一条很久没有开辟过的道路。这里的人不知何为过去，何为希望。从一般哲学意义来讲，家宅是人物的庇护所，也是时间的容器，见证人物、家族的兴衰起落。一旦世事更迭，在这个空间居住的人物的性格特征会表现出一种孤僻封闭的共性。姆万尼托为保持沉默而生，唯一的志向就是寂静，即使有人看向他，他亦不会有所触动，因为他身心都被寂静占据着。他与旧时生活唯一的联系在于梦境。

> 一些人为唱歌而生，另一些为跳舞而生，其他一些人仅仅为了成为其他人而生。我为保持沉默而生。我唯一的志向就是寂静。向我说明这点的是我的爸爸：我具有不说话的倾向，具有提炼许多寂静的天赋。我写得没错，许多寂静，是复数。对，因为并不存在唯一的寂静。而所有寂静都是妊娠阶段的音乐。
>
> 当有人看到我一动不动地躲在隐蔽的角落，我不会受到惊吓。我正忙着，身心都被占据：我在纺织用以制作宁静的细线。我是调试寂静的人。[①]

接下来随着故事情节的迂回曲折，我们可以理解姆万尼托在封闭荒凉的空间中这种孤寂的非正常心理状态的历史渊源，而且这样的空间反复在叙事中出现，使这种心理状态给人的印象得到进一步的加强。姆万尼托整个童年的活动空间，仅限于耶稣撒冷这片荒废猎场，他与外部社会的接触几乎为零。即使是在有限的活动空间里，不管是在耶稣撒冷自己家还是在废弃猎场中心的"大房子"里，关闭的门、子宫般的走廊、幽黑的过道以及被挡而上不去的楼梯等意象经常伴随着姆万尼托。而这些地理空间中重要的元素无疑是其心理最生动的写照。

---

① ［葡］米亚·科托：《耶稣撒冷》，樊星译，中信出版集团2018年版，第6页。

米歇尔·科罗曾指出:"文本并不能仅仅局限于描述世界,而必须要'重新书写'世界。"从时代背景来看,70年代的莫桑比克,革命者掌握了权力,要开创一个与苦难过去截然相反的新世界,但是劳而无功,他们无力建设这样一个新世界。科托将自身对于国家、政治、历史、人性以及现代化的独到理解充分融入对后殖民时期莫桑比克国家的细节雕刻之中,没有进行模仿论意义上的经验描述,或是受到惯性判断思维的限制,他将政治革命、宗教信仰、日常生活、人性善恶纳入战后莫桑比克的叙事空间,借助地理语言来描述最深处的内心活动。

如果说静态空间的研究可以解决部分人地关系问题,那么动态的人地关系更能深刻地揭示人物的内心特点。空间的流动不仅是身体的流动,亦是内心状态更迭变化的反映。

《梦游之地》是科托的长篇处女作,以抒情叙事为标志,含有科托的新创词汇和魔幻现实主义元素。小说中,男孩木丁贾和老人图阿伊是莫桑比克内战遗民,逃出难民营后行走在一片荒芜之地,将一辆烧毁的巴士当做栖居之所。在巴士上他们发现了已故乘客肯祖的日记本,里面记叙了他在莫桑比克的旅程经历。于是,肯祖的故事与老人和男孩的现实交织融合,真实与想象的旅程穿插在一起,创造出一种魔幻氛围。

小说故事发生在马蒂马蒂,据说,那里是一片梦游之地,因为当人们沉睡时,土地会移动到另外的时空。开篇出现的空间便是一条"死路","被烧毁的巴士"和"战利品的残骸"在那里腐烂。老人图阿伊与男孩木丁贾的相遇之地则是难民营,图阿伊被要求去那里埋葬死去的孩子,其中一个孩子就是木丁贾,当时他还活着,但病得很重:

> 故事就是这样。刚开始,孩子只能发出奇怪的呻吟。一天天过去了,没有任何食物能给他吃,除了水。孩子仿佛只会蜷缩一团,成日呕吐,从头到脚都是病。不用弯腰,他就能咬到脚。图阿伊让他起来,用脚站立,他却根本坚持不住。他半死不活,得靠人搀着,才能站住。[1]

---

[1] [葡]米亚·科托:《梦游之地》,闵雪飞译,中信出版集团2018年版,第58页。

科托直观地揭示莫桑比克内战的惨痛现实，人民流离失所，村落破败瓦解，荒无人烟。在这条被战争杀死的路上，看起来很可怜的老人和男孩走着，虽然他们有幸逃离战争，但内战已对民族造成创伤，苦难、煎熬与死亡不可避免，国家社会的现实困境无法摆脱，"活人习惯于匍匐在地，认命地学习着死亡"，这样的空间设置是科托对战争苦难的有力控诉。事实上，近二十年的内战使莫桑比克在空间和文化上遭到严重破坏，并处于身份危机之中。

在小说的另一条故事线中，肯祖因为怀揣英雄梦，渴望凭借一己之力改变现状，成为一名英勇的纳帕拉玛战士而踏上旅程。在这部小说中，旅行是继续梦想和在战争中幸存下来的唯一途径。肯祖是沿着海出走的，海洋是他和平生活的庇护所，在那里可以远离他和父亲认为是死者之地的陆地，就像父亲曾说的，"海将成为你的救赎……陆地负担着法律、秩序和无序。海洋没有统治者"。海洋代表着新生和重生的可能空间，代表着转变，代表着旅程与和平，是解决莫桑比克社会困境的可能方案。在初抵马蒂马蒂海湾时，肯祖看到"村镇安然卧于水的怀抱，仿佛在海诞生之前便已安居于此"。小说对于地理空间的处理，是把肯祖从一个重重黑暗的空间中拉出来，放到另一个有着一线重生生机的空间，对于肯祖来说，他的内心处于一种寻找真正的家来安放自己的身体和灵魂的状态，这样一来，作为叙事形式的地理空间与人物主体的自我构建之间便形成了有机的联系。在海上的旅程中，肯祖遇到了法丽达，他的目标变成了帮助法丽达寻找儿子加斯帕。在返回马蒂马蒂时，尽管有废墟，但肯祖的眼睛好似陷入恋爱，"当马蒂马蒂的海滩映入眼帘，我终于知道，是我们的双眼创造了美好……我的眼睛已经看过了这幅景象，如今，它摇曳多姿，光彩更胜"。法丽达去世后，肯祖的旅程不再是通过海路，而是变成陆路，地理空间的似是而非逐渐变成心理空间的似非而是，这是回归的开始。最后肯祖返回家乡，亦回归自己的内心，写下日记来记录自己的过往、了解现在。

通过阅读肯祖的日记，图阿伊和木丁贾变得更加亲密。随着肯祖的日记开始占据木丁贾的脑海和幻想，小说中现实线呈现的风景也转变了。在阅读肯祖第一本日记前的第一章中，科托引导读者去勾勒马蒂马蒂可怕的景观，那里是一片干燥、无生命的土地。在阅读日记的过程中，木丁贾逐渐揭示空间景观的变化，用新的颜料描绘生命的存在。随着肯祖的"出走"，老人和男孩也不断地寻找出路，超现实的"梦境"纷至沓来：跨越了海洋与陆地的界限，跨越了现实与梦境的界限，人会变成鸡，变成一粒种子，死人会说话，土地会移动，同样的道路上风景会不断变化……所有事件都具有一种神话般美妙的真实性。静止的车上时代的风迎面而来，图阿伊和木丁贾面前的风景不断变化。

> 风吹过，树上的果实互相碰撞，击出多样的鼓点。风景又一次变换了色调与大小。树变矮了，但是结的果实变多了。湿气越来越重，附近应该有水源。那天清早，他们离开了公车，但一直在兜圈子，避免距离住所太远。老人做个手势，两人回到路上。他在前面走，轻柔如飞鸟。他一向这样走路，下脚狡黠，蹑步如猫。不过，这一次，他心情不错，竟回忆起了从前的那些风流韵事。①

风景的变化预示着希望之梦的到来。木丁贾和图阿伊通过阅读肯祖的日记都发生了改变，他们意识到有可能梦想一个莫桑比克的未来，一个新的社会、文化、历史和政治机构，那时不再有战争的恐怖，人们可以真正建立自己的身份。

四、结语

文学中的地理景观是文学与地理的融合，在文学批评中，考察文本景观书写、研究这些景观在文本中的构建，可以窥见文学作品的主观性及其描绘的地理景观的社会文化意义。科托作为莫桑比克作家的中坚力量，能够穿越不同经历、不同文化，对社会现实持开放态度。通过分析科托小说中的地理空间元素，解读科托对人物心理状态及身份问题的探讨，可以通过地理意象、景观和地方等地理空间的意蕴和变化形式来解释莫桑比克特定历史时期文化和思想形态。可以了解到人物状态及身份随着空间位移所产生的焦虑感，不仅存在于过去，也存在于当下，与莫桑比克的社会现实相呼应。对科托小说的文学地理学

---

① ［葡］米亚·科托：《梦游之地》，闵雪飞译，中信出版集团2018年版，第98页。

解读，能够帮助我们了解后殖民时代莫桑比克的国家现状及其文化身份构建等问题。科托的小说不仅反映了当时的地理空间认知状态，也积极参与到新的地理空间构建中，不仅在时空变化中吸收到新的创作灵感和素材，也反过来批判在变化的地理空间中的政治、文化、历史因素，同情在时空交迭中的受苦受难的人民。科托对于时空变化的面对、思考和回应正是其小说时代性的体现。

绿色的未来想象：气候危机与非洲气候小说

朱新竹*

摘要：生态环境问题已成为21世纪人类面对的共同难题，在此危急之时，绿色"一带一路"建设成为引领全球绿色复兴的"破冰船"。自2013年习近平主席提出"一带一路"倡议以来，中非在原有政治经济合作的基础上，通过"一带一路"倡议将彼此的合作上升到新的高度，为构建中非命运共同体打下了坚实基础。绿色"一带一路"建设更是为非洲地区生态环境改善带来了极大的帮助。"一带一路"倡议也为中非人文交流的深入开展提供了学术支撑和文化保障，对非洲文学的研究是中非命运共同体研究的重要组成部分。全球变暖的气候危机使非洲大陆上诞生了对未来想象多元化的文学形式。无论是非洲未来主义还是非洲气候小说，都以更加广泛的想象力对欧美主流气候想象进行了丰富和挑战。未来气候想象不再局限于西方资本为主导的话语之中，而同样在非洲大陆上绽放出多样的色彩。我国绿色"一带一路"倡议的提出推动了世界各国在生态环境保护过程中的深化合作，引领世界各国共建地球生命共同体。非洲文学研究与绿色"一带一路"建设在多元化、多样化、多层次的关联中建立起绿色支点。

关键词：绿色"一带一路"；非洲文学；非洲气候小说；气候变化

---

* 朱新竹，南开大学外国语学院在读博士研究生，研究方向为英美文学，主要研究方向为全球气候变化与气候小说。发表论文有：《医学与性别：维多利亚时期文学中的女护士与女医生》（刘英，朱新竹）、《关系空间与气候小说》（刘英，朱新竹）、"The Ethics of Technology: Reflection on Gendered Science in Oryx and Crake"。近期主要研究方向为北美气候小说、非洲气候小说与科幻文学。

引　言

　　生态环境问题已成为21世纪人类面对的共同难题，冰川消融、极端天气和各种气候灾害频发，全球气候变化形式愈加严峻；物种灭绝，生物多样性不断降低；环境污染更使得绿色赤字不断加剧。面对地球危机，联合国不断强调要通过国际合作予以应对。在此危急之时，绿色"一带一路"建设成为引领全球绿色复兴的"破冰船"。具体而言，绿色"一带一路"旨在促进经济社会发展与生态环境保护之间的平衡，实现绿色、循环、低碳、可持续发展。而这一主旨与全球气候治理的理念相辅相成。"一带一路"沿线大部分国家和地区的生态环境比较敏感脆弱，由于自身地域和气候条件不佳，导致自然灾害频发、环境承载力较差。非洲地区是"一带一路"沿线的重要发展地区，但因为自身生态环境问题以及过去不科学、不节制的开发，气候恶化、土地退化、水土污染等问题愈发严重。非洲这片古老的大陆承载着全球环境改善的关键突破点，在绿色"一带一路"的引领下，中国与非洲国家共同聚焦生态环境问题，开展了多个绿色环保项目，支持"非洲绿色长城建设"。

　　在中非合作日益密切、中非命运共同体更加紧密的情况下，"一带一路"倡议也为中非的文化文学交流提供了坚实的政策支持和资源保障，为中国学者的非洲文学研究开创了新的道路和契机。那么非洲文学研究对于我们全方位理解"一带一路"倡议有何助益？非洲文学面对本土生态问题时诞生出怎样的新特点？气候变化对非洲文学创作的影响有哪些？绿色"一带一路"建设又能够为中非学者间的文学文化交流构建怎样的平台？这些都是本文所关心的问题。接下来本文将从三方面对上述问题展开思考，探究"一带一路"倡议下研究非洲文学的必要性、非洲大陆所面临气候变化危机的现实性以及在危机下诞生的非洲气候小说的独特性，进一步寻找"一带一路"倡议与中非文学交流之间的绿色支点。

一、绿色"一带一路"与非洲文学

自 2013 年习近平主席提出"一带一路"倡议以来,中非在原有政治经济合作的基础上,通过"一带一路"建设将彼此的合作上升到新的高度,为构建中非命运共同体打下了坚实基础。绿色"一带一路"建设更是为非洲地区生态环境改善带来了极大的帮助。为减少非洲地区砍伐森林作为燃料,中国同国际竹藤组织一道,在非洲国家致力于用竹子替代木柴的燃料转换,逐步减轻滥砍滥伐对非洲气候的影响。与此同时,中国还致力于与非洲国家合作推动绿色能源转型。国际能源署 2019 年数据显示,中国在撒哈拉以南非洲的 24 个国家承建发电项目,到 2024 年前预期竣工的发电项目共有 49 个,其中绝大部分是可再生能源项目,占该地区同期装机总量的 20%。① 作为"一带一路"沿线的重要地区,非洲国家多数政府官员对该倡议表示十分赞赏,对未来中非合作深化充满期待。

2023 年 8 月 21 日至 24 日,习近平主席出席金砖国家领导人第十五次会晤并对南非进行国事访问。习近平指出,中国"同非洲朋友一道,从中非友好合作精神中汲取力量,在团结合作的道路上坚定前行,在国际风云变幻中坚守道义,在新冠疫情冲击下守望相助,推动中非关系不断迈上新台阶,进入共筑高水平中非命运共同体的新阶段"。② 习近平主席还强调,"我们要加强人文交流,促进文明互鉴。文明多姿多彩、发展道路多元多样,这是世界应有的样子"③。中非人文交流的深入开展不仅是大势所趋,而且是"一带一路"研究的重要部分。对于非洲文学的研究是"一带一路"倡议下,中非命运共同体研究的重要组成部分。

第一,非洲地区作为"一带一路"建设过程中不可或缺的部分,在倡议

---

① 人民网:《非洲国家积极推动能源绿色转型(国际视点)》,2021 年 1 月 12 日。
② 习近平:《携手推进现代化事业 共创中非美好未来——在中非领导人对话会上的主旨讲话》,《人民日报》2023 年 8 月 26 日。
③ 习近平:《团结协作谋发展 勇于担当促和平——在金砖国家领导人第十五次会晤上的讲话》,《人民日报》2023 年 8 月 24 日。

提出以来，非洲各国便大力响应支持，同时"非洲是当前世界政治经济格局中的重要一极，也是我们建设'一带一路'的重要方向和落脚点"①。随着中非合作的深入，人文交流的加强，对非洲文学研究的要求也会逐步提升；第二，人文交流是不同国家地区对外交往的基本形式之一，文学研究是人文交流的重要形式和体现，中非拥有深厚底蕴的土地，经历相似民族解放斗争的人民，我们对非洲地区的文学研究能够进一步促进"一带一路"建设之下中非命运共同体研究的发展；第三，非洲作为古代陆上丝绸之路和海上丝绸之路的途径地区，对当今"一带一路"研究具有历史可溯源性，能够为现今非洲文学研究提供文化文学渊源；最后，非洲大陆作为人类文明最初的摇篮，生态环境的巨变与气候灾难的频发使得这片古老的大陆身处风雨飘摇之中。面对气候危机，非洲文学在 21 世纪也呈现出了新的发展趋势，特别是在非洲科幻小说中，非洲作家对生态环境、气候政治以及"人类世"话语发起挑战。

二、气候变化与非洲未来气候想象

在 21 世纪，冰川消融、极端天气和各种气候灾害频发，全球气候变化形势愈加严峻。世界范围内大批"气候难民"的出现使得民众对于气候变化带来的后果更加恐慌。2019 年 11 月，美国正式宣布退出《巴黎协定》，导致本应全球共同面对的气候变化问题更加动荡，前景更加不明朗。当今社会对于气候变化存在着三种主流看法，分别是怀疑论派、发展论派以及灾难论派②。怀疑论者认为气候变化不过是全球气候周期变化的合理温度波动，而各国则趁机利用气候变化争议兜售其政治意图。发展论者认为气候变化是由人类生产活动破坏生态环境造成的，人类应当尽己所能做出改变，防止在未来造成更多不可挽回的后果。而灾难论者认为气候变化已不可逆转，面对这一全球灾难，人类

---

① 杨郁卉：《非洲是建设"一带一路"的重要方向和落脚点》，载《天津日报》，2016 年 8 月 29 日。
② Chris Barker and Emma A Jane, *Cultural Studies: Theory and Practice*, Los Angeles: Sage, 2016, pp. 198–199.

已至穷途末路的境地。气候变化数据的公布使得三方争论不休,而因气候变化引发的相关问题,例如人与自然的关系、国家政治与生态环境、气候正义与环境正义等①,又是科学数据所无法解答的。并且气候变化作为以万年为单位演变的事件,从时空层面上远远超出了人类的生命范畴。现实世界中的气候灾难也引发了文学作品的震颤。全球洪灾、物种(包括人类在内)大灭绝甚至全球生态重启等相关气候变化想象频繁出现在文学作品当中,起初研究者认为该类描写气候变化想象的文学作品可仅作为一种文化现象理解,直至2013年"cli-fi"一词正式进入人类视野,气候小说在短时间内迅速发展成为除气候变化报告之外,人类认识气候变化问题的又一利器。

气候小说是探索气候变化以及由人为导致的全球变暖所引发的环境灾难的文学作品,全球气候变化是气候小说兴起的根本原因,描绘气候带来的灾难后果、解析气候变化的影响、探索人类在气候变化后的出路是气候小说的主要内容。"气候小说",或"气候变化小说"(cli-fi)这一新造词由丹·布鲁姆(Dan Bloom)于2007年首次提出②,其从被提出到受到人们的广泛注意经历了将近6年的时间。直到2013年在美国公共电台广播中,主持人引用"cli-fi"一词对气候变化带来的现实影响进行讨论之后,欧美主流媒体开始对气候小说进行大量报道,由此对广大读者、作者以及文学批评界产生了巨大的影响。在这一新词首次提出时,气候小说(cli-fi)被归为科幻小说(sci-fi)的一个子类型,是指以气候变化及全球变暖为主要描述对象的小说③。然而随着气候小说不断涌现,针对气候小说的评论逐渐成熟,气候批评的范围不断扩大。现阶段部分学者主张将气候小说与科幻小说并列而论,关注气候小说独有的特点④。许多生态文学、灾难文学以及科幻文学中的经典作品也被划归到气候小说

---

① G. Gaard, "Ecofeminism and Climate Change", *Women's Studies International Forum*, No. 49, 2015, pp. 20 – 33.

② Antonia Mehnert, "Climate Change Fictions in Context: Socio-Politics, Environmental Discourse and Literature", *Climate Change Fictions: Representations of Global Warming in American Literature*, 2016, pp. 21 – 52.

③ Rodge Glass, "Global Warming: The Rise of 'cli-fi'", *The Guardian*, 2013.

④ Stephanie LeMenager, "Climate Change and the Struggle for Genre", *Anthropocene Reading: Literary History in Geologic Times*, 2017, pp. 220 – 38.

范围之中，从气候变化的视角进行新读①。格雷格·安德森（Gregers Andersen）致力于证明气候小说是除 IPCC（Intergovernmental Panel on Climate Change）发表的气候变化报告之外人们认识气候变化的重要补充读物②，他认为通过描写人类在类似 IPCC 科学预测的未来世界中的场景，气候小说向人们提供了对于生活在这样的世界中的猜测性感受和理解，而这种洞察力和间接感受是人们在现代社会中无法通过其他途径获得的，因此气候小说也是这个时代人们对气候问题进行反思的重要工具。自气候小说诞生以来，其文本中蕴含的气候思考就具有极高的现实指涉意义，它旨在号召人们重视气候变化危机所导致的问题，引导人们反思人类活动对气候造成的深刻影响，并且呼吁人们探寻解决气候危机的出路。

气候小说在政治和国际关系学科内也引发了强烈反响，并有部分研究有力地证明了气候小说不仅是人们对当下问题的反思，而且为气候未来和未来多元化想象提供了文学力量③。"气候小说中多样化的故事情节使人类无法以单一的方式来思考未来。"④ 与科学气候模型、气候政策方案甚至纪实纪录片不同，气候小说能够"表征人类主体在经历气候变化之后，其在政治、文化、社会以及心理层面产生的变化，同时捕捉到人类生活的模糊性、不确定性和存在其

---

① 马修·施耐德—迈尔森（Matthew Schneider-Mayerson）的《气候变化小说》（*Climate Change Fiction*，2017）、艾德琳·约翰逊—普特拉（Adeline Johns-Putra）的《文学和文学批评中的气候变化》（*Climate Change in Literature and Literary Criticism*，2011）等文章和著作比较全面地梳理了气候小说的发展历程。

② Gregers Andersen, *Climate Fiction and Cultural Analysis: A New Perspective on Life in the Anthropocene*, Routledge, 2019.

③ A. Nikoleris, J. Stripple, and P. Tenngart, "Narrating Climate Futures: Shared Socioeconomic Pathways and Literary Fiction", *Climatic Change*, No. 143, 2017, pp. 307 – 319; M. Milkoreit, "Imaginary politics: Climate Change and Making the Future", *Elem Sci Anth*, No. 5, 2017, p. 62; Adam Trexler, *Anthropocene Fictions: The Novel in a Time of Climate Change*, University of Virginia Press, 2015, p. 232; K. Yusoff and J. Gabrys, "Climate Change and the Imagination", *Wiley Interdisciplinary Reviews: Climate Change*, Vol. 2, No. 4, 2011, pp. 516 – 534.

④ Manjana Milkoreit, "The Promise of Climate Fiction: Imagination, Storytelling, and the Politics of the Future", *Reimagining Climate Change*, Routledge, 2016. pp. 171 – 191.

中的悖论。"① 气候小说也致力于通过未来的多元化气候想象让读者在情感上参与到气候政治之中,加强人们在情感和感情上的洞察力。然而现今气候小说这一新文类依旧被以美国为代表的西方观点所主导,形成了在资本话语下以白人男性为主导,以理性主义、人文主义、自由主义、技术科学至上主义等为核心的主流社会气候想象。阿米塔夫·高希(Amitav Ghosh)称此种现象是"文学形式的失败",其本身也是"更广泛的想象力和文化失败的一部分,而这正是气候危机的核心所在"②。但随着 20 世纪下半叶非洲未来主义(Afrofuturism)的兴起,非洲未来主义气候文学向被西方资本主导的空间、时间以及生态想象发起挑战。

在大多数有关气候小说兴起和流行性的研究中,非洲的作者、背景和人物都处于缺场状态③。而在那些提到非洲大陆,或以非洲为背景表现气候变化的作品中,非洲地区的形象往往是同质化且不具体的。非洲地区常被视作一种想象编码参考,用来说明"我们"(即欧洲和北美)的未来可能是多么的糟糕④。由此,非洲通常代表着天启的预兆。比如:在流行科幻作品中,往往会以这样的"未来历史"随意指出,到了 22 世纪末,"澳大利亚和非洲大陆上的人类已经消失了"⑤。然而正如一段时间以来后殖民理论家和文学学者研

---

① Alexandra Nikoleris, Johannes Stripple, and Paul Tenngart, "The 'Anthropocene' in Popular Culture: Narrating Human Agency, Force, and Our Place on Earth", *Anthropocene Encounters: New Directions in Green Political Thinking*, 2019, pp. 67 – 84.

② Amitav Ghosh. *The Great Derangement: Climate Change and the Unthinkable*, Chicago and London: University of Chicago Press, 2016, p. 19.

③ 相关文献比如: A. Trexler and A. Johns-Putra, "Climate Change in Literature and Literary Criticism", *Wiley Interdisciplinary Reviews: Climate Change*, Vol. 2, No. 2, 2011, pp. 185 – 200; Shelley Streeby, *Imagining the Future of Climate Change: World-Making through Science Fiction and Activism*, Vol. 5, Univ of California Press, 2018, pp. 4 – 5; Adam Trexler, *Anthropocene Fictions: the Novel in a Time of Climate Change*, University of Virginia Press, 2015, pp. 124 – 5.

④ K. Eshun, "Further Considerations of Afrofuturism", *CR: The New Centennial Review*, Vol. 3, No. 2, 2003, pp. 287 – 302.

⑤ N. Oreskes and E. Conway, "The Collapse of Western Civilization: a View from the Future", *Daedalus*, Vol. 142, No. 1, 2013, pp. 40 – 58.

究表明①，非洲作家、环境和人物塑造对未来气候政治和"人类世"话语有着不同的理解和看法，并且作为能够丰富未来想象的作品和文化资料，常常被欧美主流学界忽视。而随着非洲科幻小说越来越多地出现在人们的视阈中，文学评论界对非洲文学的关注度也在逐步提高，甚至有人提出"在新一轮的文化输出中，非洲大陆已经成为了未来想象世界中的重要场所"②。对非洲科幻文学的影响力发展做出突出贡献便是 20 世纪下半叶兴起的非洲未来主义（Afrofuturism）艺术和哲学运动。非洲未来主义主要关注历史和未来、人类与非人类、科技与技术、泛灵论和生态学、正义与启示等主题。喀麦隆政治历史学家阿克利尔·蒙贝贝（Achille Mbembe）认为"非洲未来主义是 20 世纪下半叶在非洲离散人口中出现的一种文学、美学和文化运动。它结合了科幻小说，对科技与黑人文化的关系、魔幻现实主义和非欧洲宇宙论进行反思，目的是审视所谓有色人种的过去和他们现在的生存状况"③。非洲气候小说也在非洲未来主义运动过程中被越来越多的读者知晓。与欧美主流气候小说不同，非洲气候小说以更加广泛的想象力对气候想象进行了丰富和挑战，在接下来的章节中我将选取三部非洲气候小说，并从异位空间、非线性的时间以及生态环境物种三方面解读其独特性。

---

① J. Burnett, "The Great Change and the Great Book: Nnedi Okorafor's Postcolonial, Post-Apocalyptic Africa and the Promise of Black Speculative Fiction", *Research in African Literatures*, Vol. 46, No. 4, 2015, pp. 133 – 150; M. Eatough, "Planning the Future: Scenario Planning, Infrastructural Time, and South African Fiction", *Modern Fiction Studies*, Vol. 61, No. 4, 2015, pp. 690 – 714; A. Mitchell and Aadita Chaudhury, "Worlding Beyond 'The' 'End' of 'The World': White Apocalyptic Visions and BIPOC Futurisms", *International Relations*, Vol. 34, No. 3, 2020, pp. 309 – 332; M. Omelsky, "'After the End Times': Postcrisis African Science Fiction", *Cambridge Journal of Postcolonial Literary Inquiry*, Vol. 1, No. 1, 2014, pp. 33 – 49; S. Samatar, "Toward a Planetary History of Afrofuturism", *Research in African Literatures*, Vol. 48, No. 4, 2017, pp. 175 – 191; Ytasha L. Womack, *Afrofuturism: The World of Black Sci-Fi and Fantasy Culture*, Chicago Review Press, 2013.

② E. Hugo, "Looking Forward, Looking Back: Animating Magic, Modernity and the African City-Future in Nnedi Okorafor's Lagoon", *Social Dynamics*, Vol. 43, No. 1, 2017, pp. 46 – 58.

③ Achille Mbembe, "Necropolitics", *Foucault in an Age of Terror: Essays on Biopolitics and the Defence of Society*. London: Palgrave Macmillan UK, 2008, pp. 152 – 182.

三、非洲气候小说的绿色未来想象

回溯过往，非洲在世界文学文化的版图上都处于边缘化的位置，往往身处西方叙事话语之中，成为被白人主体凝视的对象。被凝视的后果便是非洲形象往往被一些碎片化的元素建构，形成了单一的、负面的且充满妖魔化的刻板印象。但如果以非洲的视角、环境和人物为中心向外发散，便立刻呈现出与从白人视角讲述地球未来气候想象截然不同的画面。非洲大陆区域位置与世界其他地区的位置关系是非洲未来主义的核心关注点，由此产生的非洲气候小说通常比主流社会气候想象中的全球或"一个星球"的构想更加具有地域优势，作为明确的地点和基于地点的叙事能够为作品提供一个更加丰富多样的未来气候空间景观。在非洲气候小说中，魔法、幻觉、精神世界和"巫术"具有突出地位，并与想象未来中的科学技术以及人们更熟悉的"科幻"要素一道，促成了对平行世界、精神世界、替代现实和神圣空间的文学表征。[①]

尼日利亚裔作家恩尼迪·奥科拉福（Nnedi Okorafor）的非洲未来主义气候小说《环礁湖》（*Lagoon*，2014）将非洲万物有灵论、现代城市基础设施建设以及外星人到访的场景并列描写，小说强调了城市是全球创新的熔炉，通过外星人与人类的合作模式想象非洲大陆作为未来世界诞生地的可能性。奥科拉福在小说中注入了魔法与现代、城市与海洋、全球与地方、人类与非人类之间的一系列联系，同时描绘了新世界潜在秩序的诞生。《环礁湖》主要讲述了在未来尼日利亚的港口城市拉各斯发生的奇幻故事，在外星来客的启发下，拉各斯市放弃了传统的港口发展模式而向石油经济过度，在这一过程中，外星人和人类一道组建起一个新的后资本主义尼日利亚。拉各斯城市现代化空间建筑的生成伴随着外星来客的魔法与奇幻能力，科学技术与魔法的边界在故事中被打破。主人公阿朵拉（Adaora）是一名海洋生物学家，在她试图理解外来访客的激进思想时，她作为人类的身体也产生了类似"超能力"的进化，人类躯体

---

① Ytasha L. Womack, *Afrofuturism: the World of Black Sci-Fi and Fantasy Culture*, Chicago Review Press, 2013, p. 113.

与非人能力之间的界线被模糊。同时奥科拉福有意识地在文本中嵌入西非古老知识秩序框架,对未来社会的想象愿景提出了要求,而这些愿景以反霸权为基础,不断颠覆那些试图将现代性与古老魔法、人类与非人类分开的对立逻辑①。在奥科拉福的另一部非洲气候小说《谁害怕死亡》(Who Fears Death,2010)中对未来空间的"异位"(heterotopic)想象更加直接。故事发生在未来的苏丹,因为全球气候变化,国家与国家之间变得孤立割裂,而苏丹人民凭借先进的集水技术和传统且坚固的村落传统得以在这个未来世界存活。在非洲未来主义想象中,空间复杂性是异位的。从其对空间建构模糊的环境和背景而言,非洲未来主义空间想象超出了正常或现实中的空间惯例②。在《谁害怕死亡》的故事中,主人公奥涅森乌(Onyesonwu)一直游走在非洲一系列异位空间中,在不同世界的空间中穿梭,从非洲女孩接受割礼的房间到另一个世界的荒野,再到红色人种生存的沙漠。奥涅森乌在一个个异位空间中搜索着对于人类来说可能的乌托邦时刻。同质化的西方未来空间想象被非洲气候想象颠覆,使得全球未来气候想象更加复杂和多元化。

其次,非洲气候小说不仅颠覆了同质化的空间,也挑战了线性的、同质化的时间想象,并引入了更加多样化的异时性(hetero-temporality)。③ 在非洲气候小说中,科幻与奇幻两种体裁的交织意味着过去、现在和将来能够以一种不同寻常或意想不到的方式进行互动。④ 在《谁害怕死亡》中,奥涅森乌为了打败独裁者着手重写《伟大之书》(The Great Book),而她的改写也创造了一个新的现在,一个在"时间口袋、时间和空间的缝隙中"⑤ 重塑的世界。小说以

---

① E. Hugo, "Looking Forward, Looking Back: Animating Magic, Modernity and the African City-Future in Nnedi Okorafor's *Lagoon*", *Social Dynamics*, Vol. 43, No. 1, 2017, pp. 46 – 58.

② Fredric Jameson, *Archaeologies of the Future: the Desire Called Utopia and other Science Fictions*, Verso, 2005, p. 144.

③ A. Hom, "Silent Order: the Temporal Turn in Critical International Relations", *Millennium*, Vol. 46, No. 3, 2018, pp. 303 – 330.

④ E. Olaoye and M. Aiyetoro, "Afro-Science Fiction: A Study of Nnedi Okorafor's What Sunny Saw in the Flames and Lagoon", *Pivot: A Journal of Interdisciplinary Studies and Thought*, Vol. 5, No. 1, 2016, pp. 226 – 246.

⑤ Nnedi Okorafor, *Who Fears Death*, London: Harper Collins, 2018, p. 378.

名为"第一章重写"的最后一章结束了整个故事，似乎试图推进读者对时间周期性循环的理解。但在这个故事中，时间的循环同时产生了两个平行时空，在两个平行的结局中，一个奥涅森乌被埋在沙子里用石头砸死，另一个则逃往乌托邦去寻找庇护和新的希望。奥科拉福如此行文并不是为了让读者在两种结局中选择自己更加能够接受的一种，而是提醒读者这些结局是平行且不可分割的，一种结局的产生创造了另一种结局。对两种平行结局的描写也暗含作者对当下气候政策的讽刺，在以西方主导的气候政治中，未来气候政策非此即彼，似乎未来的发展只有一种线性结局。然而作者在小说中通过异时性的描写提醒读者，未来气候想象与过去、现在和将来的多种异时性密不可分，过去困扰着现在，但又被即将到来的未来所重塑：有关历史和预言的书籍被封存在山洞里，被丢弃、被找回、被重写或被销毁，但它们没有一个是权威。① 在非洲未来气候想象中，未来、现在和过去彼此缠绕交织，提供了一个比主流气候想象更加多角度的异时空视角。同时也提醒我们要用批判的眼光对"2050年路径蓝图"② 进行更加密切的审视，因为这些道路倾向于描绘一个单一的现在和一种线性化未来。

  非洲气候小说独特的异位空间和异时性打破了西方气候话语的单一性和同质性。同时，非洲大陆古老的物种以及环境，为打破人与非人的对立，创造更加明确生动的后人类生态未来提供了得天独厚的生态背景。南非作家罗伦·布克斯（Lauren Beukes）在其小说《动物园城》（*Zoo City*, 2010）中对如何打破人与非人的界限去讲述多物种故事展开了想象。故事发生在未来南非城市约翰内斯堡，在那里人类一旦犯罪，便会被"动物化"：以一种真实但无形的精神联系与罪犯熟悉的某一种动物附身在一起。附身的动物会赋予伺主（罪犯）一种精神力量，一旦该动物死亡，罪犯也会随之消失。在小说中人类与动物之间彼此依附和精神附着的关系使二者不可分割，"人类的精神力量依附在动物身上，而动物也成为了附着在人类身上的亡灵"③。故事开篇便向读者展示了

---

① Nnedi Okorafor, *Who Fears Death*, London: Harper Collins, 2018, p. 329.
② "Pathways to 2050"，在马拉喀什举行的联合国气候变化大会（COP22）上提出的到2050年实现净零排放的政策要求。
③ S. Ericson, "Thinking with Crocodiles, Thinking Through Humans: Vulnerable, Entangled Selves in Lauren Beukes's Zoo City", *Scrutiny2*, Vol. 23, No. 1, 2018, pp. 22-34.

非洲大地景观不可避免地被工业化的现代性所塑造的场景,"矿场垃圾堆硫黄的颜色通过晨光渗入了约翰内斯堡的天际线,穿透了我的窗子"①。湿热的空气中弥漫着植物腐烂的味道,气候变化的危机感萦绕在约翰内斯堡的上空,布克斯在文中暗示全球变暖可能正是人与动物产生附着关系的原因。也有学者认为,在气候变化背景下产生的"动物化"情节的设定,能够使人们意识到人类与非人动物之间共同的脆弱性,为人类重新思考自身和非人类在生态世界中的定位打开新路径。② 在奥科拉福的《环礁湖》中也有对超越人类层面的生态环境的思考。小说中一章的开篇以剑鱼的视角展开,以民间传说中的蜘蛛神(Udide Okwanka)的告别词结束,并最终揭示了蜘蛛神其实是整部小说的讲述者和故事的编织者。非洲气候想象对人类主体能动性的分散,或者更准确地说,在气候变化的未来世界中,物种主体性的多样性和生态环境的多元化,为气候批评家和理论家提供了"新的形象和语料去理解非人类、后人类和超越人类的未来想象"③。

结 语

全球变暖的气候危机使非洲大陆上诞生了对未来想象多元化的文学形式。无论是非洲未来主义还是非洲气候小说,都以更加广泛的想象力对欧美主流气候想象进行了丰富和挑战。未来气候想象不再局限于西方资本为主导的话语之中,而同样也在非洲大陆上绽放出多样的色彩。我国"一带一路"倡议的提出也推动了世界各国在生态环境保护过程中深化合作,引领世界各国共建地球生命共同体。非洲文学研究与绿色"一带一路"建设在多元化、多样化、多层次的关联中建立起绿色支点。

1955年万隆会议上,中非领导人首次握手,次年中国与非洲国家展开外

---

① Lauren Beukes, *Zoo City*, New York: Mulholland Books, 2010, p. 3.
② S. Ericson, "Thinking with Crocodiles, Thinking Through Humans: Vulnerable, Entangled Selves in Lauren Beukes's Zoo City", *Scrutiny2*, Vol. 23. No. 1, 2018, pp. 22 – 34.
③ M. Omelsky, "'After the End Times': Postcrisis African Science Fiction", *Cambridge Journal of Postcolonial Literary Inquiry*, Vol. 1, No. 1, 2014, pp. 33 – 49.

交。从中国援非医疗队出征埃博拉前线，到新冠疫情时期的互帮互助，历史的洪流让中非人民结下深厚的友谊。2013年习近平主席首访非洲，转眼十余年过去，"一带一路"倡议使得中非合作上升到命运共同体的层面，"一带一路"建设使非洲生态环境大为改善。中非人文交流也在"一带一路"倡议的支持下得到了学术支撑和文化保障。21世纪非洲文学在气候危机的背景下呈现出发展新趋势，非洲气候小说也成为打破欧美主流气候话语的"利刃"，为我国学者对非洲文化和文学研究提供了新材料。中非合作前景广阔，在"一带一路"倡议的带领下，我们中国学者也应当承担起文学文化交流使者的责任，推动中非文明沟通进一步深化，为"一带一路"研究搭建起绿色支点，丰富"一带一路"话语构建。

南非农场小说的生态绘图

朱永玲[*]

摘要："一带一路"倡议被许多非洲国家视为"通往繁荣的快车道"。南非是第一个加入"一带一路"建设的非洲国家,之后中南两国关系步入"黄金时代"。对南非文学的研究是理解非洲多样文明、洞悉"非洲性"的重要途径,亦是构建中非命运共同体的需要。南非文学在殖民、反殖民、去殖民书写中逐渐形成多种表达共同体思想的形式,其中农场小说因关注土地问题、书写非洲南部人与自然生命共同体而别具魅力。戈迪默的小说《自然资源保护论者》是南非农场小说经典,聚焦种族隔离时代南非生态议题,对南非生态展开绘图,为解读南非文学蕴含的生态智慧提供绝佳范例。

关键词：一带一路；南非文学；农场小说；生态；绘图

引 言

"一带一路"倡议为全球互联互通和发展共赢搭建平台,为共建人类命运共同体提供了中国方案。面临气候变暖、环境污染等全球挑战,2019 年

---

[*] 朱永玲,南开大学外国语学院英语语言文学专业在读博士研究生,研究方向为英美文学、非洲英语文学。近期发表的论文有：《〈英格兰,英格兰〉中后现代社会的困境、重构女性主体性——拜厄特笔下的三位女艺术家》《〈远山淡影〉中创伤叙事的空间维度》。近期研究方向为撒哈拉以南非洲国家英语文学与生态文学。

习近平主席进一步提出以绿色作为"一带一路"发展底色,推动全球生态文明建设。南非是第一个加入"一带一路"建设的非洲国家,既体现中南两国的深厚情谊,又为构建中非命运共同体贡献了积极力量。南非文学记述了非洲人民被殖民主义与种族主义压迫的苦难历史,也描绘了异彩纷呈的非洲地理与文化。对南非文学的研究是理解非洲多样文明、洞悉"非洲性"的重要途径,也是建设中非命运共同体的需要。南非文学"虽然脱胎于西方对非洲的殖民历史和欺凌压迫,但在殖民、反殖民和去殖民书写中衍生出多种具有共同体意识的美学表达"①,农场小说便是其中之一。

具体而言,南非农场小说如何形成?又有何特点?农场代表布尔人②和英国人在南非进行殖民扩张、建立伊甸园的梦想,也是原住民反抗殖民者田园神话、构建民族认同的基地。"因殖民主义和种族隔离制度而产生的土地问题,一直是南非政治的核心话题"③,而这一话题进入南非文学,促使农场小说传统的形成。南非文学中书写农场的小说主要包括南非英语文学和阿非利卡语文学。前者发端于19世纪中期英国在南非的殖民扩张,"肇始于对英国文学亦步亦趋的模仿,"④ 常常将南非书写成充满异域风情、资源丰富、有待开发的"无主之地",为大英帝国扩张服务。但1883年施赖纳(Olive Schreiner)出版《一个非洲农场的故事》(*The Story of an African Farm*)开创性地对非洲殖民地农场进行反田园书写,批判殖民主义话语对非洲环境的浪漫想象⑤,自此,南非英语文学对乡村农场的书写在"自然天堂"与"贫瘠荒漠"之间摇摆,出现了大批揭露南非在殖民主义和种族主义双重压迫中生态环境恶化的小说,如史密斯(Pauline Smith)的《小吏——南非的一部小说》(*The Beadle—A Novel of South Africa*,1926)、莱辛(Doris Lessing)的《野草在唱歌》(*The Grass Is*

---

① 朱振武、李丹:《非洲文学与文明多样性》,载《中国社会科学》2022年第8期,第163页。
② Boer,旧时指农夫,南非和纳米比亚的白人种族集团之一,又称阿非利卡人,其语言为阿非利卡语。
③ 朱振武、李丹:《非洲文学与文明多样性》,载《中国社会科学》2022年第8期,第174页。
④ 朱振武:《非洲英语文学的源与流》,学林出版社2019年版,第75页。
⑤ 胡笑然:《施赖纳〈一个非洲农场的故事〉中的反田园书写》,载《国外文学》2021年第2期,第146页。

Singing, 1950)①、库切（J. M. Coetzee）的《内陆深处》（In the Heart of the Country, 1976）、穆达（Zakes Mda）的《赤红之心》（The Heart of Redness, 2003）等。阿非利卡人主要是荷兰殖民者后裔，其文化传统的核心是农业，因此自其17世纪中期在好望角桌湾建立殖民地以来，圈占土著更多土地建造农牧场就成为他们主要的殖民活动。其文学自然多以农场为书写对象或背景，力图表现本民族与南非土地的关系。库切在《白人写作》中称之为"农场小说"（plaasromane 或 farm novel）。② 这类小说呈现的农场中，富足与贫困、希望与恐惧、浪漫与现实并存交织，如布鲁根（Jochem van Bruggen）1924年、1928年、1942年先后出版的系列小说 Ampie：Die Natuurkind, Ampie：Die Meisiekind 和 Ampie：Die Kind。③ 总之，人与土地、人与自然的关系是南非农场小说一贯关注的主题。

南非作家戈迪默（Nadine Gordimer, 1923—2014）的布克奖小说《自然资源保护论者》（The Conservationist, 1974）以德兰士瓦的一片农场为叙事空间，既继承农场小说反田园传统，又在现代主义叙事策略和主题意蕴方面融入鲜明的种族隔离时代元素，绘制了一幅不仅具有南非本土特点而且揭示全球环境危机的生态地图，堪称南非农场小说的典范。以往关于该小说的生态批评如下：一、戈迪默对南非农场的书写呈现反田园性，芦苇荡边无人认领的黑人尸体、垃圾、火灾及洪水讽刺了农场主梅林的田园幻想④；二、自然灾害和黑人尸体是小说重要的象征符号，代表革命力量⑤；三、种族隔离时代的资源短缺和人口过剩问题产生于不平等的社会关系⑥；四、梅林的环境保护主义与殖民主义之

---

① 莱辛早期生活在南非罗德西亚（现津巴布韦）农场，而该小说书写南非农场，故被视为农场小说。

② J. M. Coetzee, *White Writing: On the Culture of Letters in South Africa*, New Haven: Yale University Press, 1988, p. 106.

③ N. Devarenne, "Nationalism and the Farm Novel in South Africa 1883 - 2004", *Journal of Southern African Studies*, Vol. 35, No. 3, 2009, p. 629.

④ R. Barnard, *Apartheid and Beyond*, Oxford: Oxford UP, 2007, p. 85.

⑤ I. Gorak, "Libertine Pastoral: Nadine Gordimer's *The Conservationist*", *Novel: A Forum on Fiction*, Vol. 24, No. 3, Spring 1991, p. 254.

⑥ A. Hetrick, "Hunger in the Garden: Shortage and Environmental Aesthetics in Nadine Gordimer's *The Conservationist*", *PMLA*, Vol. 134, No. 3, 2019, p. 501.

间存在共谋关系①,梅林保护自然环境的目的在于维护白人精英的优越身份②。上述研究逐步推进,不仅开阔了小说生态批评的视野,而且为进一步从生态尺度思考种族隔离时代空间及非人类物质的意义奠定了重要基础。然而,以往研究并未注意到一个特别现象,即小说中的种族化空间壁垒并非不可逾越,而是通过非人类自然和物质形成的生态网络,在这一网络中,各种生命体和无生命体都具有物质自我和能动性,又彼此交织互动。那么,戈迪默为什么绘制这样一幅生态地图?其背后有着怎样的地理空间隐喻和生态诉求?

近年来勃兴的物质生态批评(material ecocriticism)和文学绘图(literary cartography)理论为解答上述问题提供了新路径。物质生态批评从新物质主义和生态后现代主义中汲取理论精髓,推动生态批评中物质与话语的融合,主张人类与非人类自然都是具有能动性的物质,以伊奥凡诺(Serenella Iovino)与奥伯曼(Serpil Oppermann)两位教授为代表。③ 物质生态批评"在生态整体主义思想引导下,专注于对现代主义框架下的'主体性'的解构"④,探索包括人类与非人类的物质主体在生态整体中的位置,与文学绘图理论强调绘制主体与整体的关系有内在一致性,只是前者更凸显非人类的能动性与主体性。文学绘图是美国文学空间研究领军人物塔利(Robert Tally)结合詹姆逊的认知绘图(cognitive mapping)、德勒兹的地理哲学、韦斯特法尔的地理批评、列斐伏尔的空间理论、段义孚的"恋地情结"(topophrenia)构建的新概念。⑤ 塔利将文学想象比喻为文学绘图,认为叙事就如同地图绘制,揭示个体与更宽广的时空整体性的关系。⑥ 塔利认为文学绘图行为是由"处所意识"推动,即对自身

---

① D. Head, *Nadine Gordimer* (*Cambridge Studies in African and Caribbean Literature*), Cambridge: Cambridge UP, 1994, p. 5.

② B. Caminero-Santangelo, "Never a Final Solution: Nadine Gordimer and the Environmental Unconscious", *Environment at the Margins*, edited by Caminero-Santangelo and Garth Myers, Ohio UP, 2011, p. 115.

③ 唐建南:《物质生态批评——生态批评的物质转向》,载《当代外国文学》2016 年第 2 期,第 115 页。

④ 叶玮玮:《"块茎性共生":物质生态批评理论探析》,载《外国文学研究》2023 年第 3 期,第 34 页。

⑤ 方英:《绘制空间性:空间叙事与空间批评》,载《外国文学研究》2018 年第 5 期,第 116 页。

⑥ R. Tally, *Spatiality*, London: Routledge, 2013, p. 45.

所处的地方、环境及空间关系的强烈意识和焦虑促使人们不断绘图。①

据此，本文以《自然资源保护论者》为例，对其生态叙事展开分析，试图论述：戈迪默通过聚焦农场和隔离区绘制了南非生态地图上的社会性差异，揭示了种族隔离时代不平等的空间和资源占有状况导致的生态危机；借由公路与航线，她又勾绘南非生态过渡带的全球性意义，批判了南非白人片面现代化和全球资本主义市场对非洲生态的破坏；凭借对芦苇荡作为自然物质和非洲文明符号的能动性的再现，她又完成对包括人类和非人类的主体与生态网络的认知测绘。戈迪默在绘制南非生态危机的同时，肯定原住民与自然和谐共处的适应性和生态智慧，赋予原住民应有的主体性与能动性，表达了她对被压迫者的关切。

一、农场和隔离区："差异空间"与地方危机

生态批评致力于"将环境观念从抽象的概念变成真实的关注"②，而物质生态批评将其对自然界客观真实的关注推向顶峰。这种关注使人们在研究生态问题时必须从具体地方开始，而具体地方的生态图景又离不开对个体与自然整体关系的探查。戈迪默对南非地方生态地图的绘制以卡特博斯兰山脉一带的农场为起点，从农场这一占主导地位的社会空间内部差异以及隔离区这一"差异空间"③的存在，揭示南非生态问题。小说中农场既是南非矿业大亨梅林重建与自然亲密联系的场所，又是南非生态在殖民主义、跨国资本主义及种族隔

---

① R. Tally, *Topophrenia: Place, Narrative, and the Spatial Imagination*, Bloomington: Indiana UP, 2019, p. 5.

② T. Dixon, "Inculcating Wildness: Ecocomposition, Nature Writing, and the Regreening of the American Suburb", *The Nature of Cities: Ecocriticism and Urban Enviroments*, edited by Michael Bennett and David W. Teague, Univerisity of Arizona Press, 1999, p. 87.

③ 列斐伏尔对"差异空间"作如下解释："差异在同质化领域的边缘地带维持或发生，要么以对抗的形式，要么以外在（横向的、异序的、异逻辑的）事物的形式。差异始于被排斥：城市边缘、贫民窟、被禁止的游戏空间、游击战的空间、战争的空间。"（[法] 列斐伏尔：《空间的生产》，刘怀玉等译，商务印书馆2021版，第549页。）因此，小说中隔离区可被视为一种差异空间，不同于农场或其他主导空间。

离制度下不断恶化的缩影。农场主要由别墅、农田、牧区及黑人棚屋组成，与外界通过高高的铁丝网区隔开来。与农场相邻的是非洲人隔离区。戈迪默对农场和隔离区的生态绘图反映：白人精英并非自然资源保护者，而是资源的掠夺者、开发者、消费者和破坏者；原住民在极端严酷的种族隔离制度下仍能热爱土地、顺应自然、与自然和谐共处，是生态网络地图中的能动者。

戈迪默对农场的生态绘图首先通过书写农场内部不同阶级、不同种族的人所占有的空间和资源的差异实现。就空间占有而言，农场主的豪华别墅与黑人雇工的简陋棚屋形成鲜明对比。宽敞的别墅配有电话、电磁炉、冰箱、沙发、大床，其奢侈程度从淋浴房即可窥见一斑："花洒是银铬质地，可以拿在手里，也可以固定在墙上的花洒座中。瓷砖各处剥落，贴有斑驳的小鹿斑比图案，二者相互辉映。"① 与别墅形成鲜明反差，黑人雇工的棚屋由空心砖、锡皮或土坯搭建而成，简陋至极。就资源占有而言，农场主不仅拥有大量矿产、土地、房产，还有 12 辆名牌汽车任其驾驶，而黑人赖以生存的资源十分有限。洪水后黑人雇工将日常用品搬出来晾晒，其全部家当不过是："毯子、破衬衣、白人淘汰的旧衣服……磨旧了的床垫，冒出絮状纤维，仿佛长出了小草。"② 空间和资源占有状况的差异表明白人精英阶层与黑人在种族隔离时代的南非权力结构中的悬殊地位，然而黑人的精神却更加可贵。面对匮乏的生存资源与窘迫的生存环境，黑人雇工们团结互助，互相分享有限的资源，试图适应和尊重自然，从容应对干旱与洪水，彰显了黑人的能动性和主体性。工头雅各布斯在洪水暴发时悉心照料牲畜和庄稼，帮助无家可归的流浪者找到安身之处并为其匀出一点食物和水；在村民身体恢复健康时为其筹办虽简单但热烈的庆祝活动。相比之下，农场主梅林对水资源的浪费、对其他生命的漠视则更显冷酷，揭露白人特权阶级对资源的占有和浪费加剧了南非的生态环境危机。

戈迪默对农场的生态绘图还通过比较白人特权阶级对农场的田园想象与农场生态现实完成。作为白人特权阶级代表，梅林一方面将农场建构为白人可以

---

① ［南非］戈迪默：《保守的人》，何静芝译，北京燕山出版社 2015 年版，第 44 页。本文将该小说标题译为《自然资源保护论者》，以突出作者对白人特权阶级的讽刺和批判。

② ［南非］戈迪默：《保守的人》，何静芝译，北京燕山出版社 2015 年版，第 244 页。

"休闲,放松,避世"的世外桃源,那里柳树成荫、湖水荡漾、农田肥沃。①在这一幻想下,农场自然风景区成为享有特权的白人纵情享乐之地:"烤架上烤着全羊,由一个雇工的小孩负责翻转……客人背后芦苇荡的浅水里冰镇着红酒,野餐地由他精心选定,尤其适合欣赏北边天际处的卡特波斯兰山脉。"②另一方面,梅林认为农场"如果没有产出,就谈不上美,"因此,"不能任其荒置"③,不断加大对农场自然资源的榨取和利用。为提高农场产出而使用的农药化肥、为享乐而猎捕的珠鸡、为烧烤而挖的火坑、为方便而丢掉的垃圾都给农场的生态现实带来威胁。可见,白人特权阶级对农场的田园想象实际上是为了榨取和利用更多的自然资源。小说中多处描写都折射出农场充满气候异常、动植物灭绝、环境污染等生态危机的现实。例如,小说多次提及"河马在干涸的池塘里流产……今年已是第四个(还是第五个?)旱年了。"④ 甚至梅林自己的担忧也从侧面反映农场生态面临危机:"一整窝珠鸡蛋。一共十一枚。再这么下去,世上一切都将所剩无几。这国家,这大陆的一切。下至深海,上到天空的一切。"⑤ 显然,农场绝非梅林想象中的田园,而白人特权阶级对农场自然资源的榨取导致生态恶化。戈迪默的这一书写颠覆了西方带有种族主义色彩的环境保护主义话语与实践,批判了白人以发展和环境保护之名对南非自然资源的榨取以及对生态的摧毁。与此同时,戈迪默还在这副生态地图上塑造了黑人的正面形象:黑人雇工雅各布斯努力保护农场珠鸡和杨柳的行动、应对火灾和洪水的智慧,证明黑人也是参与生态治理的能动者和行动者。

农场绝不是南非生态地图的全貌,戈迪默还绘制了一幅与之并列的"差异空间"简图,进一步揭露南非的生态状况,凸显非洲黑人的环保意识。这是一幅非洲人隔离区地图,它位于约翰内斯堡郊区黑人城镇与农场之间,农场主梅林眼中的农场宽广辽阔、资源丰富、水草肥美,风景宜人。讽刺的是,隔离区通过他的视角被测绘为"如同垃圾堆"的黑人空间,而黑人直接成为垃

---

① [南非]戈迪默:《保守的人》,何静芝译,北京燕山出版社2015年版,第162页。
② [南非]戈迪默:《保守的人》,何静芝译,北京燕山出版社2015年版,第17页。
③ [南非]戈迪默:《保守的人》,何静芝译,北京燕山出版社2015年版,第17页。
④ [南非]戈迪默:《保守的人》,何静芝译,北京燕山出版社2015年版,第35页。
⑤ [南非]戈迪默:《保守的人》,何静芝译,北京燕山出版社2015年版,第5页。

圾制造者："报纸、尘埃、骨骸和瓶渣都是隔离区居民制造的垃圾；纸板、纸箱则是来自草原那边居民工作的工厂……铁路主线和工业运输支线两边堆满废物。"① 此外，隔离区还被描绘为交通拥堵、秩序混乱、人口过剩之地："此地毫无秩序可言，车辆、行人横冲直撞，挤满人的大巴、出租车，成车成车的人，自行车、儿童，从各个出口往外蜂拥。"② 隔离区之所以呈现这样一幅样貌，是因为白人在种族隔离制度下对黑人生存空间的无情掠夺和残酷挤压，使黑人在富饶的南非大地无立锥之地，陷入人口过剩、资源短缺的境地。尽管如此，戈迪默在资源短缺的隔离区地图上满含同情地画上一幅剪影，肯定非洲黑人适应自然的能动性与智慧："垃圾堆上，拾荒孩子和老人穿着各色破烂衣衫，有的贴在身上，有的被吹得鼓胀起来。"③ 拾荒者不管遇见什么东西，总能变废为宝，化为己用，比如将罐头瓶捡回去打水、用旧轮胎做凉鞋。

如果说农场和隔离区是南非生态地图中指向内部危机的点，那么，连接农场与约翰内斯堡的公路及连接南非和其他国家的航线则是揭示全球危机的线。戈迪默又是如何利用交通线赋予南非生态地图的全球意义呢？

二、公路和航线："生态过渡带"与全球危机

戈迪默对南非公路和航线的绘制揭示生态危机的地方性与全球性。公路和航线分别成为连接农场与城市、南非与全球的中间区域或过渡性地带。这类空间在生态学中被称为"生态过渡带"，具体指两个或多个空间之间的边界性或过渡性区域④，比如："田野和森林、高山和海洋、大海和陆地等地理空间区域，或者虚拟的空间如南方与北方、东方与西方之间的过渡性区域。"⑤ 戈迪默将公路与航线作为"生态过渡地带"展开绘图，模糊了自然环境与人造空

---

① [南非] 戈迪默：《保守的人》，何静芝译，北京燕山出版社 2015 年版，第 83 页。
② [南非] 戈迪默：《保守的人》，何静芝译，北京燕山出版社 2015 年版，第 84 页。
③ [南非] 戈迪默：《保守的人》，何静芝译，北京燕山出版社 2015 年版，第 83 页。
④ E. Odum, *Fundamentals of Ecology*, Philadelphia: W. B. Saunders Company, 1971, p.157.
⑤ 马特：《城市的生态地图：论卡尔·桑德堡的现代性城市叙事》，载《解放军外国语学院学报》2019 年第 5 期，第 129 页。

间、地方与全球的边界，勾绘了个体在整体性生态系统之中的体验和认知定位，批判了南非种族隔离时代白人精英的人类中心主义思想。

具体说来，连接农场与约翰内斯堡的公路发挥了"生态过渡带"的功能。在这条公路上梅林目之所及既有自然世界的色彩，又有人造空间的元素，两类空间的融合使公路成为勘测非洲生态状况的重要线索。公路不仅是连接农场与约翰内斯堡的物理通道，更是梅林体验和认知生态世界的关键途径。小说通过描绘公路上飞驰而过的汽车、被工业污染和人类活动破坏的景观，反映了南非在种族隔离时期以白人精英为中心的现代化进程，对乡村自然环境和地方生态的侵蚀："高速掠过的围栏后，这样的人有十五万之多，都住在烟尘笼罩的房子里。"① 小说进一步呈现公路两旁被工业化破坏的乡村生态环境：矿渣堆、矿区桉树林被砍伐后的树墩构成了公路两侧的工业化乡村景观②。种族隔离时代南非的工业化和城市化以白人为中心③，完全无视其对黑人及其生存环境的不利影响，加剧乡村自然环境的恶化。可见，公路作为人造空间与自然环境过渡的杂糅式地带，体现种族隔离时代南非片面的现代化对乡村生态环境的摧毁。

如果说公路代表南非生态地图中连接农场与城市、模糊自然世界与人造环境边界的过渡带，那么航线则是南非生态地图投射于全球的线。小说中的航线连接南非与世界，既是重要的交通桥梁，又扩大并模糊地域边界，是南非与全球之间的"生态过渡带"。首先，这一过渡带是梅林认知和体验全球生态的窗口，暴露其生态观中的殖民主义和人类中心主义底色。从欧洲飞回南非的航程中，梅林从舷窗俯瞰非洲荒漠时称其为一个激起人类征服欲的"金色、倒卧的裸体"④。可见，高空中凝视非洲自然，梅林将大自然想象为被动的女性身体，这一认知体现其将非洲、自然、女性放置于"他者"地位。在穿越废矿和荒地的飞机上，梅林在机舱幽暗灯光的掩护下性侵邻座少女，使受虐的女性与被破坏的自然发生重叠。其次，这一过渡地带揭示了梅林所代表的白人特权

---

① [南非] 戈迪默：《保守的人》，何静芝译，北京燕山出版社2015年版，第257页。
② [南非] 戈迪默：《保守的人》，何静芝译，北京燕山出版社2015年版，第255页。
③ 李安山：《非洲梦：探索现代化之路》，江苏人民出版社2013年版，第635页。
④ [南非] 戈迪默：《保守的人》，何静芝译，北京燕山出版社2015年版，第130页。

阶级与南非生态危机之间的联系，以及南非生态危机与全球资本主义市场的关联。梅林作为南非矿业大亨频繁飞行于全球南方国家与全球北方国家之间，体现后殖民时期西方国家通过经济一体化的形式继续对前殖民地进行新形式的资源掠夺和经济控制。梅林在这一过程中充当了新殖民者的同谋。梅林飞行的目的是将南非、纳米比亚和加勒比地区的铁矿、铜矿和铀矿卖给北美、欧洲和日本，表面上迎合了全球化的发展潮流，实则是"新殖民主义的伪装形式"[①]。可见，航线将南非自然资源与全球资本主义市场连接起来，为全球北方国家榨取和掠夺非洲资源提供新通道。然而，被迫卷入全球资本主义市场的非洲国家和地区不仅与发达国家的贫富差距更加悬殊，社会冲突也愈发激烈，同时还面临更为严重的生态危机。小说对纳米布沙漠地区被迫开发铀矿事件的描述反映了全球化过程中的非正义现象。铀矿开发导致原住民遭到强制迁移，失去家园，原本极度脆弱的石质沙漠环境也因此寸草不生，当地生态状况急剧恶化。显然，地方生态危机与全球资本主义市场密不可分。

然而，小说并未全盘否定航线的意义。航线不仅将世界各地的游客带往南部非洲，还促成了跨国界的生态意识传播。游客们回国后，"尤其是在慕尼黑、柏林、波恩和美因河畔的法兰克福"[②]，将非洲濒危植物百岁兰的照片投影在屏幕上进行宣讲，进而引起国际社会对即将灭绝物种的关注，促使其反思非洲和全球的生态危机以及应对策略。尽管这些活动起源于民间，但它们为全球合作奠定了群众基础，推动了生态保护的国际共识。

无论是公路还是航线都成为连接人造空间与自然世界的中间地带，将南非生态问题的地方性与全球性对接起来，揭示白人资本家主体在生态整体中的错误认知和罪行。那么，戈迪默如此绘制南非生态地图，有没有关注其他主体的能动性呢？

三、芦苇荡：人类与非人类互动的"行动者网络"

从以农场和隔离区为基点的地方生态地图到以公路和航线为桥梁通向城市

[①] 朱新福、张慧荣：《后殖民生态批评述略》，载《当代外国文学》2011年第4期，第26页。
[②] [南非]戈迪默：《保守的人》，何静芝译，北京燕山出版社2015年版，第139页。

和全球的生态地图，都聚焦人类与生态整体性的复杂关系，折射出人与人、种族与种族、民族与民族之间的纠缠。但人类并不是生态系统的中心，其能动性的施展离不开自然万物，人类与非人类共处于动态的生态网络。物质生态批评受行动者网络（Actor-Network Theory, ANT）① 理论影响，打破人类中心主义框架，认为自然不再仅仅是人类的背景或资源，而是具有能动性的行动者（actor）②，强调自然界中的生态元素，如动植物、气候、地质结构等，在生态网络系统中都具有主体性和能动性③。戈迪默在前两幅地图的基础上以农场三号牧区芦苇荡为起点的生态绘图呼应了物质生态批评的主张。她在绘制芦苇荡的生态样貌时，突出本土生态元素和原住民作为"行动者"的主体性和能动性交织，批判殖民主义思想与活动的同时，探索如何应对地方和全球生态危机。

小说对农场芦苇荡展开绘图，彰显非人类物质、动植物、火以及河流的活力与能动性，将个体与地方生态、族群与地球系统进一步紧密融合。首先，小说对遭遇大火的芦苇荡的描写，既凸显了火的强大能动性，又表现自然万物作为行动者的生命力。大火"烧过大草原，烧到河边，又围着季节湖烧了半英里，仿佛在找机会过河——终于在芦苇荡处得了逞。火焰借着芦苇跳上隐藏其间的小岛，在岛上越烧越旺，又捉住更远处的芦苇，一举烧到梅林的土地上。一夜之间。火焰登录湖畔，确立了自己的地盘。"④ 大火之后，芦苇荡变为一片焦土，生灵涂炭，然而"几只白冠鸟在河里顺时针绕圈……它们与河水一样，活着，虽然河中一切全死了。"⑤ 不仅鸟儿在大火中幸存下来，而且河流也在火灾后保持活力："河面油光水滑，泛着粼粼波光，它是那么强大，已经

---

① 行动者网络理论是法国社会学家卡龙（Michel Callon）和拉图尔（Bruno Latour）于20世纪80年代提出的社会科学理论。它打破了传统社会科学中的二元对立，特别是人类与非人类、社会与自然之间的分界，提出社会现象是由人类和非人类"行动者"共同构成的网络。

② L. Duckert, "When It Rains", *Material Ecocriticism*, edited by Serenella Iovino and Serpil Oppermann, Indiana University Press, 2014, p. 115.

③ J. Bennett, *Vibrant Matter: A Political Ecology of Things*, Durham and London: Duke University Press, 2010. p. 107.

④ ［南非］戈迪默：《保守的人》，何静芝译，北京燕山出版社2015年版，第96页。

⑤ ［南非］戈迪默：《保守的人》，何静芝译，北京燕山出版社2015年版，第96页。

开始在失去芦苇支撑的芦苇荡中开辟起新的河道来；河水向外漫溢。"① 在这一场景中，火不仅仅是毁灭的象征，也是一种能动力量，推动了芦苇荡的生态重组。这种力量展现出自然界的自我修复能力，火虽然摧毁了植被和生物，但同时也为新生命的诞生创造了条件。白冠鸟和河流的存续，象征着生命的顽强与自然的再生力。动植物、河流的强大生命力使梅林第一次发现："万物在他眼皮底下新生，仿佛一种陌生语言的语法突然呈现出了意义……新发的芦苇尖从潮湿的腐草里破土而出。"② 芦苇荡生命的循环让他逐渐意识到自己存在于自然万物之中，不再"工于计算"，而是"几乎感到与周遭一切融为一体，成了好朋友。"③ 可见，芦苇荡的浴火重生促使梅林的觉醒：他从自然资源的占有者、榨取者和观察者立场渐渐动摇、转变，意识到自己与自然的共生关系。小说对梅林认知转变的呈现，表达了戈迪默对白人特权阶级反思个体与自然关系的期待。

其次，小说对洪水袭击后的芦苇荡进行描绘，进一步表现了自然万物的能动性和不可控性，揭示了人类与非人类自然共处于"行动者网络"之中。这一网络中，各种"行动者"——无论是人类还是非人类——彼此相互影响，共同行动，共同构成了复杂的生态系统。小说中洪水的力量摧毁了人类的计划和控制，改变了农场土地的面貌，重塑了芦苇荡的生态环境。芦苇荡在洪水后并没有完全消失，而是以一种新的形式存在，展现了自然的复原能力和韧性："随着洪水逐渐消退，新形成的沙洲和泥滩从大地被水力冲刷开的伤口中露出"。④ 芦苇荡中许多生物在火灾和洪水中死亡，但"大自然知道如何利用一切，既不拒绝也不浪费。"最终，"那些灰烬，部分来自它们自身被毁坏的物质，必定成为了它们的养料，"一切又会复苏。"看看一切是如何恢复的！现在柳树一定被那满满的水浸润着！它们的叶子是多么鲜亮、像甲虫翅膀般的绿色……"⑤ 芦苇荡劫后重生的景象使梅林感受到"某种沉重的东西拖过整个地

---

① [南非] 戈迪默：《保守的人》，何静芝译，北京燕山出版社2015年版，第96页。
② [南非] 戈迪默：《保守的人》，何静芝译，北京燕山出版社2015年版，第138页。
③ [南非] 戈迪默：《保守的人》，何静芝译，北京燕山出版社2015年版，第207页。
④ [南非] 戈迪默：《保守的人》，何静芝译，北京燕山出版社2015年版，第217页。
⑤ [南非] 戈迪默：《保守的人》，何静芝译，北京燕山出版社2015年版，第223页。

方,碾平并搅乱了一切。草丛、枯树枝、黏液、沙土、泥团都被一种强大的力量冲来冲去,改变了芦苇荡原有的景观,仿佛凝固的波痕。"① 这股沉重而强大的力量正是自然不以人类意志而转移的能动性。在绘制芦苇荡自然万物能动性之时,小说也凸显了原住民作为行动者的能动性。芦苇荡遭遇火灾和洪水的过程中,黑人原住民是始终"在场"的主角。在没有任何外援和指示的紧急情况下,原住民在工头雅各布斯的带领下有条不紊地应对灾难,机智果敢地将损失降到最低,并积极乐观地进行灾后重建。他们不仅保全了牛羊牲畜的性命,清理堵塞灌溉渠的淤泥,而且帮助受灾群众渡过难关。芦苇荡凭借自然本身的复原能力在原住民的行动中恢复勃勃生机,而农场又恢复运转,彰显了生态是人类与自然"行动者"共同构成的网络。

最后,小说中的芦苇荡不仅是自然生态的一部分,而且是非洲文明的象征,因此戈迪默对其进行的生态绘图还具有寓言性。这一寓言意义同样揭示人类与非人类自然处于相互影响的"行动者网络"之中。这主要体现在以下三点。其一,芦苇隐喻人类与自然相伴相生的关系。芦苇在非洲原住民文化中被视为一种具有神圣性的植物,象征生命的起源。在南非祖鲁神话中,最初的人类就诞生于芦苇中。正是原住民与芦苇的互动影响形成了非洲独特的生态肌理。其二,芦苇荡在原住民的坚守与维护下从自然灾害中获得重生,一方面说明非洲本土自然有其自身的适应性和生态功能;另一方面象征非洲必能战胜殖民主义和种族主义的冲击和遗毒,原住民与本土环境必能重塑非洲生态。其三,芦苇荡被赋予"物质的叙事能动性"②,揭示"行动者网络"中人类与物质世界的复杂互动。其叙事能力不仅表现在两方面:一、作为非洲文明的象征,它是言说非洲文明和生态智慧的行动者,承载了非洲原住民对生命起源、自然神圣性和人与自然共生关系的深刻理解;二、作为自然环境和物理空间,它见证了殖民入侵和种族隔离历史中黑人所遭遇的暴力和不公,记录着原住民的历史与抗争。小说对芦苇荡被洪水冲出的尸骨的描写,暗示芦苇荡目睹了原

---

① [南非]戈迪默:《保守的人》,何静芝译,北京燕山出版社2015年版,第224页。

② S. Iovino and S. Oppermann, "Material Ecocriticism: Materiality, Agency, and Models of Narrativity", *Ecozone*, Vol. 3, No. 1, 2012, p. 83.

住民被掩盖和埋藏的过去——无论是人与自然之间的冲突，还是殖民暴力和种族压迫——终究会浮现出来。通过这一场景，小说展示了自然不是被动的背景或资源，而是具有能动性和记忆的主体。人类与自然的互动不仅仅是物质层面的，更涉及历史、伦理和社会的复杂网络。可见，在戈迪默笔下，自然不仅是生态系统的一部分，更是承载记忆的空间，参与到人类历史的塑造之中。

四、结语

南非文学在殖民、反殖民、去殖民书写中逐渐形成超越地方的全球生态意识以及共同体思想，农场小说始终是其重要的美学表征方式。在南非历史变迁中，农场小说随着时代步伐不断变化，但人与自然的关系是其一贯主题。戈迪默在《自然资源保护论者》中聚焦农场、隔离区、公路与航线、芦苇荡等空间对南非生态危机展开三次绘图，呈现了种族隔离时代南非人与自然的关系，表达了作者对人类与非人类、个体与世界、地方与星球关系的辩证思考。通过绘制南非资源短缺、环境恶化、气候异常的生态地图，小说不仅批判了白人特权阶级对南非地方生态的破坏以及新殖民主义对全球南方生态的摧毁，而且赞扬了非洲黑人同自然和谐共处的思想与行动，构想了全球合作应对生态危机的可能。通过绘制芦苇荡，小说打破人类中心主义，揭示人类与非人类共处于同一"行动者网络"之中。南非文学中这种人与自然生命共同体思想与绿色"一带一路"的倡议存在内在的一致性，因而对南非文学加以研究也必将为建设全球生态文明贡献力量。

一

英美文学地理研究

当风景不仅仅是风景*

——《风景与认同：英国民族与阶级地理》评介

崔丽芳**

摘要：温迪·J. 达比的著作《风景与认同》在跨学科视野下挖掘了深植于英国风景之中的文化民族主义，并揭示了乡村土地所有者与在风景中徒步的城市居民就进入权问题所展开的旷日持久的博弈过程、城乡之间的权力关系与冲突以及漫游者在风景中的身份认同与重构。达比认为，在城市化和现代化的进程中，虽然工业景观和城市精神也进入了国家形象建构的视域，但充满野性自然的风景对于英国人来说仍是国家认同的基础。该书对英国风景的政治性考察有助于我们结合地方、空间、记忆、权力、身份、国族等议题追问和反思自身在风景中的观看行为和参与方式，也可以为中国城乡风景文化赋值的建构和发展提供借鉴和参照。

关键词：英格兰风景；身份认同；民族记忆；文化赋值

---

* 本文系全国高校外语教学科研项目"英国当代新自然文学"（项目号：2019TJ0014B）的阶段性成果。

** 崔丽芳，文学硕士，历史学博士，南开大学外国语学院副教授，研究方向为英语诗歌、自然文学、中西文化史。发表和出版文学、文化与教学方面的中英文论文、著作和译著数十种，其中有两篇论文被人大复印资料全文转载，有三篇文章获天津市社会科学联合会优秀论文奖。曾获南开大学亚洲研究中心第八届人文社会科学优秀论文奖和南开大学人文社会科学研究优秀成果奖，承担省级社科基金项目三项，其中一项被评定为 A 级。

方兴未艾的风景学是文化地理学的一个研究分支和重要概念，文化地理学也采用"景观"一词来强调这一议题所折射出来的复杂的社会文化背景和变迁[1]。美国文化地理学家唐纳德·梅尼格和皮尔斯·路易斯对风景概念进行了界定，他们认为，风景是自然、栖息地、场所、人工制品、系统、财富、思想意识、历史、思想意识、美感和问题，需要研究者"轮流地进行观察、解读、思考、再观察、再解读"，目的是"提出我们以前从未提过的问题"[2]。风景与政治的关系是风景研究的路径之一，涉及社会、阶级、权力、身份认同、民族记忆和国家形象等主题。学者温迪·J. 达比的著作《风景与认同：英国民族与阶级地理》（张箭飞、张红英译，译林出版社 2018 年版，以下简称为《风景与认同》）即是这一路径的研究力作。

《风景与认同》一书论及了风景与英格兰历史阶级关系和民族认同之间的互动影响以及湖区和峰区两大风景区的立法史，所涉及的内容包括隐匿在风景里的权力关系、风景进入权与政治进入权的冲突与互动、交通运输体系与景区环境保护的关系、围绕景区开发和土地使用所展开的博弈等。该书还在田野调查的基础上考察了在风景中徒步这一社会活动对于徒步者的身份建构所发挥的作用。这部著作是一项跨学科研究，涉及 1750 年至今的广阔时段，全书分文化表达、政治内容和民族志三部分，使用了历史学、地理学、文学、法学、社会学和人类学等多重视角。

作者在导论部分明确了该书的中心议题，即探索作为文化产物的阶级与民族身份如何透过风景及其进入权发挥作用。在这一中心议题之下，作者又为全书的三个部分设计了具体的研究话题，这些话题包括：

1）早期的文化精英如何利用描述性文本和圈地来占有风景？风景区如何成为英国民族认同之地和民族情绪的共鸣板？

2）峰区和湖区如何成为展示阶级身份和文化差异的场所？英国的国家公

---

[1] 刘英：《西方文论关键词：文化地理》，载《外国文学》2019 年第 2 期。该文对文化地理学的系谱和理论发展做了详尽的介绍，特别对景观研究的四个阶段和三次范式转换进行了梳理和总结。

[2] 李莉：《"风景"研究的文化地理学价值》，载《广东社会科学》2020 年第 3 期。该文系统地解释了风景研究的概念界说、范式变迁、研究路径和主题，分析了风景学的跨界性，并对未来的研究前景进行了展望。

园代表的是排斥还是包容？

3）曾经被赶出风景区的人如何通过自由漫步运动收复失去的风景？在风景中徒步如何成为一种社会性的建构力量，形塑着个人身份和共同体意识？

一、文化风景和民族风景

在《风景与认同》的第一部分"再现性的风景"中，作者首先分析了风景的阶级化和分类，她按照文化生产把风景分为四组关系。第一组和第二组分别是透视性凝视下的风景与早期剧场和全景鸟瞰图中权力的印刷与印记。第三组包括17世纪风景画与18世纪英国乡村别墅，这两类属于如画风景，体现了劳动者的缺席。第四组是18世纪舞台布景与全景画，这两类都使观景成为具有文化价值的美学体验。基于对这四种关系的讨论，作者指出，在18世纪的英国，文化精英们有一个想象的共同体，即图绘的、印刷的和实有的无人风景。风景使实际的权力关系神秘化，是文化权力的工具，是社会和主题身份赖以形成和阶级概念得以表述的一种文化实践。风景表达了一个以土地精英为核心的特定等级的品味，这种品味本身蕴涵着英国特征。英国土地精英最大的优势，就是成功地使低于他们的人从心理上一起选择进入绅士的地位等级制中，从而导致中产阶级的文化模仿行为。与此同时，土地精英的高雅文化受到了商业化的推动，由商业获得的资本可用于投资模仿乡村生活，将这种品味又变成商品，从而促使人们从假想旅游转向实地旅游。

作者在这一部分谈到文化风景时，着重解释了地方和空间两个概念的区别。她认为，地方与个人经历密切联系，关于地方的风景是"心灵的杰作，由记忆层与岩石层合力建构"①。相反，空间是无命名、无历史、无叙述的，主流文化通过命名、制图、测量和居住这类权力施为，跨越地理和阶级的距离，将空间殖民化。作者以湖区为例阐释了空间向地方的转型。湖区是英国民族主义的兴起、如画风景美学和古代文物研究三者合力而成的一个文化产品。地理

---

① [美] 温迪·J. 达比：《风景与认同：英国民族与阶级地理》，张箭飞、赵红英译，译林出版社2018年版，第50页。

空间和社会位置相互交叉建构了排他性网络，从而导致空间向地方的转型，并形成了道德秩序以及对自然的再魅化。与此同时，休闲徒步和旅游成为建构和维持身份的表演性模式。当这种模式借由旅游一再得到重述时，风景如画美学开始逐渐向文学和非文学领域传播。湖区的文化赋值因此进入了社会记忆范畴，而这种再魅化也支持了社会和阶级的分化。

　　作者认为，文化风景和民族风景是不可分割的。自18世纪末期，一个异于欧洲大陆、以政治自由为特点的英国意象正在形成。这种意象的基础是商业和制造业的繁荣、自耕农和农民的土地所有权以及法律保障的农业。在这一意象形成过程中，如画风景美学帮助培养熟人之间以及更广范围的文化公众之间共有的身份和情感，风景成为身份和情感形成的场所。而休闲旅游是衔接主体与客体的重复性和表演性行为，同时将如画风景转化为物品。由此，文化和休闲的消费及商业化的蓝图已经勾画出来，"文雅社会的社会关系集合已经形成"①。

　　与英国意象密切关联的是英国民族身份的建构。作者指出，英国民族身份进入18世纪主要体现为两种定性，一种是具有盎格鲁-撒克逊种族神秘性的英格兰版本，另一种是由进步话语和政治经济理论精心构造的不列颠身份。这两个版本都根植于乡村美德的重新提倡、野性自然的赋值和对所有外来事物的排斥，可以相互置换。在英国民族身份的建构过程中，风景的作用不容忽视。风景的遗迹成为"本土文化的幸存碎片，其复原是国家和地区的骄傲"②。对本地特色的重视为文化民族主义提供了原材料，推动了对英格兰、威尔士和爱尔兰历史及其实践的收集和评价。这些历史和实践植根于对地方以及对栖居于风景之中的传统的依恋。

二、风景中的阶级对抗

　　《风景与认同》的第二部分是"政治性的风景"。作者在这一部分首先将

---

①　[美]温迪·J. 达比：《风景与认同：英国民族与阶级地理》，张箭飞、赵红英译，译林出版社2018年版，第74页。

②　John Brewer, *The Pleasures of the Imagination: English Culture in the Eighteenth Century*, New York: Farrar, Straus & Giroux, 1997, p. 582.

风景置于文化霸权和意识形态的考量之中，指出在不列颠统一的表象后面隐藏着众多对抗的身份认同。与"铸造不列颠"相对立的是参加宪章派群众户外集会的工人阶级和被排斥在国家政治生活之外的非国教徒，他们发起徒步或漫游俱乐部，峰区由此成为工人阶级采取直接行动争取进入权的场所。因而，在峰区，一个工人阶级的神话渐成气候，即工人阶级前往矿业风景区不是为了用诗人之眼梦幻般地凝视自然，而是为了远离工厂的敌对关系，在山区和溪谷中重获友情。

作者强调，不列颠身份的风景本质，具有深刻的英国特征。"没有哪个地方像英国这样，风景就是遗产，也没有哪个地方风景这个词不仅指涉景色和景观类型，而且具有本质性的民族美德的意义"①。作者又以湖区为例，她指出，在湖区，由于它所引起的艺术和文学联想，且又远离工业化的中部，一个属于中产阶级的神话在20世纪20和30年代深入人心。精英知识分子尤其看重湖区的美学价值，因此湖区得到大力保护，不让它受到工业的入侵和工人阶级的干扰。19世纪英国桂冠诗人华兹华斯称湖区是"一种国家财产……每个有感受的眼光和欣赏的心灵的人有权亦有兴趣拥有"②。由此可见，民族风景与精英判断珠联璧合。然而，在英国，关于休闲和阶级的争论一直持续并最终归并到这样一个议题，即风景是否具有国家的维度。这一维度在议会政治中得到表达，最终促成一系列路权法案的颁布和各种保护与进入风景的组织的成立。这些法案和组织体现了知识圈、政治圈、社团圈与风景美学、土地使用规划、风景维护和进入权之间的关联。

作者认为，当美学和生态的兴趣得到法律的保护时，建筑物和风景就被认为是一种集体遗产，表达了民族精神的本质，定义出民族的身份认同。国家对于休闲文化的调控和国家关于民族性及文化身份的具体化表达，促成了英国的进入权立法史和国家公园体制的建立。但英国的国家公园与美国的国家公园不同，后者是一些保留起来的荒野，而前者则是有人居住的风景区，人们依旧在

---

① ［美］温迪·J. 达比：《风景与认同：英国民族与阶级地理》，张箭飞、赵红英译，译林出版社2018年版，第149页。

② ［美］温迪·J. 达比：《风景与认同：英国民族与阶级地理》，张箭飞、赵红英译，译林出版社2018年版，第174页。

里面进行农耕、林业、采掘业和多种层次的旅游活动。在国家公园体制建立的过程中存在着各种纠纷与冲突，诸如农业开垦、住宅建设、休闲与自然保护的要求、土地私有权与公众权孰轻孰重，以及中央政府与当地政府之间的矛盾冲突与竞争。19世纪上半叶兴起的休闲性徒步的意义即体现为对争取进入权的诉求和实践。在英国，户外运动取得了巨大实效和明显的社会政治意义，这一运动是建立在具有地区细微差异的进步主义核心意识形态之上的。值得关注的是，在20世纪末期为人行道路权和进入权而抗争的人们与19世纪20年代的先辈一样，依然在进行着同样的战斗，争取着意义几近相同的权益。

三、徒步运动与身份认同

《风景与认同》一书的第三部分"民族志的风景"旨在考证身份认同作为一种文化产品的变迁，以及它如何生成于风景之中，并经由风景生成。为了进行这一研究，作者进行了真正的徒步。因此，作者所采用的不仅是旁观者的角度，也是介入者的角度。作者在讲述自己的徒步经历之前首先对徒步群体的性质和功用进行了分析。她认为，城市和国家的结构化、等级化的世界与建立在平等友爱基础之上的共同体之间需要神话和宗教仪式居间调节。宗教中的朝圣实际上就是一种过渡形式，朝圣者之间形成了纽带，超越了社会疆界。如同朝圣一样，进入风景和参加徒步俱乐部创造了群体结构和新的情感结构潜力。一个徒步群体就是具有一定宗教魔力的场合，这个场合是日常结构之外的空间，空间里的人们可以在延长化的阈限期内体验到共同感。这种共同感是自下层体验的，却同时又是自上层建构的，因为体制化已经在暗中颠覆它，使其变为市场结构。所以，等级的外在标志并没有完全磨灭，例如，着装形象、女性的沉默、少数族裔的缺席等。

作者的徒步经历是民族志意义上的田野考察，对谁说话和为谁说话是田野考察的"双重口技"。作者因此在这部分尽可能原样展示三位女性的声音，尝试使边缘化的人物进入中心。第一位女性是保守主义者，她认为英国曾因加入欧盟而失去了自己的主权，她将湖区的文学性建构与徒步实践联系在一起。第二位女性是一位环保主义者，她认为国家公园大范围的过度使用与对于乡村的普遍化的掠夺相关。第三位女性加上了性别角度的叙事。她认为在风景中徒步对于她的身份建构起着重要的作用，构成了她的认同基础。"与身体协奏，回到体内发现心跳速度，发现呼吸速度，然后调慢节奏，渐渐你就会感觉舒服自在。不要管其他人在做什么。一种运动的方式，能够在每一步踏实体验生命存在"①。因此，在风景中徒步成为内心旅程的实践，是另一种形式的世俗性朝圣。

但作者同时指出，作为一种风尚，徒步活动的商业色彩越来越浓，它逐渐将湖区的象征性价值据为己用，通过间接的手段将其引入市场，由此象征性的价值转化为实有价值。通过商业化的徒步活动，资本主义在全球范围内已经渗透到各种假定是空旷的空间。风景融入市场导致了风景拜物教化，其实质就是"探险癖"，即现代人为寻求刺激所进行的探险活动。这种活动一方面具有资本的逻辑和特征，但另一方面它在现代社会中也有其特殊价值。作者认为，现代社会本身的特性毁灭了传统，特别是颠覆了人们和世界联系的传统方式，从而导致了"非场所"的存在。"非场所"被界定为既不和我们建立关系，也没有历史，更和我们的身份无关。在风景中徒步的社会功能和精神价值因此体现在，这一运动缓冲了现代社会引起的不安定，增加了社交活动，超越了民族、社会和文化风景的疆界，打破了个体的孤独。徒步者共享的经验和共同创造的记忆和历史可以重建一种社会感，即重新想象和重新建构共同体。

四、对中国城乡景观和国家公园建设的启示

达比的《风景与认同》一书以"跨界—互联"②的方式挖掘了深植于英国风景之中的文化民族主义，并揭示了乡村土地所有者与在风景中徒步的城市居民就进入权问题所展开的旷日持久的博弈过程、城乡之间的权力关系与冲突以及漫游者在风景中的身份认同与重构。该书对英国风景的政治性考察有助于我

---

① ［美］温迪·J. 达比：《风景与认同：英国民族与阶级地理》，张箭飞、赵红英译，译林出版社2018年版，第280页。

② 张箭飞、林翠云：《风景与文学：概貌、路径及案例》，载《云南师范大学学报（哲学社会科学版）》2016年第3期。

们结合土地、地方、空间、记忆、权力、身份、国族等议题追问和反思自身在风景中的观看行为和参与方式,也可以为中国乡村风景文化赋值的建构和发展提供一些启示,特别是书中对国家公园的立法和与之相关的诸多对抗,对现阶段中国的乡村景区规划和国家公园建设也有一定的借鉴意义。

中国乡村环境正在发生前所未有的变化,在快速城镇化和工业化的冲击下,我国大量乡村出现了人口流失、传统社会文化消失、风貌特征异化、资源过度开发和环境污染等问题[1]。近年来各地开展的乡村建设因一味模仿城镇化建设模式而导致"千村一面",未能充分体现地方历史和文化赋值的独特之处。因此,如何保护乡村景观的完整性和特色,细化乡村地域差异性的研究与营造,是美丽中国建设战略中的一个重要组成部分[2]。20世纪70年代以后,受"可持续发展"理念的影响,英国政府开始注重"增强乡村自有价值"[3],即从关注乡村的使用价值转向关注乡村自身的特征,将自然风光和人文景观融合起来加以保护,乡村文化由此从衰退走向复兴。借鉴这一经验,我国乡村景观建设也应注重社会、历史、文化、生态、美学等多元价值的平衡,同时应基于乡村各自的环境禀赋和文化特征,突出各地景观的人地关系和整体功能。

长久以来,英国政府一直致力于通过公共路权、绿带建设、远足步道、杰出美景地、国家公园等领域向公众开放乡村。国家公园是自然保护思想发展到一定的产物。党的十九大提出,要推进美国中国建设,"建立以国家公园为主体的自然保护地体系"[4]。但近年来我国风景资源地方私益化严重,不少自然风光和文化景区以地方经济利益为导向被圈围起来。在英国,漫游权制度因颠覆了传统权利格局而带来国家公园管理体制和开放乡村的一场革命,这一制度可为我国国家公园建设提供可借鉴的思路与经验。鉴于国家公园的基本属性是

---

[1] 马蕊、严国泰:《英国乡村景观价值认知转变下的保护历程分析及启示》,载《风景园林》2019年第3期。

[2] 申佳可、陈照方、彭震伟、王云才:《中国乡村景观特征评价的发展和展望》,载《风景园林》2022年第3期。

[3] [英]盖伦特、云蒂、基德等:《乡村规划导论》,闫琳译,中国建筑工业出版社2015年版,第43页。

[4] 唐芳林、王梦君、李云、张天星:《中国国家公园研究进展》,载《北京林业大学学报(社会科学版)》2018年第3期。

公益性，因此保障可得性、可达性、可承受性就成为多元共赢模式建设的基础和目标。国家公园在保护自然生态的完整性和原真性的前提下，也要在法律层面上对公众的游憩行为有所规范，在生态保护有限前提下最大限度地保障公众户外漫游和接受环境教育的权益①。

五、结语

温迪·J. 达比是在欧盟规则强制执行和英国丧失其政治和经济权力的背景之下写作《风景与认同》一书的，她在结论中指出，在美国化、移民和全球化的影响之下，"英国"文化这一幻觉随之解体。在过去，基于本质主义的英国风景庇护伞成为了文化精英的暂时避难所。现在，在未被注意的层面，风景的作用也大致相同，但庇护的群体更趋于广泛。风景的文化赋值跨越了阶级的鸿沟，但还没有跨越种族的疆界。湖区和峰区国家公园这类地区对传统高地农耕风景的保护，仍可看作是薄薄面纱之下民族身份认同的浪漫化象征，"悲悼着曾经的英格兰"②。

英国文化地理学家 D. E. 科斯格罗夫强调风景具有权力与物质的两面性，他基于风景"可视性"的形成过程提炼出来的对"如画风景与土地所有权及使用""空间的控制与集体认同""风景性别化"③ 等议题的思考在达比的《风景与认同》一书中得到了充分的体现。由此可见，风景是一种集美学秩序、传统秩序和意识形态为一体的文化实践和文化建构。农耕景观是英国身份具象化的表征，其中湖区和峰区成为两个最具代表性的民族风景。"二战"之后，英国自身国力的衰弱和世界影响力的下降以及苏格兰和威尔士民族主义的再现使国家认同成为突出的问题，这一问题促发了学界对"英国性"的再思

---

① 张振威、赵智聪、杨锐：《英国漫游权制度及其在国家公园中的适用》，载《中国园林》2019年第1期。

② [美] 温迪·J. 达比：《风景与认同：英国民族与阶级地理》，张箭飞、赵红英译，译林出版社2018年版，第290页。

③ 张箭飞、林翠云：《风景与文学：概貌、路径及案例》，载《云南师范大学学报（哲学社会科学版）》2016年第3期。

考。在城市化和现代化的进程中,虽然工业景观和城市精神也进入了国家形象建构的视域,但充满野性自然的"绿色的英格兰"① 对于英国人来说仍是国家认同的基础。英国前首相卡梅伦就曾于 2011 年表示,他相信美丽的乡村风光是英国的国家财富,为了所有人的利益,"这份财富应该得到珍惜与保护"②。

达比是美国人类学家,具有新旧大陆的双重背景,深谙人类学和历史学的研究思路和方法。《风景与认同》即是她以"风景"为线索,以英国为个案,采用跨学科的方法展开的研究。她通过透视"风景"背后的文化赋值,阐明了英国阶级意识、风景建构、文化地理和民族认同之间的相互影响和形成过程。该书最突出的特点是打破学术壁垒,既使用历史学的考据思路,综合考察了"风景"在两百多年间与英国阶级关系和民族身份认同之间的互动关系,也运用人类学田野考察和口述史方法,对徒步者群体进行了细致的观察和参与访谈。达比还借用本尼迪克特·安德森"想象的共同体"的概念,在文化地理学的知识图景中,将空间、地方、性别、文学作品和语言地图等多种要素纳入对英国风景的考量之中。该书包含的信息量丰富,极大地拓展了读者的知识面和学术视野。达比在书中对乡村和地方景观的关注和对工人阶级和女性群体的书写体现了她立足于社会现实的人文关怀精神和学术问题意识,正如她在该书导论一开始所指出的:"人们在重要而富有象征意义的风景区休闲,以此建构自己的身份——这是人类学很少涉猎的话题,即使这类话题在西欧、亚洲和美国等富裕国家许多个人生活中起着日益重要的作用"③。

---

① 陈璟霞:《"绿色的英格兰"与风景画:风景和艺术的国家建构功能》,载《外国文学》2020 年第 1 期。

② 任有权:《文化视角下的英国城乡关系》,载《南京大学学报(哲学·人文科学·社会科学)》2015 年第 6 期。

③ [美]温迪·J. 达比:《风景与认同:英国民族与阶级地理》,张箭飞、赵红英译,译林出版社 2018 年版,第 1 页。

讲述唐人街的内部故事
——华裔作家伍慧明《骨》中的空间叙事

蔡晓惠*

摘要：在华裔美国作家伍慧明的《骨》中，空间承担着重要的叙事功能：作者以文本中的地点和空间为导向，讲述唐人街上华裔的历史，探索早期美国排华政策对唐人街社区和华裔族群所产生的后续影响；通过一系列空间场景的描绘，展现唐人街华人劳工阶层日常生活的艰辛，并以此批判种族化劳工在美国社会经济体系下所承受的残酷剥削；《骨》中唐人街内与外的空间对比与唐人街华人的空间体验消解了官方叙事中的同化神话，凸显出存在于唐人街与主流社会之间的社会及心理鸿沟、华人融入主流社会的种种障碍和艰难。

关键词：《骨》；唐人街；空间叙事；华人移民

一、引言

出版于1993年的《骨》（*Bone*）是新生代华裔作家伍慧明（Fae Myenne Ng，1956—）沉十年之功精心创作的处女作，也是华裔美国文学史上继《吃碗茶》《华女阿五》《女勇士》等之后的又一部唐人街小说。故事围绕旧金山唐

---

* 蔡晓惠，文学博士，南开大学外国语学院副教授，加拿大西门菲莎大学访问学者（2019.08—2020.08）；主要从事北美华裔文学与文学空间批评研究。曾主持天津市社科项目"美国华人文学空间叙事研究"以及多项南开大学校级科研项目，并参与南开大学刘英教授主持的国家社科重大项目"美国文学地理的文史考证与学科建构"；在《当代外国文学》《中国比较文学》等期刊上发表论文十余篇。

人街上一家华裔移民家庭展开，以大女儿蕾拉的视角，追溯了二女儿安娜自杀的原因，并以此为线索，勾连出这个华裔家庭的隐秘和历史。

小说呈现出明显的重空间而轻时间的趋势：全书很少出现明确的时间指向，甚至整个故事发生的时间背景也未作交代，读者只能通过社会背景大致推断出是 20 世纪七八十年代。与此相反，小说的地点和空间以一种极其清晰和准确的方式标注出来，作者足迹所至，均给出准确地标，读完全书，展现在读者面前的是一幅清晰的旧金山唐人街及其周边地图：利昂的临时住所"三藩公寓"在克莱街上；安娜自杀的地方是南平园 M 楼；L. L. 杂货店在太平洋大道上，挨着鲍威尔街；翁·梁洗衣店在麦克阿里斯特街和坦得伦的破烂街边上……凡此种种，表明作者在叙述过程中有着强烈的空间意识，似乎在有意向读者展示唐人街及其周边地理。

蕾拉的叙事冲动，很大程度上是激发于唐人街内外视角的差异：对于到此一游的白人而言，唐人街不过一种异国情调的展示；格兰特大街、朴茨茅斯广场等唐人街地理，对他们而言可能只是无意义的符号：他们从来不曾深入唐人街，也缺乏对唐人街内部居民及其生活的理解和共情。因此整部小说可以视作蕾拉对唐人街"内部故事"的讲述，它体现了唐人街华裔的视角，是对将唐人街视作"异国情调观赏空间"东方主义视角的反拨。通过文本，作者带领读者走过唐人街的大街小巷，以空间和空间引发的记忆为叙事手段，讲述真实的、属于华人移民本身的唐人街内部故事。因此，《骨》中的空间承担着重要的叙事功能，甚至一定程度上可以说，空间本身就是叙事者。

二、唐人街·三藩公寓·朴茨茅斯广场：历史的空间讲述

历史总是在特定的空间里发生，也必然会在空间里留下痕迹。这些被历史铭刻和书写过的空间便成为历史的保留和见证，他们会超越时空向人们讲述曾经发生过的事件以及它所经历的荣辱与起伏。西安的皇宫讲述着大唐的盛世繁华，圆明园的断壁残垣见证了八国联军侵华的屈辱，所以，"生命可以终止，事件可以完结，时间可以流逝，但只要历史发生的场所还在，只要储藏记忆的

空间还在，我们就能唤起对往昔的鲜活感觉"①。

唐人街就是这样一处历史的场所。尽管现在的唐人街成为具有文化特色的族裔聚居区，其最初的形成和发展却见证了早期华人移民在异国他乡筚路蓝缕、饮辱含悲的艰难历程。华人成批移民美国始于 19 世纪中后期：当时的中国内外交困，百姓民不聊生，而美国正值西部开发和工业发展时期，需要大批劳动力，因此广东沿海地区的农民为了维持生计，在中间商的蒙骗利诱之下，纷纷出海来到美国。早期华工为美国的西部开发和铁路建设作出了巨大贡献。但是此后不久，全美各地掀起了排华浪潮：很多地方发生白人暴动，华工遭到袭击和杀害，华工住宅也被劫掠和焚烧。严苛的社会环境迫使华工退居一隅，守望相助，于是产生了最早期的唐人街。1882 年，美国政府颁布《排华法案》，这一法案在之后的六十年里一直有效。美国社会自上而下的排华运动使唐人街长期隔离于主流社会之外，成为美国境内的移民飞地和他者空间。现在，制度上的排华虽然已经废除，这一段黑暗的历史却在唐人街地理及空间内留下了不可磨灭的痕迹。

当《骨》中的蕾拉带领读者穿越唐人街的大街小巷时，便与美国华裔这一段被侮辱、被损害的历史不期而遇。小说最开始，蕾拉去唐人街寻找利昂，她最先停留的地方便是利昂暂时的栖身之所——克莱街上的三藩公寓。三藩公寓是一个"老男人寓所"（old-man hotel），利昂没结婚的时候就在此居住，利昂的纸生父亲②梁爷爷也曾在此居住。三藩公寓是唐人街"单身汉社会"（bachelor society）的历史残留和空间见证。1882 年的《排华法案》禁止一切华工入境，也包括女性，断绝了在美华工妻眷来美团聚的可能性，导致唐人街男女比例严重失调：1860 年为 19∶1，1880 年为 27∶1，1910 年 14∶1，1920 年 7∶1，1940 年 3∶1③；美国各州还颁布了"反异族通婚法"，禁止白人与华人通婚。这造就了唐人街绝无仅有的畸形社会形态——"单身汉社会"。这种单一

---

① 龙迪勇：《空间叙事学》，生活·读书·新知三联书店 2015 年版，第 60 页。

② 纸生父亲（paper father）是与"纸生子"（paper son）相对而生的一个概念，指代美国《排华法案》有效期间，一些在美已获得公民身份的华人移民通过出售假文件帮助并非自己子女的中国人入境，并与这些非亲生子女成为法律意义上的父子/父女关系。

③ Stanford M. Lyman, *Chinese American*, New York: Random House, 1974, p. 88.

性别的社会群体,在唐人街的建筑和空间建构上打下了烙印。三藩公寓就是这样一处专门针对华人单身汉的建筑。在这个高度性别化的空间里,"每层楼里有一个卫生间和一个洗澡间,休息室是大家共用的。没有厨房"①。从空间分布和生活设施的配备上可以看出,三藩公寓不仅缺乏最起码的私密性,也不适合家庭生活,这不仅仅是经济条件的穷困,更体现了伍德尧(David L. Eng)所说的美国社会对华裔男性的"种族阉割"(racial castration)——制度上的排华剥夺了华裔男性享有正常婚姻和家庭生活的权利,它正是"华裔美国人在美国国家空间内作为被镇压的他者所处的社会地位的空间体现"②。虽然20世纪末期的唐人街已经转变为家庭社区,摆脱了男女比例严重失调的畸形处境,但是像"三藩公寓"这样的场所依然唤起并讲述着华裔族群被歧视、被欺压的历史。

早期"单身汉社会"的生活方式不仅在唐人街的居住空间上打下烙印,也在公共空间里留下了痕迹。蕾拉很讨厌去唐人街的朴茨茅斯广场,不仅仅因为那里总是聚集着很多无所事事的老年男性(早期单身汉社会的遗产),作为单身女性的她还要承受很多来自这些老单身汉的盯视。对年轻异性的这种过度关注不能解释为华裔男性本身的色情趣味或道德水平低下,而是早年单身汉社会留下的心理折射。由于缺乏女性和家庭生活,嫖妓成为早期唐人街生活的常见现象,"即使买卖华人妓女逐渐衰退以后,白人、黑人、混血妓女依然来唐人街找生意。因为各种族的妓女都知道这些被美国社会看不起的华人很孤独,又没有女人,所以他们经常在大清早或者中午光顾单身汉们的洗衣店或者勾引廉价中餐馆的服务员"③。尽管20世纪末的唐人街这种情况已经缓解,早期单身汉们生活方式却不会轻易根除。广场上打牌的老单身汉的穿着描绘也更印证了这一点:他们衣服的领子破旧,扣子脱落了,脱线的地方用别针别住,衣服口袋上缝着补丁。家庭生活的匮乏在老单身汉的心理、生理和行为上都产生了

---

① Fae Myenne Ng, *Bone*, New York: Hyperion, 1993, p. 4.

② Xiaojing Zhou, *Cities of Others: Reimagining Urban Spaces in Asian American Literature*, Seattle: University of Washington Press, 2014, p. 98.

③ Elain H Kim, *Asian American Literature: An Introduction to the Writings and Their Social Context*, Beijing: Foreign Language and Research Press, 2006, p. 100.

深刻的影响。

《骨》中的叙事跟随叙事者蕾拉移动的脚步,以空间为导向,勾连起唐人街上华裔的历史,探索了早期美国排华政策对唐人街社区和华裔族群所产生的后续影响,正如刘丽莎(Lisa Lowe)在《移民法案》中所说:"《骨》中的历史就是空间的历史,是唐人街社区有着丰富沉积的方言空间的历史考古"①。

三、新移民公寓·血汗工厂·鲑鱼巷:华人劳工阶层的生活图景

法国城市社会学家列斐伏尔(Henry Lefebvre)提出,"社会空间是在生产力与生产关系的结合中不断生产与再生产的……社会空间包含各种各样的客体,自然的和社会的,也包括促进物资和信息交换的网络和渠道。这样的客体不仅包括事物也包括关系"②。他又进一步指出,社会劳动可以改变这些客体和空间的关系。唐人街就是这样的社会空间——作为美国国家空间的一部分,唐人街也被纳入资本主义经济链条,成为资本、劳动力和商品交换中的一环。唐人街作为空间表征和表征空间也体现了这种生产关系的渗透。

早期的唐人街,是以洗衣店、杂货店、餐馆和礼品店等服务行业为主的小规模"前资本主义"经济模式。20世纪六七十年代,美国洗衣业引进先进机器设备,洗衣机和烘干机也在中产阶级家庭日益普及,这给传统的小规模家庭作坊式的唐人街经济造成巨大冲击,这些行业需要不断延长工作时间和增加劳动强度才勉强得以维持。与此同时,由于《排华法案》的废除和1965年新移民法案的通过,大量华人女性移民涌入唐人街,她们为纽约、旧金山等城市日趋衰败的服装业提供了廉价劳动力,城市的服装业因此得以复兴。服装业的兴起把唐人街纳入了美国资本主义生产体系之中,成为其生产的大后方:旧金山、纽约的唐人街出现许多由华人雇主开办的血汗工厂。唐人街的大部分行业

---

① Lisa Lowe, *Immigrant Acts*, Durham: Duke University Press, 1996, p.120.
② Henry Lefebvre, *The Production of Space*, Trans. Donald Nicholson-Smith, Cambridge: Basil Blackwell, 1991, p.77.

都是处于美国核心经济边缘的外围经济,承受着来自主流市场的"社会结构性歧视"和残酷剥削。

《骨》中的空间描写提供了一幅在这样的经济结构之下的唐人街图景。

作为一名中文学校的社区关系专家,蕾拉需要经常家访与学生家长进行沟通。这些学生的父母大部分都是新移民,他们居住的狭窄公寓里,"电视旁边就是缝纫机,饭碗堆在桌子上,卷起的毯子推在沙发一边,纸箱子到处都是,有的被收拾收拾当凳子、餐桌或者书桌"①。美国城市学家爱德华·索亚认为,空间的主体性与主体的存在空间存在一种辩证关系,"一方面,我们的行为和思想塑造着我们周遭的空间,但与此同时,我们生活于其中的社会性或集体性生产出的更大空间与场所,也在我们只能去理解的意义上塑造着我们的行为和思想"②。新移民居住环境的拥挤、简陋是他们经济状况和生活方式的体现,同时也在更大范围内反映出塑造这种生活方式的整体社会环境和生产关系。

新移民从事的大多是稳定性差、收入微薄、劳动密集型工作,这就是唐人街在美国劳务市场的生存现实,"美国劳动市场的种族分层确保有一些人口在就业市场没有选择只能从事低薪的工作。种族人口权利的剥夺使得种族剥削成为可能,但是这却被民主平等的国家意识形态所掩盖和否认"③。历史上的种族歧视把华人挤出了体面的行业,而把白人不愿从事的洗衣、餐饮等工作甩给唐人街的华人,这样的传统又进一步强化了美国社会的职业偏见。伍慧明笔下"新移民公寓"作为被美国生产关系和劳工市场生产出来的空间,就像新移民生活的一个切面,凝缩展现了华人劳工阶层的艰辛,也体现了唐人街作为种族化的空间与美国国家空间的关系。

美国城市服装业的兴起对唐人街生活的影响也在《骨》中的空间书写中得到深度展现。这种行业的运营模式是:由华人承包商从白人厂家那里获得订单,雇佣唐人街的廉价劳工完成订单;白人厂家往往利用华人在劳工市场的弱

---

① Fae Myenne Ng, *Bone*, New York: Hyperion, 1993, p. 17.

② [美]爱德华·索亚:《后大都市:城市和区域的批判性研究》,李钧译,上海教育出版社2006年版,第77页。

③ Juliana Chang, "Melancholic Remains: Domestic and National Secrets in Fae Myenne Ng's Bone", *MFS Modern Fiction Studies*, Volume 51, Number 1, Spring 2005, p. 113.

势而压低价格，华人承包商为了赚取利润和压低成本，经常无视政府关于最低工资和安全生产的条例。《骨》中的汤米·洪就是这样的承包商。蕾拉的母亲（即文中的"妈"，下文统称为"妈"）和唐人街上的很多女工就在他所开的血汗工厂从事缝纫工作。唐人街的血汗工厂已被主流社会纳入资本主义生产关系，作为其利益链条的最底层，华人女工被限定在血汗工厂之内，承受着来自主流社会的残酷压榨，为了赶工期和完成订单，这些女工不得不经常加班，工作环境也相当恶劣。非人化的工作环境和高强度的劳动对这些华人女工的身体损害可以想见。几年血汗工厂的工作下来，妈的身体起了变化，"她的脖子软了下来，肩膀变得沉重"[①]。美国主流社会资本主义利益的最大化是以对华人移民女工身体的残害为代价实现的。唐人街的血汗工厂集中体现了多琳·马西（Doreen Massey）所说的"资本对在它面前展现的地理差异和不平等的积极利用"[②]。

不仅如此，工作还强势渗入唐人街华工的家庭生活，"妈的家庭领域从来都不纯粹，因为它已经被资本主义生产关系渗透和'污染'了"[③]，妈在鲑鱼巷的家不过是另外一个工作场所，跟唐人街大部分的缝纫女工一样，妈要经常把缝纫活带到家里，加班加点地工作。华人女工疯狂工作的动力来源于唐人街制衣厂计件工资制的激励，而按件取酬在美国白人劳工市场是非法的。这种非法的工资制度却被唐人街制衣厂普遍采用，使得华人女工在家加班成为常态。更为不公的是，唐人街华人女工的工资标准远远低于国际女子服装工会的标准，华人女工用超长时间和高强度劳动换得的薪酬，可能还不及主流社会劳工正常上班的工资。虽然唐人街制衣厂加入了工会，可是因为处在被美国国家空间高度边缘化的唐人街，华人女工根本享受不到工会的福利和保障[④]。这种不符合行业规范的工作形态也只有在唐人街才会看到，"它标志着在美国国家空间内种族化城市空间的不统一和不连续。它是一个不被国家语言论及也不存在

---

① Fae Myenne Ng, *Bone*, New York: Hyperion, 1993, p.163.
② Doreen Massey, *Space, Place and Gender*, Minneapolis: University of Minnesota Press, 1994, p.23.
③ Juliana Chang, "Melancholic Remains: Domestic and National Secrets in Fae Myenne Ng's *Bone*", *MFS Modern Fiction Studies*, Volume 51, Number 1, Spring 2005, p.126.
④ Peter Kwong, *The New Chinatown*, New York: Hill and Wang, 1987, pp.64-65.

于国家语言之中的空间"①。

在《骨》中,蕾拉的讲述带领读者走出作为旅游景点的唐人街路线,描绘出一幅华人劳工阶层的真实生活图景,从另一种角度讲述了唐人街的"内部故事":华人劳工阶层日常生活的艰辛以及他们美国梦的破碎,并以此批判唐人街在美国社会经济体系下所承受的残酷剥削和"结构性歧视"。唐人街是被美国国家空间和资本主义体系生产和再生产出来的社会空间,因此"唐人街的建筑与街道,空间之间的关系,个人与工作、娱乐、生死之间的关系都证实了美国社会为了增加生产力和产生必要的生产关系而对唐人街进行重组的方式"②。

四、唐人街内与外:同化神话的消解

在《骨》之前的唐人街小说中,不乏华人通过不断奋斗和努力走出唐人街、最终被主流社会接受的成功故事,比较有代表性的是林语堂的《唐人街家庭》和黄玉雪的《华女阿五》。这两本书在美国社会的广泛流通造就了华裔少数族群在美国的"同化"(assimilation)神话和华裔"模范少数民族"(model minority)的刻板形象。《骨》中的空间叙事却在很大程度上解构了这种被官方叙事认可的叙事模式,通过唐人街内与外的空间对比与唐人街华人空间体验,凸显出存在于唐人街与主流社会之间的社会及心理鸿沟、华人融入主流社会的种种障碍和艰难。

先从翁·梁洗衣店的失败谈起。

利昂一直都梦想着发财致富,与鲁西阿诺的结识让他以为有了梦想实现的机会。从某种意义上说,鲁西阿诺是唐人街世界的闯入者,是迥异于唐人街华人的一个异类,从外貌(骨架很大,宽宽的背,声音洪亮,是朴茨茅斯广场上个子最高的)、行为(出手阔绰,付给停车的侍者二十美元小费,开着黑色的大蒙特卡洛,带着劳力士手表)到言语(总有挣大钱的计划,但总是少那

---

① Lisa Lowe, *Immigrant Acts*, Durham: Duke University Press, 1996, p. 122.

② Lisa Lowe, *Immigrant Acts*, Durham: Duke University Press, 1996, p. 120.

么一千美元，少那么一个人手），鲁西阿诺本人似乎就是财富、成功和美国梦的化身。利昂把鲁西阿诺臆想成为理想的合作者，"想成为鲁西阿诺缺少的那一个人手，希望有幸补上能让他发财计划实现所缺的那一千美元"①。在对成功和财富的热切渴望中，利昂没有意识到鲁西阿诺光鲜外表和夸夸其谈背后的欺骗性，换言之，他没有认识到"美国梦"之后的陷阱和其本身的虚幻性。利昂一家从银行里取出辛辛苦苦攒下的积蓄，与鲁西阿诺合伙开起了翁·梁洗衣店。

翁·梁洗衣店开在麦克阿里斯街，在坦得伦的破烂边缘。这个地方远离唐人街，蕾拉一家人去那里需要经过长途跋涉，"先乘开往市中心的30路斯托克顿公共汽车，再换乘吉尔里38路，在波尔克下车后再走两个街区，经过几家按摩厅和只限男性的脱衣舞厅，还有有名的米歇尔兄弟剧院"②。远离了唐人街，也就远离了唐人街内的道德约束和游戏规则，它的资金、运营、人员也理所当然被纳入主流社会的商业法则之内。然而，从唐人街出来的利昂，既没有与白人社会斡旋的英语能力和知识储备，也缺乏应对主流商业社会的世故和精明。开业之初，他们按照唐人街的方式，依赖"旧世界的彼此信任"，只是握了握手就把交易定下了，没签合同，也没有法律上的合作关系。开业以后，利昂虽然名义上是翁·梁洗衣店的合伙人，但他实际承担的职责跟在唐人街内从事的工作并没有本质的差别，只知道埋头在洗衣房的地下室干活。他天真地把所有的资金和账务都交由鲁西阿诺打理，自己心甘情愿地当着免费劳工。当妈提醒利昂要防着点鲁西阿诺时，利昂还声称自己喜欢这样的角色分工，"鲁克是说话的，利昂是干活的"③。鲁西阿诺和利昂之间，与美国社会和唐人街之间，似乎形成了一种微妙的呼应：鲁西阿诺象征着美国：他掌握着财富资本和话语权利，他谙熟美国社会的游戏规则和商业法则，他与利昂表面上的合作关系掩盖了实际上的地位不平等和潜在的劳动剥削。

翁·梁洗衣店最后的倒闭与其说是经营不善，倒不如说是鲁西阿诺的恶意

---

① Fae Myenne Ng, *Bone*, New York: Hyperion, 1993, p. 165.
② Fae Myenne Ng, *Bone*, New York: Hyperion, 1993, pp. 166–167.
③ Fae Myenne Ng, *Bone*, New York: Hyperion, 1993, p. 169.

欺诈。因为利昂一家人到洗衣店上班时才发现洗衣店已经被封，而事先没有接到任何通知和警告。鲁西阿诺早已知晓，并且拒不接打利昂的电话。利昂按照"旧世界的方法"①（唐人街的方法）去找鲁西阿诺理论，回来的时候，"脸上又青又肿，腿一瘸一拐的"②。

利昂是唐人街万千底层华工的一员，他身上体现的是唐人街的道德标准、思维方式和行为模式，走出唐人街的世界，利昂在主流社会里输得一塌糊涂（利昂一家人在洗衣店几个月的辛勤劳动没有拿到薪水，全部的积蓄付之东流），撞得头破血流（身体上精神上都是如此）。梁家人为翁·梁洗衣店投入了巨大心力，不仅妈和利昂没日没夜地在店里干活，三个女儿在维持各自工作和学业的同时也要随时到店里帮忙。一家人的忙碌和辛苦没有换来梦寐以求的生活，却落得负债累累。这似乎是对美国国家意识形态中经常宣扬的"美国梦"的暗讽。"美国梦"神话让人们相信：美国是一个自由和平等的国度，任何人只要吃苦努力，就可以获得成功。梁家人的经历有力消解了"美国梦"的神话。翁·梁洗衣店的失败不仅意味着利昂美国梦的破灭，也意味着华工阶层融入美国社会的艰难与不切实际。

以利昂为代表的华人在唐人街之外的无能与挫败使他们更加退缩和局限于唐人街的生存模式，这使华工与主流社会的接触更陷入一种恶性循环。唐人街内/外和安全/危险的二元对立表明唐人街和外面的世界之间不仅存在空间上的距离和间隔，更存在社会上和心理上的鸿沟。唐人街内与外的空间界线可以很容易模糊或者跨越，而社会学层面或者心理层面的距离却很难在短时间内弥合。唐人街华人主体性本来就是在与社会、历史紧密相关的唐人街空间之内建构起来，也承担了内含于唐人街空间的社会及心理影响，唐人街在主流社会长期被边缘化、他者化的现实，唐人街内部的生存现状使得唐人街华裔在与唐人街外部世界打交道时更加清醒地意识到唐人街内与外的差距和两种生存方式的难以兼容。

---

① Fae Myenne Ng, *Bone*, New York: Hyperion, 1993, p.171.
② Fae Myenne Ng, *Bone*, New York: Hyperion, 1993, p.171.

五、结语

　　《骨》中的人物基本上都生活在唐人街之内或者附近，他们的工作、社交、家庭活动似乎都局限在唐人街，尽管他们也在唐人街之外寻找向上流动（upward mobility）的机会，但是这种努力往往以失败而告终；他们在唐人街外的社交、娱乐也往往是负面的、不愉快的（比如蕾拉在唐人街外美国餐馆就餐时的异质感和疏离感；再比如齐克在克莱门街戏剧俱乐部所遭遇的针对华人的种族主义笑话等）。这种不愉快的经历也更深化了唐人街内外的社会心理距离。伍慧明《骨》中的唐人街表征方式和空间叙事不仅揭露和批判了长期的种族隔离给华人社区所带来的社会、经济和心理影响，也反映了这些影响如何进一步强化了唐人街的社会隔离和边缘化。这表明，华人社群在美国主流社会的融合和社会经济地位的提升并不像早期唐人街叙事所宣扬的那么乐观，所谓的"模范少数族裔"也不过是掩盖了很多唐人街华裔生存现实的政治宣传。真正消除排华法案和长期种族隔离所带来的种族以及社会阶层的不平等还有很漫长的路要走。

　　（本文原载于《华文文学》2018年第4期，第93—100页，收录于本文集时略有改动。）

索尔·贝娄的芝加哥城市风景书写
——以《奥吉·马奇历险记》为中心

简 悦*

摘要：《奥吉·马奇历险记》由美国诺贝尔文学奖获得者、犹太裔作家索尔·贝娄创作，堪称一部芝加哥城市风景小说。在小说中，城市风景作为重要的叙事单元，言说着丰富的意涵。小说对芝加哥"第一城市"后期城市风景的多重特写，隐喻着犹太青年奥吉·马奇走出隔都、桥接都市现代性的现代化之旅，揭示了芝加哥城市发展的内在张力，暗示了贝娄对现代性的批判，表达了如奥吉一样的芝加哥人逃离城市、回归田园的精神诉求。

关键词：《奥吉·马奇历险记》；芝加哥；城市风景；现代性

引 言

《奥吉·马奇历险记》（*The Adventures of Augie March*，1953，以下简称《奥吉》）是美国诺贝尔文学奖获得者、犹太裔作家索尔·贝娄（Saul Bellow，1915—2005）创作的一部长篇小说，一经问世，便取得巨大成功，为贝娄赢得

---

* 简悦，南开大学外国语学院副教授，文学博士，美国休斯敦大学英语系访问学者，研究方向为美国文学与文化。

美国国家图书奖，由此奠定了他在美国文学史上不朽的地位。贝娄称之为"随遇而安的流浪汉小说"（catch-as-catch-can picaresque）。

"历（冒）险是美国文化的重要组成"①。犹太移民后裔奥吉·马奇在小说甫一开篇便骄傲地宣称："我是个美国人，出生在芝加哥"②。奥吉美国公民身份的确立不但将其流动性最大化，也为其行将开始的"历险"背书。他步履不停，随心而行，凝视芝加哥风景，历经人生海海。"风景作为与语言和绘画相似的符号，具有表征、价值储存和交换等功能。"③《奥吉》中的城市风景（cityscape）不是静默不语的环境、背景，而是作为重要的叙事单元，言说着丰富的意涵。在此意义上，《奥吉》堪称一部城市风景小说。小说对芝加哥"第一城市"④后期城市风景的多重特写，隐喻着主人公奥吉走出隔都、桥接都市现代性的现代化之旅，揭示了芝加哥城市发展的内在张力，暗示了贝娄对现代性的批判，表达了如奥吉一样的芝加哥人逃离城市、回归田园的精神诉求。

一、历险者的芝加哥浮世绘

在美国，随着大批犹太移民的涌入，隔都悄然兴起。不同的是，美国的犹太人隔都已经褪去了欧洲种族隔离的色彩，更多的是犹太人自发形成的、没有围墙的社区，以此维系其在旧世界所形成的生活秩序。奥吉一家人便生活在芝加哥西北区的犹太人隔都。然而，自12岁起，奥吉每到夏天便被劳希奶奶打

---

① Martin Green, "Cooper, Nationalism and Imperialism", *Journal of American Studies*, Vol. 2, 1978, p. 161.
② [美] 索尔·贝娄：《奥吉·马奇历险记》，宋兆霖译，上海文艺出版社2015年版，第1页。
③ [美] W. J. T. 米切尔：《风景与权力》，杨丽等译，译林出版社2020年版，第15页。
④ 美国城市社会学家拉里·本内特（Larry Bennett）在专著《第三城市：芝加哥和美国城市主义》（*The Third City*: *Chicago and American Urbanism*, 2010）中将芝加哥的历史发展划分为第一城市、第二城市和第三城市三个阶段。第一城市从19世纪的美国内战到大萧条时期；第二城市指芝加哥的"铁锈地带"（the Rust Belt）时期，从1950年至1990年代，芝加哥步入衰退；第三城市则从20世纪末延续至今，这是芝加哥重铸昔日辉煌、再展雄风的阶段。

发出去"品尝人生的滋味,也为了取得一点赚钱的本领"①。他以此为契机,离开隔都,在"历险"中描绘出一幅颇具张力的芝加哥浮世绘。

风景"充当社会、经济和政治历史的宝库。人们与自己的容身之地朝夕相处,并赋予它各种意义"②。《奥吉》中,贝娄从区划、建筑、街道等景观要素以及芝加哥居民构成入手,展现了芝加哥的双重性、矛盾性。这里,贫穷与富有对照,繁华与破败并存,一边是熙攘的闹市、高档的郊区,另一边则是"富裕海洋中的贫穷小岛"③。

卢普区是芝加哥的商业、文化中心和交通枢纽,这里寸土寸金,只有占地面积小但获利丰厚的业态在此立足,如百货商店、戏院、餐厅、咖啡厅等,市政厅、拉萨尔街车站也坐落于此。贯穿区内的拉萨尔街(La Salle Street)高楼林立,是芝加哥的"华尔街",经济大萧条期间,很多破产者从摩天大楼上纵身而亡。卢普区被北区(the North Side)、西区(the West Side)和南区(the South Side)三面包围,形成一个以下层社会为主体的过渡区。贫民窟、工厂、仓库、五金店、理发店、夜总会、台球房、妓院、赌场、福利院、老人院等汇集于此。从美国南方迁居来的黑人通常在南区落脚,形成了一个黑人居住带(the Black Belt)。主人公奥吉和哥哥西蒙就读的市立学院俨然是芝加哥种族"色拉碗"的缩影。"学生们清一色是来自各地的移民子女,有的来自'地狱的厨房',有的来自小西西里,还有黑人区来的,波兰移民区来的,洪堡公园附近的犹太居民街来的……"④过渡区拥挤不堪、肮脏嘈杂,十分不宜居。

芝加哥东部则坐拥密歇根湖,形成了一道风景秀美、空气怡人的黄金水岸(the Gold Coast)。包括埃文斯顿(Evanston)在内的北岸(the North Shore)是芝加哥富人的天堂。"沿着湖岸(向北区)行驶,你便离开了枯萎的树木,灰

---

① [美]索尔·贝娄:《奥吉·马奇历险记》,宋兆霖译,上海文艺出版社2015年版,第16页。

② [美]温迪·J. 达比:《风景与认同:英国民族与阶级地理》,张箭飞等译,译林出版社2018年版,第5页。

③ Steven Oates, *Let the Trumpet Sound: The Life of Martin Luther King, Jr*, New York: Harper and Row, 1982, p. 379.

④ [美]索尔·贝娄:《奥吉·马奇历险记》,宋兆霖译,上海文艺出版社2015年版,第156—157页。

砖砌成的密集房屋，拥挤不堪、劳苦贫穷的分立一旁的另一个芝加哥"①。在北岸，有一条"有钱人住的市郊的特殊路线——高地公园、凯尼尔沃思，还有文内特卡"②。这里住着旅馆经理夫妇、专卖贵重器皿的商人、爱好饲养马车狗的政客太太。富人区到处是城市社会学家沙伦·祖金（Sharon Zukin）所说的"权力景观"（landscapes of power），其静谧、舒适、便利吸引了一大批城市精英到此买房置业、休养生息。

现代性总是与"生活的可能性和风险的体验"密切相关，可以说，历险是"成为现代的"门径之一③。对于奥吉而言，"历险"有着非凡的人生意义。它隐含着美国犹太人摆脱隔都传统束缚、桥接都市现代性的解放逻辑。与此同时，风景与现代性密不可分，是现代性的一种表征方式。"现代意义上的'风景'正是主客对话、游踪变化和观看的结果。……作为一种现代性的认识装置，风景的发现其实是人的主体性的发现。"④ 在历险的过程中，随着城市风景的不停切换，奥吉得以深入芝加哥的肌理血脉，洞见城市的内在张力，完成了属于自己的现代化旅行。

二、"那座灰暗的城市芝加哥"

色彩是城市风景重要的表层审美要素之一。"一个城市总有其底色，就像在画油画之前在画布上涂上底色一样。"⑤ 贝娄承袭了芝加哥文学谱系中"黑暗之城"（the Dark City）的书写传统。在小说中，主人公奥吉诉诸视觉，开门见山地说："（我）出生在芝加哥——就是那座灰暗的城市芝加哥"⑥。

文学中的风景具有建构性，体现作家的"凝视秩序和文化逻辑"；作家将

---

① ［美］索尔·贝娄：《奥吉·马奇历险记》，宋兆霖译，上海文艺出版社2015年版，第309页。
② ［美］索尔·贝娄：《奥吉·马奇历险记》，宋兆霖译，上海文艺出版社2015年版，第162页。
③ Marshall Berman, *All That Is Solid Melts into Air*: *The Experience of Modernity*, New York: Verso Books, 1983, p. 15.
④ 林铁：《风景的现代性：旅行与现代文学关系的三种考察方式》，载《中国文学研究》2022年第1期。
⑤ 孙逊：《城市史与城市社会学》，上海三联书店2013年版，第146页。
⑥ ［美］索尔·贝娄：《奥吉·马奇历险记》，宋兆霖译，上海文艺出版社2015年版，第1页。

自身对风景的甄选、"对现实不同程度的复制和文化想象"① 呈现给读者,从而塑造读者的地方经验。在文学风景的生产过程中,有些细节特征会被作家有意强调、放大。在小说中,随着情节的展开,奥吉不断地渲染芝加哥的地方色调,"灰暗"笼罩着这座城市,俨然成了它的代名词。芝加哥东区临近密歇根湖的哈里森街,在冬日的下午"满地褐色的雪泥";在夏天的下午,尽是"灰烬、烟尘和草原风沙的褐色石头",政府的免费诊疗所是"一个嘈杂喧闹而气氛阴沉的处所"②。奥吉的弟弟乔治所在的"那所监狱似的学校,像附近最大的建筑——制冰厂和棺材厂一样,是砖砌的,里面阴森森的"③。在伍尔沃斯百货商场附近,"风刮起的尘土使蒙血的星期六变得阴沉沉,一幢幢五层楼房里黑魆魆的轮廓,从各家店铺圣诞的辉煌灯火一直升向什么也看不清的北区的朦胧中"④。到了冬天,芝加哥河也是一派灰暗气象:"黑溜溜"的铁桥钢缆下的"河水中缓缓浮动着的乱七八糟的东西连同垃圾往回倒流着"⑤。即便多年以后,身在墨西哥的奥吉,每每回想起芝加哥,历历在目的仍是城市的晦暗不堪:高架铁路遍布、垃圾成堆、蚊蝇成群、杂乱无章的街道,数不清的到处是废品和空瓶子的回收站。"灰暗"是故乡镌刻在他心灵上永恒不灭的色调。

在列斐伏尔(Henri Lefebvre)的"空间生产"理论中,空间表征(representation of space)是构想空间,由强势集团决定,"往往在(社会—空间)实践中融入意识形态与知识";表征空间(representational space)是"'居住者'和'使用者'的空间,也是艺术家、作家和哲学家试图描绘的空间,是受控的空间,因此也是被动体验的空间,是想象试图改变与调整的空间";"'表征空间'可阐释'空间表征'","也可在极为狭窄有限的范围挑战'空间表

---

① [法]卡特琳·古特:《重返风景:当代艺术的地景再现》,黄金菊译,华东师范大学出版社2014年版,第12页。
② [美]索尔·贝娄:《奥吉·马奇历险记》,宋兆霖译,上海文艺出版社2015年版,第7页。
③ [美]索尔·贝娄:《奥吉·马奇历险记》,宋兆霖译,上海文艺出版社2015年版,第18页。
④ [美]索尔·贝娄:《奥吉·马奇历险记》,宋兆霖译,上海文艺出版社2015年版,第40页。
⑤ [美]索尔·贝娄:《奥吉·马奇历险记》,宋兆霖译,上海文艺出版社2015年版,第45页。

征'"①。事实上，贝娄笔下的芝加哥"表征空间"与城市精英的"空间表征"并存，前者的唱衰与后者的唱好形成鲜明对比。

芝加哥于1871年大火后涅槃重生，迅速崛起。这在很大程度上得益于其持续不断的城市规划。"计划性深植于芝加哥的天性中"②。在其发展史上，以"城市提升"（Boosterism）和"城市美化"（City Beautiful）为内核的"空间表征"扮演了极为重要的角色。在"第一城市"时期，以丹尼尔·伯恩海姆（Daniel Burnham，1846—1912）、路易斯·沙利文（Louis Sullivan，1856—1924）为代表的城市规划者们对芝加哥的未来信心爆棚。伯恩海姆目标远大，怀有鸿鹄之志。沙利文宣称"任何一个人都能在芝加哥身上看出自我表现的原始冲动以及自然的强劲驱动力"，"芝加哥与其说是一个地方，不如说是一种情感：它既恢宏壮美又野性十足，它是一场粗粝宏大的表演，令人耳目一新，这里大事在即"③。

伯恩海姆、沙利文对于芝加哥的浪漫奇景想象，在1893年的哥伦布世界博览会（The Columbian Exposition）上成为现实。为了纪念哥伦布发现美洲新大陆400周年，芝加哥举办了一场盛况空前的世博会，会址设在芝加哥市中心七英里外的南区（the South Side），占据了密歇根湖以西近600公顷的土地。在世博会的主会场"荣耀厅"（Court of Honor），除了沙利文所设计的运输馆（Transportation Building）外，其余建筑均为白色，芝加哥故而得名"白色之城"（the White City）。

对于芝加哥、美国乃至全世界，1893年具有划时代的意义，可谓20世纪的元年。"在即将过去的这个世纪里，世界最伟大的成就在芝加哥变为现实"，"与其说这次世博会是美国的，不如说它是芝加哥的"④。现代性的宏伟蓝图在

---

① 赵莉华:《空间政治：托尼·莫里森小说研究》，四川大学出版社2011年版，第17—18页。

② Carl Smith, *The Plan of Chicago: Daniel Burnham and the Remaking of the American City*, Chicago: University of Chicago Press, 2006, p. 6.

③ William Cronon, *Nature's Metropolis: Chicago and the Great West*, New York: W. W. Norton & Company, Inc., 1991, p. 12.

④ Donald L. Miller, *City of the Century: The Epic of Chicago and the Making of America*, New York: Simon & Schuster Paperbacks, 1996, pp. 488–489.

"白色之城"得到了最完美的呈现。"白色之城"不仅是李曼·弗兰克·鲍姆(L. Frank Baum, 1856—1919)《绿野仙踪》(*The Wonderful Wizard of Oz*, 1900)里的梦幻奇境①,甚至还闪烁着托马斯·阿奎那"上帝之城"(City of God)的光晕。伯恩海姆所设计的"天国般的城市——清洁、有序、安全、开阔——在此表达了对国家未来的坚定信念,它对于那些相信美国将迎来全新的美国时代的人而言,好像一个预言:这个国家的全部大城市都将以此形象整装重建"②。

"白色之城"这一"空间表征"是精英阶层对芝加哥未来发展所规划的蓝图,而贝娄则借奥吉眼中的"灰暗"之城彻底击碎了"白色之城"中人与城市和谐共处、田园牧歌般的想象。"白色之城"所在的芝加哥南区在小说中已然全无1893年举办哥伦布世界博览会时的光彩。奥吉站在屋顶放眼眺望时,他见到的总是与"白色之城"有着云泥之别的景象。"这座灰蒙蒙的城市,到处是一条条的黑色轨道,天空弥漫着庞大工业冒出的烟雾……可怕的沉寂笼罩在城市的上空,就像一场永远找不到言词的审判"③。自19世纪以降,美国和西欧进入城市化、工业化时期。在历史车轮滚滚前行时,"白色之城"所象征的现代性生成的不过是满目疮痍、灰暗、黑魆魆、粗鄙的城市。贝娄以骨感的现实与丰满的理想之间的错位,做出了自己对城市现代性的回应。

三、探险家的"地理大发现"

离开隔都后,奥吉因其所从事的五花八门的职业,而"历险"于城市的四面八方,每到一处,他便接触到三教九流的人物。在小说结尾,奥吉甚至自比大探险家哥伦布。他说:"瞧瞧我,走遍天涯海角!啊,我可以说是那些近在眼前的哥伦布式的人物中的一员,并且相信,在这片展现在每个人眼前的未

---

① 鲍姆的童话故事《绿野仙踪》取景于"白色之城"。
② Donald L. Miller, *City of the Century*: *The Epic of Chicago and the Making of America*, New York: Simon & Schuster Paperbacks, 1996, p. 493.
③ [美]索尔·贝娄:《奥吉·马奇历险记》,宋兆霖译,上海文艺出版社2015年版,第531页。

知的土地上，你定能遇见他们"①。"一个移民，无论是在表现上还是思想上，他都像是一个合法的发现者，或者说是一个开拓者，这在美国文学史上还是第一次"②。既然如此，笔者不禁要问，历险者奥吉的"地理大发现"是什么？

环境设计理论家凯文·林奇（Kevin Lynch）指出，城市意象是建立在人对都市的感知体验基础上的心灵图谱，容纳和体现着人对城市的感知、经验和记忆。一方面，物理意义上的城市作用于个体，并与之发生某种"化学反应"；另一方面，"城市中移动的元素，尤其是人类及其活动，与静止的物质元素是同等重要的……在城市中每一个感官都会产生反应，综合之后就成为印象"③。概言之，城市风景与世间百态合力塑造了个体私人化、个性化的地方意象。在奥吉的具身经验中，最能代表芝加哥的城市意象是丛林。

"城市的底色是其周边自然的色彩，更是其社会历史文化积淀的结果。这种色彩感实际上是整个城市的文化无意识"④。在这个意义上，芝加哥"灰暗"的城市色调是其丛林文化的投影，是其城市幽暗冰冷内核的外化。当奥吉置身于芝加哥的花花世界时，他深刻洞悉了这座城市缺乏人性温度的社会丛林运行机制。芝加哥的城市生活往往遵循三条生存法则：其一为尔虞我诈的聪明人逻辑；其二为适者生存、弱肉强食的强人逻辑；其三为消除个性、皈依类型和标准的从众逻辑。

一如奥吉所言："欺骗别人而又被别人欺骗；虽然依赖欺骗，却又一反常态地相信强者的力量。在整个过程中，任何真情都不让流露，没人知道什么是真的"⑤。在都市丛林中，像奥吉一样真心实意的人没有立锥之地。在闹市的萨拉尔街车站卖报纸时，奥吉几乎每天都要少块把钱，因此被老板鲍格辞退。哥哥西蒙责备他是个笨蛋，像傻弟弟乔治一样没有脑子。相形之下，"聪明"

---

① ［美］索尔·贝娄：《奥吉·马奇历险记》，宋兆霖译，上海文艺出版社2015年版，第675—676页。
② ［美］索尔·贝娄：《奥吉·马奇历险记》，宋兆霖译，上海文艺出版社2015年版，第679页。
③ ［美］凯文·林奇：《城市意象》，方益萍等译，华夏出版社2021年版，第1页。
④ 孙逊：《城市史与城市社会学》，上海三联书店2013年版，第146页。
⑤ ［美］索尔·贝娄：《奥吉·马奇历险记》，宋兆霖译，上海文艺出版社2015年版，第502—503页。

的西蒙通过将损失转嫁给顾客，而在车站干得风生水起，颇受赏识。日后，他甚至凭借虚情假意、逢场作戏，赢得了富家女夏洛特的芳心，从此一路"开挂"，逐步走向人生巅峰。

丛林法则在芝加哥无处不在。即便是西区这样处于城市生物链最底层的地方，弱势群体为了自我保存，也必须尽其所能成为强者。奥吉的弟弟乔治先天智障，在残疾人学校，他被训练成了一个鞋匠，"他眼睛下面白皙皮肤上那褐色的阴影表明，他也同样按自己的方式进行了那种我们要想生存而作的斗争"①。寡妇劳希奶奶上了岁数，不见容于有钱的儿子和儿媳，只好客居在奥吉家。尽管如此，她却反客为主，将奥吉家的母子四人死死拿捏，并不遗余力地安排他们的命运。即便在她摔倒后，也仍然表现出丛林中强者的风范，坚持独自一人一瘸一拐地上楼。小说中的威廉·艾洪尽管身有残疾，却是彻头彻尾的丛林之王。他有头脑，有指挥能力，能让周围的健全人围着他转，而且还颇有哲人风范，绝对是一个伟人。

奥吉"历险记"的终极目标是认识自己的个性。然而，他虽渴望搞清楚"我是谁"，却总误入迷途，受人摆布，不知所终。"我结交各方面的人，没有人知道我属于哪一面，就连我自己也不太清楚"②。每当他身心不得自由时，便作别那些想要影响、塑造他的人，以自己的方式进行着一次次无声的反抗。他那么希望做一个有独立个性的自我引导者，但有时孤独、脆弱又让他不得不去寻找一个依附。"不管是什么人，只要能保护我，使我不受那到处横行的巨大恐怖和乱成一团的野蛮冷酷所侵害，我便会暂时投入他的怀抱"③。曾经踌躇满志、追求个性的奥吉最终不得不承认，在提倡标准化和均质化的城市生活中，"个性是不安全的，安全的是类型"④，普通人脱离由所谓的强人、王者确立的人生范式，而另辟蹊径的努力终究不过是一场空幻。

"风景（不管是城市的还是农村的、人造的或者自然的）总是以空间的形式出现在我们面前，这种空间是一种环境，在其中'我们'（被表现为风景中

---

① [美]索尔·贝娄：《奥吉·马奇历险记》，宋兆霖译，上海文艺出版社2015年版，第524页。
② [美]索尔·贝娄：《奥吉·马奇历险记》，宋兆霖译，上海文艺出版社2015年版，第141页。
③ [美]索尔·贝娄：《奥吉·马奇历险记》，宋兆霖译，上海文艺出版社2015年版，第504页。
④ [美]索尔·贝娄：《奥吉·马奇历险记》，宋兆霖译，上海文艺出版社2015年版，第503页。

的'人物')找到——或者迷失——我们自己"①。当奥吉最终发现了城市生活残酷的丛林真相时，他发出了壮志未酬的慨叹："也许我的努力会付诸东流，成为这条道路上的失败者，当人们把哥伦布戴上镣铐押解回国时，他大概也认为自己是个失败者。但这并不证明没有美洲"②。尽管哥伦布没有找到东印度群岛，但他到达了一个欧洲人从不知晓的新大陆，他无畏的探险精神足以开启一个新的时代。尽管奥吉终其努力，也没能在城市生活中锚定自己的位置，但是他看清了城市的运行逻辑。这便是奥吉"历险记"的"地理大发现"。

在吉登斯看来，人们应对现代性的风险景象往往有以下几种方式："实用主义地接受现实、持久的乐观主义、犬儒式的悲观主义、悲观主义"③。面对野蛮的都市丛林，历险未捷的奥吉感到十分悲观。一事无成的他，生出了逃离城市的念头。他憧憬的"是一处像瓦尔登或茵纳斯弗利那样篱笆围绕的私人绿地，沐浴着和煦的阳光，周围是苍翠欲滴的丛林和五彩缤纷的花园，还有天堂乐园般的草坪，长着林肯公园的芳草"④。在这里，他和心爱的人安居乐业，办一所学校式的孤儿院。

结　语

"白色之城"可以说是启蒙现代性的芝加哥版宣言，美、秩序、和谐、健康与文明是它对这座城市美好的期许。然而，经过三分之一个世纪的发展，芝加哥仍是一项与理想之城相距甚远的未完成的工程。工业化、城市化大潮给城市留下了累累伤痕；贫富差距、环境污染、人性堕落、单调价值，"现代性的后果"——浮出水面。这一切令走出隔都、拥抱现代性的奥吉身心俱疲。既然无法在城市里诗意栖居，既然不能在城市里找到独立自主的命运，何不就此归隐于心中那片桃花源、那方水云间。

---

① [美] W. J. T. 米切尔：《风景与权力》，杨丽等译，译林出版社2020年版，第2页。
② [美] 索尔·贝娄：《奥吉·马奇历险记》，宋兆霖译，上海文艺出版社2015年版，第676页。
③ [英] 安东尼·吉登斯：《现代性的后果》，田禾译，译林出版社2022年版，第118页。
④ [美] 索尔·贝娄：《奥吉·马奇历险记》，宋兆霖译，上海文艺出版社2015年版，第648页。

《泰比》中麦尔维尔的太平洋文学绘图

侯 杰[*]

摘要：赫尔曼·麦尔维尔在《泰比》中讲述了主人公托莫在太平洋马克萨斯群岛历险的故事，虽然对英法等老牌帝国主义国家的殖民行径进行了批判，但是又没有完全站到殖民主义的对立面，而是同样否定了太平洋群岛土著文化传统的存在，并且将太平洋建构成了一片"空白"空间，从而为自身职业发展和美国国家海洋空间的扩张绘制了一幅崭新的太平洋文学地图，既开创了美国太平洋文学书写传统，又为美国创建了一种新式人类学帝国主义，将太平洋岛屿视为可以参观、勘察和绘制的自然保护区，而美国则以保护者的身份自居。

关键词：泰比；麦尔维尔；文学绘图；空白；人类学帝国主义

自地理大发现起太平洋上的岛屿开始沦为西方列强争夺的殖民地。美国从19世纪初也逐渐加入其中，比老牌殖民国家滞后了几个世纪。美国捕鲸船和探险船没有更早涉足太平洋海域的一个重要原因即是海图的缺乏，一些美国船只在利益的驱动下冒险出航但时常遇险，因此绘制太平洋海图的呼声在美国一直都未能平息。1825年，时任美国总统约翰·亚当斯（John Adams）就曾提

---

[*] 侯杰，南开大学外国语学院公共外语教学部讲师，博士，主要从事美国文学研究。近期发表的论文有《克分子线·分子线·逃逸线：〈水手比利·巴德〉中的情感强度地图及语言的生成》（载《国外文学》2021年第1期）、《〈亚瑟·戈登·皮姆的故事〉中的南极文学制图工程》（载《成都理工大学学报（社会科学版）》2023年第4期）。

出过推进绘制太平洋相关海图的建议。赫尔曼·麦尔维尔（Herman Melville）的《泰比》（Typee，1846）正是回应了美国国内的此种需求，其最早版本于 1846 年二月在英国出版，开篇赫然印有一幅太平洋马克萨斯群岛（Marquesas Islands）地图，这幅地图在 1846 年三月首次面市的美国版本中也被保留了下来，并随着作品的大卖广泛流传。

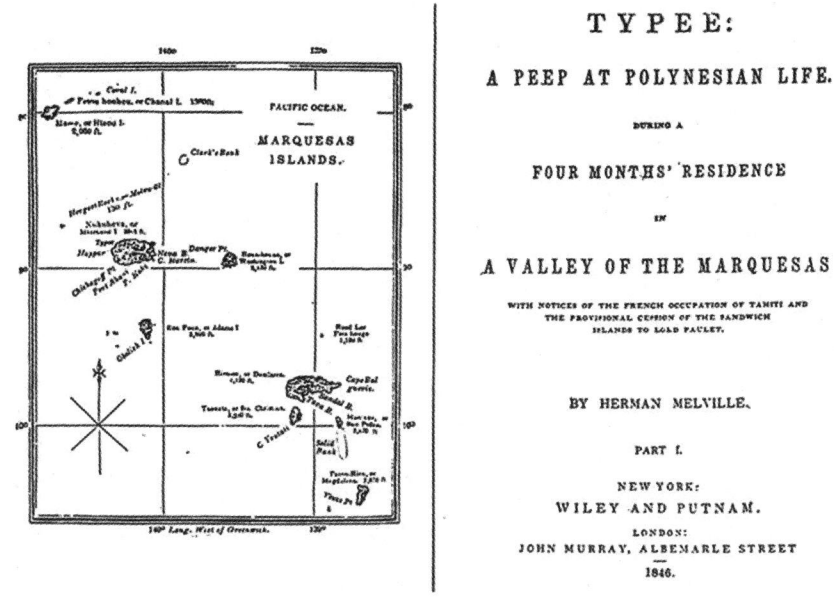

《泰比》中的太平洋马克萨斯群岛地图

由于比例尺太小，这张马克萨斯群岛地图仅能呈现有限的地理信息，读者根本无法找到麦尔维尔在《泰比》中描述的山谷和海湾。但是，这也正好促成了这张实体地图与麦尔维尔在作品中用文字绘制的文学地图之间的互补关系：一方面，实体地图构成了故事的起点，用上帝视角为读者提供了一种整体投射，将马克萨斯群岛放置在了整个世界地理体系当中，这种整体性是用文字绘制的文学地图力求却难以成就的，某种程度上这张实体地图能够弥补用文字绘制的文学地图求而不得的整体性再现，一定程度上减轻文学地图的再现危机；另一方面，用文字绘制的文学地图也能够弥补实体地图比例尺太小，信息量不足的弊端，用文字绘制的文学地图不仅能为读者提供故事发生的详细地理环境，并且能够真正将这些遥远的海岛变成对西方读者有意义的地方，将马克萨斯群岛与文明世界联系起来，将太平洋群岛绘入世界文明体系。因此，文学作品中的实体地图和比喻性的、由文字构成的文学地图从来都不是对立关系。事实上，实体地图也是一种广义上的文学地图，与比喻性的、由文字构成的文学地图一样，是构成文学绘图工程的不同元素。本文将聚焦麦尔维尔在《泰比》中用文字绘制的文学地图，突显叙事本身的空间性，认为叙事即一种绘图工程。

《泰比》以太平洋上的马克萨斯群岛为背景，讲述了白人男性主人公托莫（Tommo）误入泰比部落，在岛上探险又最终回归故土的故事。"没有流浪英雄的回归，探险即不完整。"[①] 只有当英雄带着他在异乡的所见所闻回到故乡，反思、投射并勾画出一份统摄性的图表，"探险叙事才成为了一幅地图，一幅有关其自身世界体系的文学地图。"[②] 这很好地解释了《泰比》结尾处主人公托莫令人困惑的逃离行为。泰比山谷风景宜人，友善的泰比人视他为座上宾，有"贴身男仆"科里·科里（Kory-Kory）和漂亮的土著少女费雅薇（Fayaway）做伴。尽管山谷里的生活如伊甸园般美好，托莫还是用极端暴力的方式杀死了科里·科里，逃离了泰比山谷，最终完成了行程，回到了他曾经出发的地方。该叙事作品中类似地图轮廓的闭合形式使这些遥远的海岛对美国具有了意义，开创了美国文学关于太平洋的叙事传统，为美国构建了太平洋文学地图模型，为将这些太平洋岛屿绘入美国版图奠定了话语基础。下文将揭示麦尔维尔如何借助主人公托莫的回忆将太平洋岛屿构建成了一片"空白"之地，并在其上绘制了符合自身职业发展和美国殖民扩张的太平洋文学地图。

一、建构"空白"

"空白"之地的存在通常是地图绘制的重要条件之一。在《泰比》中，麦

[①] Robert Tally, "Adventures in Literary Cartography: Explorations, Representations, Projections", Emmanuelle Peraldo, (ed.), *Literature and Geography: The Writing of Space throughout History*, New castle upon Tyne: Cambridge Scholars, 2016, p. 22.

[②] Robert Tally, "Adventures in Literary Cartography: Explorations, Representations, Projections", Emmanuelle Peraldo, (ed.), *Literature and Geography: The Writing of Space throughout History*, New castle upon Tyne: Cambridge Scholars, 2016, p. 22.

尔维尔明显将马克萨斯群岛视为了一片"空白"地带，以发现者和绘制者的身份对这片"空白"进行了文学层面上的占领和绘制。"空白"、制图与占领之间的隐秘关系可以追溯到更早的叙事作品之中。在《黑暗的心》中约瑟夫·康拉德（Joseph Conrad）曾借马洛之口述说自己对地图和"空白"的巨大兴趣，"我对地图怀有激情……那时地球上有很多空白之地，当我在地图上看到一个看起来特别吸引人的地方（但所有地方看起来都很吸引人），我会把手指放在上面说，长大了，我要去那里。"① 地图上未被绘制的"空白"空间不仅吸引着像马洛那样的少年，也召唤着无数探险者，同时也为西方帝国主义列强开拓疆土提供了堂而皇之的借口。这种所谓的"空白"等待着被探索、被绘制和被占有。因此，不管作者的意图如何，冒险故事经常有意无意地参与到某种帝国主义计划中，它们服务于对异域空间的发现、绘制和占领，不可避免地成为知识中心与权力话语的一部分。

在麦尔维尔书写《泰比》的时候，世界地图已经被各种颜色所覆盖，那令人神往的神秘"空白"几乎已经找不到了。探险者和列强都不约而同地将目光投向了广阔的太平洋海域，虽然那里在地图上被涂成了蓝色，但是对殖民者来说还处于相对的"空白"状态。随着太平洋作为连接东西方的海上交通要道的重要性不断突显，太平洋岛屿成为了列强必争之地。参与这场争斗的还有制图者和作家，他们依靠科学的、民族志的、想象的或者"真实和想象的"文字或图表参与对这片汪洋的地图绘制和"空白"填充。在《泰比》开篇之处，麦尔维尔这样描写道，"六个月的海上生涯！……在太平洋海翻滚的巨浪上颠簸——上面是高高的苍穹，四周是茫茫的大海，再无他物！"正是有了这片茫茫的、别无他物的"空白"汪洋，麦尔维尔才得以按照自己的想法和他所固有的知识体系对它进行绘制。麦尔维尔笔下"空白"的太平洋不仅指涉地理空间上的"空白"，还有关太平洋文学书写的"空白"。

当太平洋被描绘成一个神秘的、无人穿越的"空白"时，有关它的叙事传承也被抹去了，麦尔维尔以此在文学领域占据了一席之地。"有关这个有趣

---

① Joseph Conrad, *Heart of Darkness*, New York: Bantam Books, 1969, pp. 10–11.

的群体，"麦尔维尔在谈到马克萨斯群岛时这样写道，"还很少有人书写"。① 麦尔维尔接着列举了詹姆斯·库克（James Cook）上尉、大卫·波特（David Porter）上将和查尔斯·斯图尔特（Charles Stewart）牧师，认为他们只不过是对马克萨斯群岛进行了微不足道的提及，并且否认读过大卫·波特有关太平洋的航海记录。但有学者指出，《泰比》在很大程度上是受了大卫·波特对马克萨斯群岛描写的影响。"麦尔维尔对这些异国经验的描写并非都来自他的经历……有时他会表明参考的出处，但是有时会对来源忽略不提，比如大卫·波特的《南太平洋航行记》（*Journal of a Cruise Made to the Pacific Ocean*）。"② 此外，麦尔维尔还声称，美国船只很少在马克萨斯群岛停留，因为"对当地人的恐惧……阻止了船员与当地人的过多接触，因此不能了解当地的风俗习惯"③。他试图使自己在马克萨斯群岛的所见所闻带有开创性和权威性，使自身不被质疑，从而为这片保存完好的"空白"空间进行文学绘图。麦尔维尔对前人文本和前人航海经历的态度表明，他试图占领那片海域，将其视作自己的文学领土。

麦尔维尔也确实成功地占领了太平洋文学书写这片领土，成为了之后美国作家描写太平洋的重要参照，正如格罗夫（Grove Day）所说，"除了透过麦尔维尔的眼睛，没有人能透过任何其他人的眼睛看到太平洋。"④ 麦尔维尔笔下的太平洋事实上已经成为了美国文学中最重要的领土，促成了不同时代美国作家对太平洋书写的着迷，造就了一种美国文学传统。麦尔维尔对太平洋岛屿的文学绘图可以被视为太平洋文学书写的坐标。无数美国白人作家跟随麦尔维尔的足迹、回溯他的旅程或回应他的作品。约翰·拉法基（John LaFarge）、马克·吐温（Mark Twain）和杰克·伦敦（Jack London）等作家的旅行叙事或回忆录都效仿了较早到达太平洋的麦尔维尔，将太平洋等同于"空白"，由此可

---

① Herman Melville, *Typee: A Peep at Polynesian Life*, Evanston and Chicago: Northwestern UP and Newberry Library, 1968, p. 19.

② Jason Frank, *A Political Companion to Herman Melville*, Kentucky: The University Press of Kentucky, 2013, p. 26.

③ Herman Melville, *Typee: A Peep at Polynesian Life*, Evanston and Chicago: Northwestern UP and Newberry Library, 1968, p. 6.

④ Subramani. *South Pacific Literature*, 2nd ed, Suva: Institute of Pacific Studies, 1992, p. 80.

见麦尔维尔太平洋书写的重要性和深远影响。麦尔维尔学者查尔斯·罗伯茨·安德森（Charles Roberts Anderson）在他的研究著作《在南海的麦尔维尔》（*Melville in the South Seas*, 1929）中绘制了一篇地图，上面勾勒了麦尔维尔穿越太平洋的旅程路线。值得注意的是，在安德森的地图上，只有麦尔维尔到访的地方被描绘了出来，太平洋好似因麦尔维尔而存在，通过麦尔维尔的叙述，太平洋这个"空白"空间及其内部的一切才得到定义。"甚至连康苏埃洛·莱昂（Consuelo Leon）这样具有非凡洞察力的学者在针对欧美太平洋地图绘制提出宝贵见解的同时，也再次延续了麦尔维尔的'空白'说法，没有对太平洋岛民的制图传统给予认同。"①

然而，这种空白不过是对已有太平洋书写和太平洋文化历史和制图历史有意或者无意的漠视，是为绘制新地图而必须对旧地图进行的清除。麦尔维尔的文学绘图是对马克萨斯群岛原始文明和土著岛民自身地图绘制传统的抹杀。太平洋岛屿有着悠久的文化历史，最早约可以追溯至公元前200年。这些土著岛民最初在太平洋进行的航行、定居、绘制地图和文学创作等活动在他们的口头传颂、族谱、圣歌、音乐、舞蹈等传统艺术文化形式中得以保存。虽然这些文化传统拥有令人难以置信的多样性和复杂性，并且不断地在发生变化，以至于目前还不能完全清晰地被呈现出来，但是已经足够证明太平洋土著民族早已有了自身共同的艺术、宗教习俗和海图绘制传统。仅在毛利文化中，目前被发现的口述历史和族谱（whakapa）就对土著岛民的生活和文学有着持续的影响，使得毛利作家和政治活动家能够对抗那些意图涂抹和篡改土著岛民历史的外界力量。"一些先驱者如鲁阿基纳纳、特库提里基兰吉和蒂托科瓦鲁已经利用现有的口述历史推动了毛利人身份的发展。此外，不同形式的 waita（传统歌曲或诗歌）、korero（叙述）和 whakatauki（谚语）也反映了土著岛民的文化和历史。"② 在近半个世纪里，在英语或毛利语文学中发生着一场毛利文艺复兴或革命。这些之前就存在的文学和地图使太平洋岛屿建立自身身份和追溯自身起

---

① Juniper Ellis, "Melville's Literary Cartography Of The South Seas", *The Massachusetts Review*, Vol. 38, No. 1, Spring 1997, p. 11.

② Juniper Ellis, "Melville's Literary Cartography Of The South Seas", *The Massachusetts Review*, Vol. 38, No. 1, Spring 1997, p. 12.

源成为了可能。当太平洋群岛悠久的历史和文化渐渐浮出水面,当他们自身的文化坐标重新被建立起来,美国作家之前所建构的"空白"将变得不攻自破。

温特(Albert Wendt)在他的文章《太平洋地图与小说》中强调,在太平洋地区长期存在着多重重叠的地图:"源自太平洋本土的地图,外来的、强加给那片土地的地图,本土和外来相互结合的地图,故意被涂抹和替换的地图,能够揭示太平洋岛民灵魂的描绘当地河流、山脉和地理的地图。"① 麦尔维尔试图将这些地图全部清空,以唯一目击者的身份来记录不为太平洋岛民或白人作家所书写过的事件,从而依照自己的意愿去绘制。可以说,麦尔维尔笔下的"空白"是对太平洋文化、制图传统,西方探险家和作家对太平洋的书写进行的全面删减,因为如果想要在太平洋海域强加一套地图或文化体系,就必须擦除之前存在的地图。也只有如此,绘制美国的太平洋文学地图才能变得顺理成章。某种程度上,麦尔维尔对这片"空白"海域的建构和绘制与19世纪美国国家空间扩张的野心构成了合谋。

二、绘制人类学帝国主义文学地图

在《泰比》中,麦尔维尔貌似严厉谴责了法国殖民者和传教士在马克萨斯群岛上犯下的罪行,但是事实上不过是为美国寻找了一种新型帝国主义道路。与老牌帝国主义国家残暴压制的方式不同,麦尔维尔将太平洋土著岛民视作自然保护区里的动植物,是需要保护的原始物种,是与西方文明二元对立的"他者"。可以说,麦尔维尔有意或者无意地参与了帝国主义计划,为美国构建了一种新型的人类学帝国主义。

马克萨斯群岛是美国拥有的第一块美洲大陆之外的领土,1815年美国海军将领大卫·波特就以美国的名义占领了马克萨斯群岛②,但是在《泰比》

---

① Albert Wendt, "Pacific Maps and Fictions", *Migration and New Zealand Society: Proceedings of the Stout Research Centre Sixth Annual Conference*, Wellington: Stout Research Centre, 1990, p. 60.

② Christopher Mcbride, "Americans in the larger world: beyond the Pacific coast", Alfred Bendixen, Judith Hamera, (eds.), *The Cambridge Companion to American Travel Writing*, New York: Cambridge University Press, 2009, p. 165.

中，麦尔维尔对此只字未提，只声称法国吞并马克萨斯群岛是"对人类权利的侵犯",认为有必要对法国人无耻的阴谋进行谴责,"法国人为使马克萨斯人俯首称臣,想尽了一切他们自认为十分恰当的残酷办法"。① 此后,麦尔维尔还多次发出类似的感慨,"但关于文明的种种野蛮行径,列举得再多也于事无补,因这些犯罪行径而导致的惨剧远远超过了我们这些尚未开化的同类的可恶行为。"② 这些对帝国主义殖民行径的谴责可谓义正词严,但是在麦尔维尔眼中,太平洋土著岛民仍旧是"尚未开化的"(uncivilized)③,是自身不具备相应文明发展而无法抵挡西方殖民者影响的"他者"。虽然麦尔维尔在《泰比》中对传统殖民主义军事镇压和传教同化等手段进行了批判和讽刺,但是他同时又建构了一种美国版的新式殖民主义,可谓在抨击殖民主义的同时又为殖民主义添砖加瓦,自身隐含着极大的矛盾性。

通过讲述托莫在马克萨斯群岛上的经历,麦尔维尔将泰比山谷营造成了一个无法解开的谜团。他的叙事手法,特别是他那众多明显是随机编造的泰比见闻,都赋予了泰比文化一种令人费解的特质。叙述者托莫无法理解,也从未试图去理解当地仪式中的各种动作和行为,否认它们代表了一种活的历史文化。他不愿承认那些泰比仪式背后其实有着一套自身得以运行的信仰机制,只是将这些当地仪式归结为"令人困惑的奥秘""完全的神秘""莫名其妙"的。④ 它们变成了偶然的、毫无意义的滑稽动作,一种他可以无情讥讽和肆意违反的对象。当地土著禁止女性乘坐独木舟,但是托莫偏偏将费雅薇带上了他和科里·科里乘坐的独木舟,这一行为把当时在湖里游泳的所有土著女性都吓跑了。在麦尔维尔笔下,托莫总是在试图对当地土著的禁忌进行不同程度的破坏,并且因为自己的越界行为而洋洋得意。作为一种历史迹象,这些禁忌表明

---

① Herman Melville, *Typee: A Peep at Polynesian Life*, Evanston and Chicago: Northwestern UP and Newberry Library, 1968, p. 19.

② Herman Melville, *Typee: A Peep at Polynesian Life*, Evanston and Chicago: Northwestern UP and Newberry Library, 1968, p. 144.

③ Herman Melville, *Typee: A Peep at Polynesian Life*, Evanston and Chicago: Northwestern UP and Newberry Library, 1968, p. 67, 144.

④ Herman Melville, *Typee: A Peep at Polynesian Life*, Evanston and Chicago: Northwestern UP and Newberry Library, 1968, p. 160, 295.

群岛本土早已存在文化地图，然而托莫不是去试图理解它的起源和功能，只是试图否认它的存在。

除了否认泰比人拥有自身的文化框架，麦尔维尔还试图利用一种强加的分类方式去强调泰比人凶猛、野蛮的特性，而对白人叙述者托莫在逃离过程中所实施的暴行只是轻描淡写，还试图帮托莫从他的暴力行径中开脱出来。"那不是怜悯或内疚的时候，我（托莫）怀着一个真正的目标，用尽我所有的力量，把船钩向他投去。正好击中了他的喉咙，并迫使他向下。我没有时间重复那一击，但我看见他随着船的颠簸而浮出水面，我永远也忘不了他脸上凶恶的表情。"① 这一连串充满暴力的描写历来被解读为叙述者为了远离这些"毫无思想"的泰比人的必要反抗，是托莫与泰比世界达成决裂的必要之举。这种决裂在麦尔维尔笔下是一种必要，只有这样才能表明主人公对文明的忠诚。麦尔维尔对托莫逃离时刻暴力行径的描写不免让人产生某种疑问：难道文明人和野蛮人之间看似明显的界限真的存在吗？虽然麦尔维尔在《泰比》中散落了很多对西方文明的批判性反思，但是他始终没有瓦解文明和野蛮之间所谓的二元对立。

当西方文明与原始野蛮在太平洋岛屿相碰，土著岛民的生活并没有因为文明的到来而更加光明，反而因为西方人带来的战争和疾病面临种族灭绝。在麦尔维尔看来，当地土著民族必将全面走向灭亡，他这样写道："他们的前景毫无希望。正如历史发展所示，他们无法逃避这种明显的规律，即便是怎样努力都无济于事。多年前他们就处于这样的境地，野蛮与文明相遇后只剩下腐朽，双方各有的美德都被遗失了。像所有遭遇欧洲的野蛮土著一样，他们也必将保存他们的原始状态，直至灭绝。"② 麦尔维尔将太平洋岛民描绘成无助和不知所措的受害者，文化接触只会产生不同形式的"腐朽"。他在批判法国殖民者，同情土著岛民的同时，认为"尽管法国人有这样或那样的恶劣行径，他们仍将自己奉为世界上最具人性、最完美的国家。但高雅的修养似乎并不能改变他们的邪恶习性，如果思量一下文明化的后果，我认为那些处于被我们称为

---

① Herman Melville, *Typee: A Peep at Polynesian Life*, Evanston and Chicago: Northwestern UP and Newberry Library, 1968, p. 148.

② Juniper Ellis, "Melville's Literary Cartography Of The South Seas", *The Massachusetts Review*, Vol. 38, No. 1, Spring 1997, p. 20.

野蛮状态的地区还是最好维持原貌。"①

麦尔维尔的这个建议使他带有了人类学家的色彩。他早期以自传作家的身份受到文学界的关注,尤其擅长书写水手、野蛮人、食人族等,时常扮演人类学家和寓言家的角色。在《泰比》中,麦尔维尔让主人公托莫以一个白人外来者的身份,对泰比山谷的自然和人文景观进行凝视,描述了泰比人的生活环境、食物、语言、服饰、纹身、宗教、禁忌、节日、医药等。弗格森(Kennan Ferguson)认为,麦尔维尔在这些早期小说中发展了一种"人类政治学想象"②,建构了一种"科学"和"动物学"视野下的原住民,"把太平洋岛民放置到了纯自然当中",以保护文化差异作为征服和统治的手段。③ 根据弗格森的说法,《泰比》建立了一种独特的帝国框架,麦尔维尔在他的后期作品中延续并发展了这一框架,影响了 19 世纪后半叶美国人对帝国前景的理解。

事实上人类学在诞生之初就与岛屿和殖民有着紧密关联。"人类学在 18 世纪詹姆斯·库克(James Cook)或路易斯·安托万·德·布干维尔(Louis Antoine de Bougainville)等探险家以及陪伴他们的博物学家和艺术家对太平洋岛屿的描述和绘画中就已经开始显露。19 世纪末和 20 世纪初的第一次人类学研究是对热带岛屿社会的研究,特别是托雷斯海峡探险(1898 年)和布罗尼斯瓦夫·马林诺夫斯基对特罗布里恩群岛的研究(1914—1918 年)。"④ 由此可见,人类学最初创立的背景即是西方殖民扩张和对未知世界的探索,人类学的相关命题都是基于对新发现的"原始人"的细致研究。可以说,人类学"是从外部看的文化科学"。⑤ 那些外来文明世界的代表详细地记录差异,描述当

---

① Herman Melville, *Typee: A Peep at Polynesian Life*, Evanston and Chicago: Northwestern UP and Newberry Library, 1968, p. 19.

② Kennan Ferguson, "Who Eats Whom? Melville's Anthropolitics at the Dawn of Pacific Imperialism", Jason A. Frank. (ed), *A Political Companion to Herman Melville*, Kentucky: The University Press of Kentucky, 2013, p. 12.

③ Kennan Ferguson, "Who Eats Whom? Melville's Anthropolitics at the Dawn of Pacific Imperialism", Jason A. Frank. (ed), *A Political Companion to Herman Melville*, Kentucky: The University Press of Kentucky, 2013, p. 23.

④ Johannss Requet, "Island Spatialities", Robert Tally, (ed), *The Routledge Handbook of Literature and Space*, New York: The Routledge, 2017, p. 222.

⑤ Claude Levi-Strauss, "*Anthropology: Its achievements and future*", Current Anthropology, Vol. 7, No. 2, April 1966, pp. 124 – 27.

地的风土人情，为当地人创建一套当地人不会为自身创建的档案。即便当地人要记录自身，他们会创造历史学或者语言学，而不是人类学。虽然人类学最初也以科学、客观自诩，但是人类学家的工作与西方在世界其他地区的政治、经济的斗争有着千丝万缕的羁绊，他们难免经常要为帝国扩张提供信息和支持，受西方殖民者操纵和控制。无论人类学家如何以一种超然的科学观察者的姿态出现，如何客观地记录"原始人"被西方化或者逐渐消失的生活方式，他们都为殖民主义建构了一种西方人和非西方人的二元关系，参与了殖民体系的建构。人类学家代表的西方世界明显是先进的代表，占统治地位；作为研究对象的民族则是落后的代表，应受到帝国的保护。这种保护、教育或改善实际上是由西方征服者强加给受压迫的人民。同一些社会科学研究一样，人类学经常被用来为帝国主义服务，是帝国主义进行统治和剥削的有力工具。

人类学本质上是一种掌控行为和殖民工具，具体原因有两点。首先，人类学语式具有权威性；所谓的文明人有特权观察和记录所谓原始人的"习惯"。记录者的位置是掌权者的位置。其次，正如艾贾兹·艾哈迈德（Aijaz Ahmad）所指出的，"分类模式简化了被分类的主体，迫使异域文化的多样性进入一个可管理的等级。"①《泰比》中主人公兼叙述者的控制欲望明显地体现在他对泰比人语言多义特性的不耐烦上，令他厌恶的是"一个词常常有多个含义，并且各种含义都有一定的联系，这只会让事情变得更加令人费解。因此，一个轻快、活泼的小词像一个贫穷家庭的仆人一样，被迫履行各种职责"。②语言的多样性和丰富性原本应该让作家感到欣喜，为作家带去灵感（《白鲸》正是以鲸鱼一词的复杂词源和鲸鱼一词的不同文化意思开篇的），但是这种语言上的优势只能属于殖民者；而且对于一个努力控制主题并试图建立权威性的叙事者来说，这种语言的多样性可能威胁到控制本身所需的简单性和规律性。因此，麦尔维尔的叙述者试图将泰比文化归入一种清晰而简单的类别："没有什么比泰比人的生活更单一和不变，安逸和幸福的一天接二连三地接踵而至；对于这

---

① Aijaz Ahmad, "Jameson's Rhetoric of Otherness and the 'National Allegory', Social Text, Vol. 17, No. 1, Fall 1987, p. 9.
② [美]赫尔曼·麦尔维尔：《泰比》，马慧琴译，文化艺术出版社2006年版，第212页。

些朴实无华的野蛮人来说，一天的历史就是一生的历史"。①

麦尔维尔引入了一种将土著人视为可以参观、体验和调查的人的观念，以一种科学的、动物学的方法来研究这些文化。在麦尔维尔看来，太平洋土著民族的文化可以被颂扬，但他们不能代表自己与世界接触；人们可以去那里参观，并且获取巨大的经济利益，但必须坚守自己的生活，不能完全沉浸在土著人的生活中；土著人可以有自己的宗教和习俗，但必须局限在某个隐秘的山谷或岛屿上。这样，麦尔维尔为美国国家想象提供了一种别样的帝国主义模板，它以文化保护者的身份出现，通过操控这些被保护的文化和人民从而达到自己的目的。这种做法好似将这些土著民族从各种国际资本中解救了出来，实际上是将他们变为了旅游目的地。表面上是尊重与他者的相遇，事实上这些土著民族最终仍旧没有得到应有的自主和平等。《泰比》为美国指明了一条帝国之路。与更为人所知的、更暴力的西方殖民不同，美国将要扮演的是"保护区管理员"的角色，只不过供人游览的不是动物，而是这些海岛上的土著种族及其文化。无论如何，它试图建构的仍旧是一个帝国。

三、结语

有学者认为麦尔维尔"站在了扩张主义的对立面，强调了殖民扩张会带来的自我毁灭。"② 虽然不排除麦尔维尔在其后期作品中表达了这种观点，但是从他的早期作品《泰比》来看，这种对殖民扩张主义的批判还充满了矛盾性，并且还有意无意地将美国建构成了不同于欧洲的殖民力量。从古至今，殖民主义扩张活动都既是物质的，又是隐喻的。麦尔维尔的《泰比》融合了人类学和图绘的功能和特点，用文字绘制了一幅具有鲜明人类学元素的文学地图。麦尔维尔的太平洋文学地图为美国之后的太平洋文学地图建立了原型，开创了传统，甚至在某种程度上促进了美国对太平洋地区地理上和政治上的侵占，为19世纪美国海外扩张指明了路径，绘制了蓝图。

---

① ［美］赫尔曼·麦尔维尔：《泰比》，马慧琴译，文化艺术出版社2006年版，第144页。
② 冯立红：《合众国的黑暗面：〈英岛〉中的政治隐喻》，载《外国文学》2021年第2期。

从社区走向世界：
《世界博览会》中的都市空间与共同体意识

刘 英 石雨晨[*]

摘要： 在"一带一路"的区域合作倡议下，世界博览会是展现中国国家形象的重要国际舞台。在百年未有之大变局中，世界博览会作为具有跨国性的流动空间，常常通过流动的景观激发游客的共同体意识，重构对个人—社会关系的认知。E. L. 多克托罗的小说《世界博览会》通过文学"后视镜"凝视1939年的世界博览会，书写了封闭的犹太社区与流动的世界博览会，展现出不同的都市空间与共同体意识的关联，展示主人公从狭隘的族裔共同体意识走向人类命运共同体意识的成长轨迹，表达了对狭隘民族主义思维的反思与超越，对人类共同未来命运的关切与构想。

关键词： 世博会；E. L. 多克托罗；《世界博览会》

一、引言

习近平总书记在推进"一带一路"建设工作5周年座谈会中强调，我们

---

[*] 刘英，南开大学外国语学院教授、博士生导师。主要研究方向为英美文学和文学理论研究。国家社科基金重大项目"美国文学地理的文史考证与学科建构"首席专家。在《外国文学研究》《外国文学》《文艺理论研究》《国外文学》等核心刊物发表论文近60篇，出版专著《书写现代性：美国文学中的地理与空间》等。石雨晨，博士，南开大学外国语学院翻译系讲师，主要研究方向为英美文学。曾于德国弗莱堡大学、英国利物浦大学访学交流，主持2022年天津市哲学社会科学规划青年项目"当代美国小说的跨国共同体思想研究"与2019年天津市研究生科研创新项目"美国新现实主义小说的跨国空间研究"（已结项）。

提出共建"一带一路"倡议以来，引起越来越多国家热烈响应，共建"一带一路"正在成为我国参与全球开放合作、改善全球经济治理体系、促进全球共同发展繁荣、推动构建人类命运共同体的中国方案。[①] 在"一带一路"倡议下，通过世博会、进博会等国际展会，"中国式社区"与"中国式城市化"等现代化成果闪耀世界舞台。比如在 2022 年迪拜世博会上，中阿产能合作示范园展示了中国企业推动城市化、工业化的实践，让全球更了解"一带一路"倡议，树立了中国繁荣、和平的国际形象。这不仅是中国对国际环境的积极回应，也是中国为世界提供的智慧与方案，助力构建更开放、包容的国际经济新秩序。

世界博览会自诞生之初便与国家形象和技术发展紧密相连。从 1851 年万国工业博览会上的水晶宫到 1889 年巴黎世博会上亮相的埃菲尔铁塔，世博会往往是工业技术革命成果的集中展示，是在世界都市中引起世人瞩目的现代性景观。至今世界博览会在万国来客的"凝视"中俨然是国家展示的重要窗口，更是推动构建人类命运共同体的重要渠道。不同于"观看"（seeing），"凝视"（gaze）意指"我们可以怎么看，社会准许或影响我们用什么方式看，还有我们自身如何看待这样的观看或当中未见之事"[②]，换言之"凝视"是一种社会文化实践，让凝视者在带有社会准许的文化滤镜（cultural lens）的同时，从中获取主观的个体认知和未来展望。因此世界博览会作为被"凝视"的跨国文化空间，不仅是先进技术的展台，更具有激发万国来客共同体意识的潜力，有利于重构游客对个人—社会关系的认知，使其感受到构建人类命运共同体的可行性和必要性。

相比于纪实新闻或历史资料，文学或许更适合透视个体认知在世博会中发生的变化。比如对于在经济大萧条乌云未散、"二战"到来前夕的 1939 年，一场意在"重振纽约经济"[③] 的世界博览会在纽约隆重开场，这场以"建设明

---

① 《习近平在推进"一带一路"建设工作 5 周年座谈会上强调坚持对话协商共建共享合作共赢交流互鉴推动共建"一带一路"走深走实造福人民》，《人民日报》2018 年 8 月 28 日。
② Hal Foster et al. , *Vision and Visuality*. Seattle, W. A. : Bay Press Seattle, 1988, p. ix.
③ Katie Uva, "Plump, Moist, and a Bit of a Chump": Facing the Future with Elmer at the 1939 World's Fair," in Laura Hollengreen, Celia Pearce, Rebecca Rouse, and Bobby Schweizer (eds.) *Meet Me at the Fair: A World's Fair Reader*, ETC Press, 2014, p. 149.

日世界"为主题的世界博览会充满了先进科技的愿景和经济发展的畅想。然而，在许多历史学家笔下，这届世界博览会却饱受争议，主要是因为"随着战争的爆发，当整个国家从欧洲地图上消失，[1939年纽约]世博会的主题展示与国外血腥冲突的现实相脱节，越来越像是一个静止的梦幻世界"①。恰恰相反的是，这场世博会成为美国作家 E. L. 多克托罗笔下（E. L. Doctorow, 1931—2015）难忘的童年片段之一。多克托罗基于此届世博会出版半自传体小说《世界博览会》（*World's Fair*, 1985），书写了一个"美国犹太男孩"埃德加的成长故事，由此为1939年的纽约世博会寄予了全新的时代寓意，通过对世博会的"凝视"和对历史的回望传达出超越时空的共同体意识。那么站在不同的历史时刻，基于不同的空间体验，多克托罗笔下的世界博览会具有怎样的文学表征？作家对世界博览会的都市景观与个体认知社会关系之间的关联做出了怎样不同的思考？对此，詹姆逊的认知图绘理论在城市空间与社会空间、"凝视"实践与政治之间架起了桥梁，对我们解读《世界博览会》和理解现实中世界博览会的社会意义具有深刻启发。

"认知图绘"（cognitive mapping）思想由詹姆逊在1984年8月号《新左派评论》发表《后现代主义，或晚期资本主义文化逻辑》首次提出。该概念是詹姆逊借鉴凯文·林奇（Kevin Lynch）的城市空间测绘理论并结合阿尔杜塞对意识形态的重新定义而提出的。认知图绘"在城市日常生活的狭义层面，指的是个体主体对社会结构总体性的情境表征"②；在更广义层面，指"个体主体与抽象的地理总体性之间的协调，即，从社会空间（比如社会阶级、国家或国际的语境）角度重新思考地理和测绘问题，在后现代主义全球空间的背景下测绘个体与地方、国家、国际现实之间的关系"③。"认知图绘"概念的首次提出与《世界博览会》的出版在20世纪80年代中叶同期发生，时间上的

---

① Marco Durant, "Utopia, Nostalgia and World War at the 1939 – 40 New York World's Fair," *Journal of Contemporary History* 4（4）: 663 – 683, 2006, p. 664.

② Fredric Jameson, *Postmodernism, or, the Cultural Logic of Late Capitalism*, New York: Verso, 1991, p. 51.

③ Fredric Jameson, *Postmodernism, or, the Cultural Logic of Late Capitalism*, New York: Verso, 1991, p. 52.

巧合并非偶然,而是文学家和理论家面对时空变迁的共同思考使然。因此,本文将结合詹姆逊的认知图绘理论,细观《世界博览会》中对1939年纽约犹太人社区和世界博览会的"凝视",认为这两个纽约都市空间分别代表了族裔封闭空间和世界博览会流动空间,两种不同空间体验与实践促进了作品中从社区到世界的共同体意识和社会关系认知转变,展示了主人公从狭隘的族裔共同体意识走向人类命运共同体意识的成长轨迹,完成了多克托罗作为文学家的认知图绘。

二、社群界线与族裔共同体

作为一部半自传小说,《世界博览会》从题目看来似乎是对1939年纽约世界博览会的文学重现,但实际上多克托罗打破了大众媒体或历史记录一贯的凝视角度,不再聚焦于策划者的意图或世博会的得失,而是从一个美国犹太少年的角度重新凝视,以个人主体的视角再现1939年的纽约世博会。因此在这部小说中,纽约世博会不再是聚焦的核心,而是主人公成长路线上的一个"地标",而通向这座"地标"的起点则是纽约布朗克斯的犹太移民社区。这里不仅是主人公的家庭所在,此处遍布的社区界线,特别是克莱蒙特公园附近的铁轨,更是构建了主人公内心的族裔之"家"。挪威人类学家巴斯(Fredrik Barth)曾指出"界线"(boundary)的三层含义:(1)划分领土的边界;(2)社会群体相互隔离的界线;(3)不同思维的边界①,克莱蒙特公园和铁轨不是第一层意义上的边界,而是犹太裔与其他族裔之间的民族社区边界。这条界线并非存在于真实的地图或者行政规划,而是族裔社群隔离心理的投射,特殊的犹太社区界线强化了主人公的族裔共同体意识。

从纽约布朗克斯社区的发展历史来看,社区界线的出现有其客观原因。20世纪30年代的布朗克斯是一个正在发展中的行政区域,但此时的西布朗克斯已经是具有一定规模的新城市社区,后来逐渐发展成为今日的南布朗克斯,其

---

① Fredrik Barth, Boundaries and Connections, in Anthony P. Cohen (ed.), *Signifying Identities: Anthropological Perspectives on Boundaries and Contested Values*, Routledge, 2000, p. 17.

中 30%—40% 居住人口为犹太人①，来自东欧和俄罗斯的犹太人占最多数。"二战"前夕，民族社区间的界线随着美国政治与国际局势的博弈而不断变化。由于法西斯纳粹主义的抬头和经济大萧条的阴云，敌意在多民族混杂的南布朗克斯逐渐激化。在失业和房租上涨的压力下，在政治和经济地位上相对占优势的犹太裔居民成为了布朗克斯区中的众矢之的。甚至直到 40 年代中期，爱尔兰裔美国人因受到了法西斯主义的煽动而一直对周边社区的犹太人的店铺和生活进行骚扰②。

在小说中，克莱蒙特公园是布朗克斯区里犹太裔与意大利、爱尔兰裔移民之间不可逾越的界线：它远侧的东布朗克斯社区是"劫掠行为的渊源"，居住着"爱尔兰人和意大利人，他们住在工厂和仓库中间那些拿焦油纸当墙板、东倒西歪的房子里"③，而对埃德加所在的"红砖"住宅充满敌意。他们"是些憎恶分界线和直线的男孩子"，那些"街道"和"铁路"，无疑成为一道屏障。当埃德加第一次发现家中的车库上被画上了万字饰便被家人告诫："如果你看见谁明显不是这个社区的，不归这里的，别站在他旁边，要回家来告诉我……那些孩子自作聪明，他们乐意当纳粹，他们很不光彩……。"④ 社区边界在此不仅是不同族裔之间居住条件或财产差异的分界，更是民族冲突一触即发的界线，正如埃德加时刻所担心的："假如我发现自己在克莱蒙特公园走错了方向，我就会因自己是犹太人而遭刀刺、被抢劫"⑤，克莱蒙特公园成为了他感知历史与创伤记忆的起点。

特莱蒙特公园附近的铁路轨道也强化了埃德加对族裔民族的界线。在这条铁路轨道上，埃德加常常遭到持刀男孩的挟持并被骂"犹太仔"，恐惧之下埃德加撒谎否认自己是犹太人。尽管这套说辞一时保证了他的人身安全，但也带给他一种深深的屈辱感，使他事后常为自己的怯懦而自责。在之后的"典型

---

① Evelyn Gonzalez, *The Bronx*, New York: Columbia University Press, 2004, p. 96.

② Ronald H. Bayor, *Neighbors in Conflict: The Irish, Germans, Jews, and Italians of New York City, 1929 – 1941*. Baltimore: Johns Hopkins University Press, 1978, pp. 157 – 162.

③ [美] E. L. 多克托罗：《世界博览会》，陈安译，山东文艺出版社 2014 年版，第 51 页。

④ [美] E. L. 多克托罗：《世界博览会》，陈安译，山东文艺出版社 2014 年版，第 50 页。

⑤ [美] E. L. 多克托罗：《世界博览会》，陈安译，山东文艺出版社 2014 年版，第 98 页。

的美国男孩"征文中,他特别强调对犹太民族身份的认同,比如"假如他是犹太人,他就应该说他是犹太人。"① 铁轨事件一方面加深了埃德加对他族的抗拒,另一方面,强化了他对犹太身份的认同。正如美国社会学家埃齐奥尼(Amitai Etzioni)所言,这种由于"地位和环境被支配性逻辑所贬低或诬蔑"而产生的"抗拒性认同"(resistance identity)会"导致共同体的形成"②。作为美国第三代移民的埃德加虽然已不能完全接受传统的犹太教传统,但当多次遭到他族羞辱时,却在犹太民族共同体中找到归属感和精神支撑。如果说"界线是一种象征性的容器,里面充满了成员们赋予和感知的意义"③,那么当埃德加将世界认知为一个"同心圆"时,社区界线就成为了族裔社区民族共同体的堡垒。克莱蒙特公园以西的犹太社区有犹太教堂与希伯来学校,在这里生活的犹太人和他同属一个共同体,接受并延续着同样的文化与宗教信仰,让他感受到了生活在一个"同心圆内"的精神力量。

虽然社群界线对内能强化族裔共同体凝聚力,但是对外则暴露出画地为牢的封闭逻辑。作为某种意义上的成长小说,《世界博览会》探索的是主人公如何从布朗克斯社区走向世界博览会,正是在此过程中经历的从封闭到开放的空间转变,使其对社会关系和共同体的认知随之发生巨大改变。

三、流动空间与人类共同体

世界博览会是"超越民族国家边界的和平对话和跨文化交流空间"④,以"建设明日世界"为主题的1939年纽约世界博览会,从建筑到展馆内容设计都是典型的世界景观,即表现为具有世界主义特质的、强调关联性与后国家特征的空间、实践、物体和图像,"构建了一种网络社会的模型,为世界主义活

---

① [美] E. L. 多克托罗:《世界博览会》,陈安译,山东文艺出版社2014年版,第240页。
② Amitai Etzioni, *The Spirit of Community: Rights, Responsibilities, and the Communitarian Agenda*, New York: Touchstone, 1993, p. 116.
③ Anthony P. Cohen, *Symbolic Construction of Community*, Routledge, 1985, p. 19.
④ Sven Schuster, "The world's fairs as spaces of global knowledge: Latin American archaeology and anthropology in the age of exhibitions," *Journal of Global History* 13 (1): 69 – 93, 2018, p. 72.

动和世界主义主体提供了可能"①。小说中，当埃德加来到全球城市曼哈顿，眼前的流动景观以及世界博览会的世界景观（cosmoscape）使他的视野豁然开阔，超越社区界线所设下的民族壁垒，产生"憧憬未来的美好社会，向往一种超越亲缘和地域的、有机生成的、具有活力和凝聚力的共同体"②的冲动。

20世纪30年代的曼哈顿已然是一席流动的盛宴，发达的交通促进了人口流动，不仅使居住在曼哈顿市区之外的美国居民能轻松越过河界来到曼哈顿工作、观看比赛，享有和纽约"贵族"一样的经济机遇，而且，移民的流动为纽约输送了新的活力，使纽约的经济与文化呈现鲜明的多元化格局，小说主人公也得益于此。小说以一段比喻描述了从布朗克斯通向纽约曼哈顿的"闹市区短途旅行"③ 其中，从公共交通到纽约的一切都会使埃德加"奇迹般地恢复元气"④。从布朗克斯前往曼哈顿的过程如同一次光之旅程：飞速前进的列车车灯如同"不断发出光芒的星星"，新车站的瓷砖"发出耀眼的亮光"，"一切都沐浴在光泽之中"⑤。这一段的旅程感受与之前在布朗克斯族裔社区边界的体验形成鲜明对比。虽然曼哈顿作为典型的世界都市，内部的移民群体构成更为复杂，但是从布朗克斯到曼哈顿的旅程中，埃德加既没有遇到不怀好意的纳粹少年，也没有收到来自家族的边界警告，感受到的更是"[曼哈顿]在同一时间里支持数百万人的不同意向"⑥，在巨大的流动空间探索的乐趣骤然照亮了埃德加的世界，使埃德加拥有了向外探索与自我实现的勇气与梦想。之后，埃德加将曼哈顿的经历和感受写进"典型的美国男孩"征文并作为其开篇之语："典型的美国男孩不畏艰险。他既能出门到乡下去喝生牛奶。同样的，他也应该跨越城市里的小丘和洼地"⑦，作者通过此征文意在展示，主人公不仅在行动上走出社区，更是在精神上打破民族矛盾所设置的隔阂界线，主动去发

---

① Gavin Kendall, Ian Woodward, and Zlatko Skrbis, *The Sociology of Cosmopolitanism*: *Globalization, Identity, Culture and Government*, Palgrave Macmillan, 2009, p. 127.
② 殷企平:《西方文论关键词：共同体》，载《外国文学》2016年第2期。
③ [美] E. L. 多克托罗：《世界博览会》，陈安译，山东文艺出版社2014年版，第114页。
④ [美] E. L. 多克托罗：《世界博览会》，陈安译，山东文艺出版社2014年版，第118页。
⑤ [美] E. L. 多克托罗：《世界博览会》，陈安译，山东文艺出版社2014年版，第121页。
⑥ [美] E. L. 多克托罗：《世界博览会》，陈安译，山东文艺出版社2014年版，第111页。
⑦ [美] E. L. 多克托罗：《世界博览会》，陈安译，山东文艺出版社2014年版，第240页。

现和寻找更广世界的有机活力。

真正使埃德加对社会关系的认知发生飞跃的则是参观世界博览会。1939—1940年间的世界博览会的世界景观展现的世界主义精神，促使埃德加对自己的共同体意识进行辩证思考。在世界博览会中，埃德加既观望了当下与未来，主动接受并欣赏全球网络，见证了地方与世界文化的杂糅，又从鱼龙混杂的文化景观中捕捉到人类命运的危机迹象，从而重新思考自己在世界上的定位，逐渐成长为人类命运共同体的主动构想者。

小说中，世界博览会的特里隆和佩利斯菲等世界景观对埃德加形成了巨大的视觉冲击，建筑中展现的全球网络和未来生活的流动性，引发他对人类未来社会的深刻思考。即使在埃德加还未踏入世博会园区时，仅仅是远望上述两座标志性建筑，便使他"把它们看作我的朋友"并"设想未来的建筑就应如此"①。这两座"未来建筑"在埃德加的仰视视角中显得相当庞大，"它们似乎占满天空"，甚至在"两座建筑之间的蓝天映衬下"② 人也随之自觉十分渺小。但是这种对未来的仰望视角却在参观通用汽车公司大楼的"未来世界"微缩模型后发生改变，使他不禁感慨："你现在就站在未来之中，未来就在这儿，在世界博览会！"③ 可以说，在仰俯之间的视角转换中，埃德加超越了现实与未来之间的边界，在现实世界和未来世界之间的阈限空间游走，成为一个流动空间"漫游者"。

通过在世界博览会的"漫游"，主人公"依赖知识、情感、想象力、经验、学习世界主义美学和跨文化交流"成为了一个"业余世界主义者"（cosmopolitan amateur）④。尽管展馆设计者的初衷是展示美国的科技实力，小说却对此进行了弱化，而作者着力展现的是：从技术世界中诞生出来的博览会，站在技术的肩膀上将目光投向更为辽阔的空间，更多地关注人文状况。不论是通用汽车公司馆"未来大世界"的科技产品展示还是特里隆和佩利斯菲"民主

---

① ［美］E. L. 多克托罗：《世界博览会》，陈安译，山东文艺出版社2014年版，第246页。
② ［美］E. L. 多克托罗：《世界博览会》，陈安译，山东文艺出版社2014年版，第247页。
③ ［美］E. L. 多克托罗：《世界博览会》，陈安译，山东文艺出版社2014年版，第249页。
④ Vincenzo Cicchelli, Sylvie Octobre, and Viviane Riegel, "After the Omnivore, the Cosmopolitan Amateur: Reflections about Aesthetic Cosmopolitanism," *The Global Studies Journal* 9 (1): 55 – 70, 2016, p. 55.

城"的未来城市规划,都在搭建一种人们所向往的全球网络。在游览"未来大世界"展馆时,埃德加感知到的是一种超乎想象的未来现代化世界,科技是推动人类生活方式发生质变的直接因素,从无人驾驶到现代化产业,"这个缩微世界显示所有一切如何妥善计划"①。不仅如此,小说也描写了主人公对"未来大世界"和"民主城"的不同认知,表达出对全球流动性的见解。"民主城"采取的是立体模型仿真展的方式,埃德加对此毫无兴趣,"因为除了我们,没有任何东西是动的"②。相反,"未来大世界"则是通过科技手段展现出具有高流动性的自动化、现代化世界,这使埃德加不禁融入其中,主动去联想自己的经验与生活,去想象自己所在的世界以及未来世界中自己的存在。"通过全球网络,流动的物体和思想创造了空间、图像和实践的集合,这可能有助于世界主义意识的产生,并最终使人拥有世界主义的立场"③,静态的模型即便宣称自己是"勇敢无畏的新世界"④,都不如动态的全球网络更能激发人们对未来社会的畅想与好奇,使人思考自身发展与世界进步的紧密联系。

同时,世界博览会作为一种典型的阈限空间(liminal space),即一种"'居间'的现身之处——差异之领地的叠加和异位"⑤,具有居间性、不确定性、混杂性、差异性的特征。世界博览会将全世界不同肤色、不同文化背景的人们聚在一起,提供一个各自展示科技实力和文化特色的舞台,在这样一个不同国家的文化并存、高雅与庸俗并存、赞美与批评声音并存的阈限空间中,小说主人公深入思考了世界博览会的深层意义,认识到世界与文化的差异与多元,从而客观地看待其所处时代的现实危机,体会到未来人类的共同命运与自身生活的息息相关。埃德加第二次参观世界博览会已是世界博览会的尾声,"还剩一个月这届世界博览会就将永远闭幕"⑥。大幕将落,盛况不再,小说中

---

① [美] E. L. 多克托罗:《世界博览会》,陈安译,山东文艺出版社 2014 年版,第 248 页。
② [美] E. L. 多克托罗:《世界博览会》,陈安译,山东文艺出版社 2014 年版,第 278 页。
③ Vincenzo Cicchelli, Sylvie Octobre, and Viviane Riegel, "After the Omnivore, the Cosmopolitan Amateur: Reflections about Aesthetic Cosmopolitanism," *The Global Studies Journal* 9 (1): 55 – 70, 2016, p. 55.
④ [美] E. L. 多克托罗:《世界博览会》,陈安译,山东文艺出版社 2014 年版,第 277 页。
⑤ Homi K. Bhabha, *The Location of Culture*, Routledge, 1994, p. 2.
⑥ [美] E. L. 多克托罗:《世界博览会》,陈安译,山东文艺出版社 2014 年版,第 279 页。

也如实描写了世博会热潮的减退:标志性建筑的油漆脱落、展会工作人员的疏懒怠惰、苏联馆撤展、游客大幅减少,一切迹象仿佛不仅在宣告着世界博览会的即将结束,更是在暗示战火已从欧洲向世界各个角落蔓延,即便是世界中心的曼哈顿也不能幸免。而且美国政府不仅利用世界博览会粉饰太平,同时也在展览中抹杀了移民与原住民的历史和不公平的现状,正如埃德加父亲所感慨,"他们搜罗的这些东西当中没有示意说明,美国有严肃的精神生活,或者有遭受种族偏见的保留地印第安人和黑人"。①

然而,尽管世界博览会展现出诸多不完美,但正是这种现实的缺憾使主人公的共同体意识更为成熟和客观。尤其是在见证过世界博览会的辉煌与衰败之后,主人公在鲜明的对比中反而"感到自己对世博会负有责任"②,仍然希望家人们可以和他一样感受到对人类未来美好明天的向往。如果说"共同体认同是以个体居民对'我们'的感觉为中心,他们通过对集体未来的憧憬将彼此联系"③,那么,主人公不仅在对人类未来命运的主动构想中产生憧憬与期待,更是在客观的现实境况中体会到自身对世界的责任感,在对人类命运共同体的认同中重新思考自我与世界的联系。特别是小说中从主人公的视角对两次闭园烟火表演进行对比描写,第一次的烟火表演是一场白昼中的"爆炸":"这是最厉害的喧闹声。世界博览会正独自处于白昼中。出租车似乎在剧烈的爆炸声中颤动,阵阵火花在我们上空成圈飞旋,就好像我们正遭到袭击似的"④;而第二次的烟火表演却成为了黑夜中唯一的光:"那烟火在黑夜中升起,将雨照亮,仿佛在地面与天空之间正进行着一场战斗。"⑤ 从"白昼"到"雨夜",从"袭击"到"战斗",作者的暗喻意有所指,不仅揭示了世界博览会在世界主义精神光鲜表面下的混杂差异,更是暗指战争年代人类命运的飘零,而地面和天空之间的战斗不仅是现实与理想的对抗,更是大地上的每个小

---

① [美]E.L. 多克托罗:《世界博览会》,陈安译,山东文艺出版社2014年版,第280页。
② [美]E.L. 多克托罗:《世界博览会》,陈安译,山东文艺出版社2014年版,第279页。
③ William P. Stewart, Derek Liebert, and Kevin W. Larkin, "Community identities as visions for landscape change," *Landscape and Urban Planning* 69 (2-3): 315-344, 2004, p.316.
④ [美]E.L. 多克托罗:《世界博览会》,陈安译,山东文艺出版社2014年版,第265页。
⑤ [美]E.L. 多克托罗:《世界博览会》,陈安译,山东文艺出版社2014年版,第283页。

我为人类的共同未来而面临的命运挑战。

通过参观世界博览会，埃德加超越了原先狭隘的社区边界思维，不再仅仅将布朗克斯的某个地标作为自己的身份参照点，而是把布朗克斯、曼哈顿甚至美国纳入某一种流动空间中去，在思想上跳出了社区界线，走向更加广阔的世界。世界博览会的美与善使埃德加更新了自己对世界的认识，点亮对世界美好未来的理想，同时世界博览会的竭与衰也激发了埃德加的共同体冲动，使他明白自己不仅是一个美国犹太男孩，也是一个与全人类共命运的世界公民。《世界博览会》倡导消除由狭隘、隔膜引起的对立、冲突乃至仇恨，呼唤人类共同体意识，展示的是阿甘本（Agamben）所说的"正在来临的共同体"（the coming community），它不是一种未来的乌托邦，而是潜在于每一个当下。小说前瞻性地预示了 21 世纪文化地理学家阿格纽所提出的全球政治伦理，即"坚守保障共同追求美好生活的政治责任，超越狭隘的边界思维"[①]。

四、结语

历史学家透过 1939 年的世界博览会看到的是无视战争风云的"静止的梦幻世界"，但是 1985 年的多克托罗通过文学"后视镜"凝视 1939 年世界博览会，却看到跨越边界的流动空间，听到对人类共同体的呼唤。相比之下，多克托罗是在全球化和晚期资本主义的时空巨变中绘制了全新的情感地图。20 世纪 80 年代中期正值全球化"流动时代"的开始，面对跨国资本流动、商品流动、人口流动迅速增强的崭新形势，文化地理学家道琳·玛西（Doreen Massey）在 1984 年出版《空间的社会分工》，揭示资本流动所产生的一系列影响，并提出以空间关联思维替代边界思维；同年，文化批评家詹姆逊发表《后现代主义，或晚期资本主义文化逻辑》论文，指出跨国空间资本流动造成个体对社会总体性的认知障碍，并提出"认知图绘"任务。如果说玛西和詹姆逊

---

① John Agnew, "Borders on the Mind: Re-framing Border Thinking," *Ethics and Global Politics* 1 (4): 175–191, 2008, p. 176.

的论著本身就是从理论层面对流动时代空间体验进行的认知图绘,那么,《世界博览会》则是文学家多克托罗对流动时代的文学认知图绘。面对百年未有之大变局,世界又一次站在历史的十字路口,但流动时代不会终止,人类命运共同体构建之路任重道远且未来可期。中国从百余年前"世博会上的文化他者"到世博会的举办者或"世博共同体的一员"[①],中国对世博共同体的参与、融入、引领正是在实践层面激发万国来客进行"一带一路"框架下的全球认知图绘,"认知图绘所能做的不是去直接把握真理,而是努力提供相关的实践知识"[②],中国通过在世博会上促进多边合作,使零和博弈之弊不言自明,只有同各国人民一道坚守弘扬和平、发展、公平、正义、民主、自由的全人类共同价值,才能推动人类命运共同体走向美好明天。

(本文原载于《安徽师范大学学报(人文社会科学版)》2021年第6期,53—58页,作者刘英、石雨晨,收录于本文集时略有改动。)

[①] 巫濛:《从文化他者到共同体一员:论世博会中国馆的百年国家形象流变》,载《中国新闻传播研究》2020年第5期。

[②] 陆扬:《詹姆逊的"认知图绘"及其现实意义》,载《人民论坛·学术前沿》2020年第21期。

城市中的"漫游者"
——论爱伦·坡小说中的人与空间

韩红宇[*]

摘要：城市作为现代性的载体和共建"一带一路"的重要行为主体，是人文地理研究关注的热点。在对城市空间的研究中，人与城市的关系是无法回避的问题，贯穿城市研究的始终。"漫游者"作为经典的文学形象，与城市化发展紧密相连。城市发展促进了人口的增加与流动，亦催生了"漫游者"的产生。与此同时，"漫游者"在城市经验与空间生产中扮演着重要作用，"书写"与"描绘"着城市文化。对"漫游者"的关注不仅为解读文学作品中的地理空间、社会文化提供了新的视角，也为我国当下的城市文化研究提供了借鉴。本文围绕着"漫游者"这一概念的发展历程，特别将其与19世纪美国作家爱伦·坡的小说相连，旨在分析"漫游者"与城市的关系，"漫游者"在城市空间中扮演的角色以及"漫游者"对当下城市和空间研究的影响和启发。

关键词：爱伦·坡；城市；漫游者；空间理论

联合国曾就未来人口进行预测，到2030年，全球超过三分之二的人口将居住在城市。其中，较之欧洲、美国，新增加的城市人口主要来自发展中国家

---

[*] 韩红宇，南开大学外国语学院在读博士研究生，研究方向为英美文学、19世纪美国文学。

的巨型城市或新兴的城市带①。根据国家统计局的相关数据，截至2022年底，我国城镇常住人口达到92071万人，常住人口城市率达65.22%。城市人口的大量增加为我国城市的发展带来机遇与挑战，并落实到城市规划、城市建设、城市治理、城市生态保护、城市文化的方方面面。城市化问题、人与城市的关系一直是近些年国家、社会与学界关注的重点。

有关城市以及城市发展的问题由来已久。放置到全球历史语境中，19世纪作为史无前例的城市发展时期，在全球城市化进程中占据着举足轻重的位置，依然是当下城市、空间和人文研究中关注的热点。文学作品在反映与回应这一时期城市化进程中扮演着重要角色，其中涉及的城市化问题、人与城市关系、城市文化等也为当下的城市研究和发展提供了借鉴。

近些年来，"城市漫游"（city walk）在都市人群中再度兴起，成为一种颇受欢迎的休闲方式和流行文化。"漫游"与城市的高效率、快节奏形成鲜明的对比，特别是"当移动不再依靠自然空间，而是以机器力量为基础，'时间和空间的湮灭'（annihilation of time and space）成为现代人的生活与精神困境"②。

早在19世纪，美国作家埃德加·爱伦·坡（Edgar Allan Poe，1809—1849）的作品中便体现出对城市漫游的关注，在以城市为背景的小说里，坡笔下的主人公多以"漫游者"的形象出现。何为"漫游者"？"漫游者"如何与城市相连？"漫游者"对于理解城市与空间有何意义？对城市中"漫游者"的关注在当下有何重要意义？本文结合文学地理的相关理论，立足"漫游者"这一概念的发展历程，特别将其与爱伦·坡的小说相连，旨在分析"漫游者"与城市的互动，"漫游者"在城市文化中扮演着的重要角色以及"漫游者"对于当下城市和空间研究的影响和启发。

---

① ［美］雷·哈奇森：《城市研究关键词》，陈恒、王旭等译，生活·读书·新知三联书店2022年版，第1页。
② ［德］沃尔夫冈·希弗尔布施：《铁道之旅：19世纪空间与时间的工业化》，金毅译，上海人民出版社2018年版，第28页。

一、坡与"漫游者"

在美国城市规划理论家凯文·林奇（Kevin Lynch）看来："我们不能将城市仅看成是自身存在的事物，而应该将其理解为由它的市民感受到的城市"，其中，"城市中移动的元素，尤其是人类及其活动在城市认知和建构中发挥着重要的能动作用"。①澳大利亚学者德博拉·史蒂文森在《城市与城市文化》中进一步指出："弄清楚什么样的人是（或曾是）漫游者，哪些事情才与漫游有关，以及这一定义对城市社会学会有什么样的意义，是个十分复杂的过程。"②

何为"漫游者"？漫游者（flâneur）最早被提及是在1585年，被认为是借用了斯堪的纳维亚语中的名词"flana"，即"一个漫游的人"，起初该词没有特指男性，直到19世纪才流行起来，且被性别化③。到了19世纪，"漫游者"成为欧美作家笔下重要的文学形象：他们或是"在城市里闲逛的人"，或是"偷窥者"，或是"流浪者"，或是"业余的侦探"④，他们"漫无目的地，同时又似乎是无声无息地行走，以此来消磨时间"⑤。进入20世纪后，本雅明对"漫游者"进行了定义，将其与拱廊街这一具有现代性的商业空间相连，主要指代19世纪巴黎城里具备一定财力基础的有闲人士，他们与城市、人群保持着距离，具有流动性。除此之外，诗人、艺术家亦被视作"漫游者"。在本雅明看来，"漫游者"提供了一种阅读城市文本的方式。

早在"漫游者"经本雅明正式提出前，坡的《人群中的人》（"The Man of the Crowd"，1840）便借小说中被叙述者跟踪的老头塑造了这样一个"漫游

---

① ［美］凯文·林奇：《城市意象》，方益萍、何晓军译，华夏出版社2001年版，第1页。
② ［澳］德博拉·史蒂文森：《城市与城市文化》，李东航译，北京大学出版社2007年版，第86页。
③ ［法］劳伦·埃尔金：《漫游女子：徜徉在巴黎、纽约、东京、威尼斯和伦敦》，管弦译，商务印书馆2020年版，第11页。
④ Robert T. Tally Jr, *Spatiality*, New York: Routledge, 2013, p.95.
⑤ ［澳］德博拉·史蒂文森：《城市与城市文化》，李东航译，北京大学出版社2007年版，第86页。

者"（wanderer）形象：在街道上漫无目的地走来走去，"进入一个又一个商店，不问价，什么也不说，疯狂又空洞地看着所有的物品"①。坡对"漫游者"的关注在19世纪的欧美文坛并非个例。巴尔扎克作为"最早创造'漫游者'这一文学形象的作家之一"②，其笔下既有"普通的漫游者，喜欢漫无目的地在街上闲逛"，又有艺术家，"将漫游与对城市的体验倾注于作品中"③。狄更斯的《老古董店》（The Old Curiosity Shop，1840）亦描写了诸如内尔（Nell）和她祖父这样的"漫游者"（wanderer）形象。在与坡同时期的美国作家梭罗看来，构成漫游的要素是"悠闲、自由和独立，是任何财富买不到的，只能承蒙天恩"④。较之梭罗将视野放置于自然与所在的新英格兰地区，坡将漫游者与城市紧密相连。对比巴尔扎克与狄更斯，坡则借《人群中的人》提出了其他疑问："漫游者是追寻者还是被追寻的人，他想要融入而不被人注意，还是抽身旁观并写下他的见闻？"⑤

较之被叙述者称为"人群中的人"和"漫游者"的老头，波德莱尔与本雅明认为叙述者更符合"漫游者"这一意象。叙述者最初坐在咖啡馆里，"时而观察咖啡馆里喧闹的人群，时而透过烟雾缭绕的窗格窥视街道"⑥，之后走上大街，走进人群里，打量着人群中形形色色的人；他选定老头作为观察对象，跟随他从城市的中心出发，走遍城市的角落。较之行人"被人群推搡"，叙述者始终与人群保持着安全的距离，这种距离亦使得他有"漫步的闲情"。⑦

与不紧不慢、漫无目的、随意打量的漫游者形成鲜明对比的，是他置身的

---

① Edgar Allan Poe, *Complete Stories and Poems of Edgar Allan Poe*, New York: Doubleday, 1966, p. 709.

② David Harvey, *Paris, Capital of Modernity*, New York: Routledge, 2003, p. 23.

③ ［法］劳伦·埃尔金：《漫游女子：徜徉在巴黎、纽约、东京、威尼斯和伦敦》，管弦译，商务印书馆2020年版，第11页。

④ Henry David Thoreau, *The Premium Complete Collection of Henry David Thoreau*, London: Penguin Classics, 2017, p. 3.

⑤ ［法］劳伦·埃尔金：《漫游女子：徜徉在巴黎、纽约、东京、威尼斯和伦敦》，管弦译，商务印书馆2020年版，第11—12页。

⑥ Edgar Allan Poe, *Complete Stories and Poems of Edgar Allan Poe*, New York: Doubleday, 1966, p. 705.

⑦ Robert T. Tally Jr, *Spatiality*, New York: Routledge, 2013, p. 97.

人群。他们"步履匆匆地奔向一个终点而对周遭视而不见",这个终点可能是"上班场所""家"等具体场所,在广义的层面上更是"一个进步的梦想,一个乌托邦幻境,一个幸福的未来承诺",他们的步伐受制于"这个承诺",从而"失去了闲荡的自在天性"。①

而"漫游者"作为"城市的异质者、流动者、不被城市的法则同化和吞噬的人"②,游离于人群和规则之外,踪迹更为流动,深入城市中的"隐秘角落",更能触及城市的真实。叙述者眼中的城市拥有多重风景,一边是"煤气灯的光线把一切投上了艳丽的光辉";一边是"偶然出现的一盏灯的昏暗光晕下,一些高大、古老、被虫蛀过的木制房屋朝不同方向摇摇欲坠……可怕的污物在堵塞的排水沟中溃烂,整个气氛充满了荒凉"。③ 叙述者在跟踪老头的过程中,亦将城市的角角落落尽收眼底,既看到了以咖啡馆为代表的市中心的繁华与喧闹,又看到了城市边缘的贫穷与肮脏。

坡对城市和"漫游者"的关注与其经历紧密相连,除了上大学和进部队那几年,坡的一生几乎都生活在城市里。在美国文学批评家萨克文·伯科维奇(Sacvan Bercovitch)看来,"坡的创作生涯以现代美国生活的一个主要事实为基础,那便是城市的发展……即使在场景不是城市的作品里,城市生活方式也很突出"④。1820 年至 1850 年,即坡一生中四分之三的时光,是美国历史上城市化进程最迅速的时期⑤,坡生活过的几个城市更是与现代化进程紧密相连:坡年少时的居住地里士满是当时种植园经济中的制造业基地,坡先后生活过的纽约、费城和巴尔的摩更是当时美国的"三个最大城市","仅从 1820 年到 1860 年,这三个城市的人口便增加了六倍"。⑥

---

① 汪民安:《情动、物质与当代性》,山东人民出版社 2022 年版,第 231 页。
② 汪民安:《现代性》,南京大学出版社 2020 年版,第 140 页。
③ Edgar Allan Poe, *Complete Stories and Poems of Edgar Allan Poe*, New York: Doubleday, 1966, pp. 707 - 710.
④ [美]萨克文·伯科维奇:《剑桥美国文学史》(第二卷),史志康等译,中央编译出版社 2008 年版,第 642 页。
⑤ Scott Peeples, *The Man of the Crowd: Edgar Allan Poe and the City*, Princeton: Princeton University Press, 2020, p. 20.
⑥ [美]萨克文·伯科维奇:《剑桥美国文学史》(第二卷),史志康等译,中央编译出版社 2008 年版,第 642 页。

此外，坡长期在里士满、费城和纽约等地担任报刊编辑，有机会接触更多关于城市生活的一手素材与奇闻轶事，并参与着城市的书写和城市文化的建构："纸张的沙沙声和撕裂声是城市潜在的声音，对城市存在的内在内容而言，这种声音比城市机器轰鸣的节奏更重要……城市最实质性的街谈巷议不再是发生在十字路口、餐桌上或者是人们在市场中面对面相遇时，一小群人在报纸上写文章，另一小群人在电台做广播，对每天进行和发生的事件进行阐释……并改写着大城市流行的智力活动"①。

坡40年的人生里大约搬了35次家，这使得他"不仅是城市的孩子"，而且是"漂泊不定的孩子（child of transience）"。② 这种物理层面的辗转和流动使得坡很难有作为居民的安定感和归属感，而是始终有着作为他者的心理距离，即：他在某个城市生活多年，但他不真正属于哪个城市。坡的经历造成了他的矛盾性：一方面，他深处城市，直面着城市及其城市化进程对个人、社会造成的影响；另一方面，作为"过客"的他始终保持着审判与客观距离，既能看到城市光鲜亮丽的表象，又能看到其他城市居住者看不到或是司空见惯的"隐秘角落"，并在感性与理性之间保持平衡。"漫游者"既是坡笔下的经典文学形象，又是他本人的化身，诠释着他对城市、城市问题的理解。

二、"漫游者"与城市秘密

城市推动了"漫游者"这一群体的产生，与此同时，"漫游者"促进了对城市经验的理解。波德莱尔将"漫游者"与现代性、城市经验相连，其中，既有"城市生活苦难的忧郁之美"，又有"城市风光永恒和谐的美"。③

在对城市和漫游者的分析里，绕不开乡村。汪民安在《现代性》中指出："漫游者绝对不会出现在乡村，因为在乡村，人面对的是邻人和家族权威，而

---

① ［美］刘易斯·芒福德：《城市文化》，宋俊岭、李翔宁、周鸣浩译，中国建筑工业出版社2008年版，第295页。

② Terence Whalen, *Edgar Allan Poe and the Masses: The Political Economy of Literature in Antebellum America*, Princeton: Princeton University Press, 1999, p. 22.

③ 上官燕：《游荡者城市与现代性：理解本雅明》，北京大学出版社2014年版，第191页。

现代性的都市动荡，使得乡村那些固定的东西——固定的价值观、固定的生活方式、固定的时空安排、固定的心理和经验、固定的社会关系——都烟消云散了。"①

  城市化发展的一个突出特点，便是对原有乡村、私人空间的冲击和挑战。在《厄舍屋的倒塌》中，坡便借主人公厄舍的画，表达了一种"山雨欲来风满楼"的预兆："巨大空间的任何部分都看不到出口，也看不到火或其他光源。但有束光滑过整个空间，让它沐浴在一种可怕的、不合时宜的光芒中。"②这束光有何寓意？它与空间有何关联？通过二者的关系，坡所要传达的是什么讯息？这束光代表着一种看似柔和却强有力的力量，象征着内部裂痕与外部入侵的结合，寓意着再隐蔽的空间也终将暴露于天日。放置在当时的社会历史语境下，与乡村的衰落，加速发展的城市化进程紧密相连。以厄舍屋为代表的老宅的倒塌亦暗示着私密性的打破、传统的断裂，人的身体与精神重新暴露于光天化日之下。"老宅"倒塌后，人们该前往何处？城市能成为人的庇护所吗？此外，坡亦在《厄舍屋的倒塌》提到人与空间的互相影响："房屋的特性与居住者被公认的特性完全吻合，两种特性在漫长的几个世纪中可能相互影响。"③放置在城市中，城市与生活其中的人又是如何相互影响的？

  城市的一个典型特征便是将那些通常在乡村、社区中被忽视与抑制的人类性情和特征展露出来，充分彻底展示出人类本性（human nature）中的善与恶④。美国作为建国初典型的农业国，乡村经验、传统道德与城市生活方式、价值观念的冲突一直贯穿其城市化的发展进程中⑤。涌进城市的居民大多来自美国的边远乡村，与乡村心理经验形成鲜明对比的是城市的拥挤、贫穷、犯罪、腐败、冷漠与伦理混乱，城市对他们来说不仅是一种新的社会形式和生活

---

① 汪民安：《现代性》，南京大学出版社 2020 年版，第 39—40 页。

② Edgar Allan Poe, *Complete Stories and Poems of Edgar Allan Poe*, New York: Doubleday, 1966, p. 648.

③ Edgar Allan Poe, *Complete Stories and Poems of Edgar Allan Poe*, New York: Doubleday, 1966, p. 644.

④ [美] 罗伯特·E. 帕克：《城市：有关城市环境中人类行为研究的建议》，杭苏红译，商务印书馆 2020 年版，第 58 页。

⑤ 原祖杰：《相遇在城市：19 世纪美国城市问题探源》，载《南开学报》2017 年第 6 期。

方式，而且是对文明本身的奇特威胁①。城市化进程打破了原有社会的经济、伦理秩序，亦使得身处其中的人处于陌生、迷茫与混乱的状态。他们漫游和追寻他人的过程，也是试图认知城市的过程。

城市中的意象是观察者与所处环境双向作用的结果②，城市秘密代表着"漫游者"对城市的认知。他们漫游在城市的角角落落，打量着城市的建筑、街道、人群、一草一木，"丈量"着城市的结构、形态、布局，试图获得一种有序感和安全感。"漫游者"在追寻与发掘城市秘密的同时，亦受其反噬："当城市把秘密暴露在我们眼前时，我们就进入了诡异的世界"；此外，"人群的快速变化所导致的神经刺激的加剧，让人感到各种印象汹涌而来，个体的精力被这种能量所吸收，变得麻木"。③ 美国学者利罕（Richard Lehan）在《文学中的城市：知识与文化的历史》（*The City in Literature: An Intellectual and Cultural History*, 1998）中论及了这种无法获得的满足感："因为城市提供的经验超出了人的消化能力，他甚至在体验各种体验的同时，也总感到错过了许多，他的心灵时刻处于得不到满足的状态，总是充满盲目的欲望"④。城市在带给人们各种新奇体验的同时，又使人陷入对光鲜、欲望的无限追求和混乱之中。

较之发现秘密或取得结果，在《人群中的人》中最终筋疲力尽的叙述者看来，"跟随那个老头儿是徒劳的，他始终无法更了解他或是他的罪恶"⑤。这可双关为对城市的态度："漫游者"一方面试图看遍城市的风景，发现城市的秘密；另一方面却无法真正接近和理解。古希腊神话《伊利亚特》中便描绘了这样的场景："如在梦里，追赶者永远无法真正追上他正在追赶的逃亡者；

---

① 原祖杰：《相遇在城市：19世纪美国城市问题探源》，载《南开学报》2017年第6期。
② ［美］凯文·林奇：《城市意象》，方益萍、何晓军译，华夏出版社2001年版，第4页。
③ ［美］理查德·利罕：《文学中的城市：知识与文化的历史》，吴子枫译，上海人民出版社2009年版，第90—93页。
④ ［美］理查德·利罕：《文学中的城市：知识与文化的历史》，吴子枫译，上海人民出版社2009年版，第93页。
⑤ Edgar Allan Poe, *Complete Stories and Poems of Edgar Allan Poe*, New York: Doubleday, 1966, p. 710.

同样，逃亡者无法彻底摆脱追赶他的人。"① 体现在叙事者和老头儿的关系里，叙事者永远无法真正追上他正在追赶的老头儿；同样，老头儿无法彻底摆脱追赶他的叙事者。这种悖论后来被拉康进一步延伸："主体越来越接近客体，却永远无法追赶上客体，永远'可望而不可即'。"② 对城市秘密的追寻和失败反映了城市化进程下人的不确定感，没有在城市中获得真正的安全感与归属感，他们的迷茫、困扰与孤独亦通过"漫游者"的行为和心态体现出来。他们也许"并不是无家可归"，但也只能在"在城市的迷宫中转来转去"。③

"漫游者"在反映都市人的心理、精神困境的同时，亦推动了侦探文学的发展。特别是在19世纪的美国，对城市新闻和城市秘密的依赖成为文学市场的普遍现象，城市的力量诱使人们"追求商业、娱乐或信息"，城市街道成为"商品和信息的管道"，文学迅速成为一种"城市商品"。④《人群中的人》也被评论者们视为坡创作的重要转折，反映了坡作为商业作家对这一时期文学市场的迎合，即被迫寻找并利用所有可销售的秘密⑤。

除了"人群中的人"，坡笔下典型的漫游者还包括杜宾（C. Auguste Dupin），集中体现在《莫格街凶杀案》（"The Murders in the Rue Morgue"，1841）、《玛丽·罗杰神秘案件》（"The Mystery of Marie Rogêt"，1842）中。与《人群中的人》中的叙述者一样，虽然置身繁华都市中，杜宾依然保持着与人群、外界隔绝的状态：白天，他过着隐居生活，"不允许任何人来我们住所，并一直谨慎地向之前的朋友隐瞒我们的住处"；直到夜幕降临，杜宾和同伴才走出家门，"走上街头，继续当日话题，或四处漫游，在深夜人群熙攘的城市的流光

---

① [斯洛文尼亚] 斯拉沃热·齐泽克：《斜目而视：通过通俗文化看拉康》，季广茂译，浙江大学出版社2017年版，第5页。

② [斯洛文尼亚] 斯拉沃热·齐泽克：《斜目而视：通过通俗文化看拉康》，季广茂译，浙江大学出版社2017年版，第5页。

③ 汪民安：《情动、物质与当代性》，山东人民出版社2022年版，第213页。

④ Terence Whalen, *Edgar Allan Poe and the Masses: The Political Economy of Literature in Antebellum America*, Princeton: Princeton University Press, 1999, p. 77.

⑤ Terence Whalen, *Edgar Allan Poe and the Masses: The Political Economy of Literature in Antebellum America*, Princeton: Princeton University Press, 1999, p. 105.

溢彩中,静静观察,以此寻找精神刺激"。①

"如果视觉呈现得当,城市便可富有强烈的表达意涵"②,林奇的视觉感知城市物质形态理论便可在杜宾身上找到原型。较之普通的"漫游者"们,杜宾有着自己的审视视角,即"不能正视,不能靠得太近,唯有用眼角的余光,将视网膜外围(the exterior portion of the retina)对准"方能看清"夜空的星星"③ 和潜伏于城市和黑暗中的秘密。以杜宾为代表的"漫游者"侦探形象也对之后柯南·道尔的福尔摩斯系列、雷蒙德·钱德勒的"硬汉派小说"、菲利普·马洛系列产生重要影响,即试图在城市的混乱和不可把控中建立一种秩序感,使城市重新恢复到理性和人性的尺度(human scale)④。

"漫游者"对城市秘密的追寻亦是对城市空间的探索与绘图。通过追寻的失败,坡表达了都市人面临的心理与精神困境。一方面,他们身处城市之中,并从城市光怪陆离的表象中获得猎奇的体验;另一方面,他们始终无法真正融入,无法获得真正的安全感与归属感。对于城市秘密的追寻亦反映了城市化进程下现代人的不确定感,并试图在城市中重新构建一种生活秩序。

三、跨越时空的"漫游者"

在分析"漫游者"和空间时,女性是不容忽视的重要群体。漫游代表着自由和权益,常受到女性研究的关注和青睐。特别是在19世纪的社会历史语境中,"漫游者"被默认为男性,女性则更多被"囚禁"家中,走上街头的也多是妓女、劳工等底层女性,这也与当时的社会文化、两性在公私领域的权力分配不均有关⑤。

---

① Edgar Allan Poe, *Complete Stories and Poems of Edgar Allan Poe*, New York: Doubleday, 1966, p. 726.

② [美]凯文·林奇:《城市意象》,方益萍、何晓军译,华夏出版社2001年版,第14页。

③ Edgar Allan Poe, *Complete Stories and Poems of Edgar Allan Poe*, New York: Doubleday, 1966, p. 326.

④ [美]理查德·利罕:《文学中的城市:知识与文化的历史》,吴子枫译,上海人民出版社2009年版,第106页。

⑤ Janet Wolff, "The Invisible Flâneuse: Women and the Literature of Modernity", *Theory, Culture & Society*, Vol. 2, No. 3, 1985, p. 37.

在刻画一些男性漫游者的同时，坡的小说中大量涉及了女性与空间的关系。与她们相关的空间，更多是床、棺材、地窖等带着性、死亡意味的意象，并由男性角色所安置，如《雷姬亚》中罗薇娜死于丈夫布置的新房里，《厄舍屋的倒塌》中玛德琳被哥哥放置在地窖的棺材里，《黑猫》中女主人被埋在墙体里等。一方面，女性作为失去生命体征的躯体被动地安置在男性主导的空间里，另一方面，她们以某种"极端"方式实现逃离，如雷姬亚的"借尸还魂"，玛德琳的"破棺而出"，女主人的尸体借助黑猫"重见天日"。空间无法真正束缚女性，坡借助这些看似极端的例子表达了对被束缚的女性群体的关注。而随着城市化进程的推进，女性逐渐进入城市公共空间，从城市的边缘者成为"参与者和观察者"[1]，并在城市文化中发挥着日益重要的作用。

除了与城市、城市问题相结合外，坡亦将漫游与这一时期美国的西部运动、空间扩张紧密相连。坡笔下人物的漫游空间亦涵盖了西部、大海、太空等。其中，《朱利叶斯·罗德曼的日记：记述文明人第一次穿越北美落基山脉的故事》（*The Journal of Julius Rodman, Being an Account of the First Passage Across the Rocky Mountains of North America Ever Achieved by Civilized Man*，1840）以西部为故事空间，《瓶中手稿》（"MS. Found in a Bottle"，1831）等以海洋为空间，将冒险与美国西部拓荒等具有时代特征的社会大事件紧密结合。《汉斯普法尔历险记》（"The Unparalleled Adventure of One Hans Pfaall"，1835）与《我发现了》（"Eureka：A Prose Poem"，1848）则将视野转向太空、宇宙，强调"无限的宇宙空间"和"超越地理疆界"。人文主义地理学创始人、当代华裔地理学家段义孚在《浪漫地理学：追寻崇高景观》中提出："地理学不仅是空间科学，而且是关乎对自然和文化的求索，既涉及对'群体'从在自然环境中生存到在人造环境中生存的转变的观察，又涉及对'个体'从作为生物体到作为文化体的演进的探究。"[2] 较之从宏观层面描绘这一时期的现代化进程，坡更多借助了小人物的视角与经历，对这一时期美国的自然与社会空间进

---

[1] Janet Wolff, "The Invisible Flâneuse: Women and the Literature of Modernity", *Theory, Culture & Society*, Vol. 2, No. 3, 1985, p. 37.

[2] [美] 段义孚：《浪漫地理学：追寻崇高景观》，陆小璇译，译林出版社2021年版，第144页。

行书写和"绘图",并将其与拓荒、探索的内在精神驱动紧密相连。

意大利哲学家阿甘本指出"当代性就是指一种与自己时代的奇特关系,这种关系既依附于时代,同时又与它保持距离"①。从这个意义上讲,坡跨越时空,具有当代性。较之一味契合与依附于所处的社会历史时期,作为"漫游者"的坡有着超然和领先于时代的眼光,并对之后的人文研究产生重要的影响。

在文学创作上,坡将漫游与视觉、空间相连,肯定人在城市书写和空间探索中的重要角色,并将其与侦探小说、冒险小说相结合。美国文学空间理论研究专家罗伯特·塔利多次提到坡与城市空间、地理批评的关系,以及坡对自己的影响。在著作《坡与美国文学的颠覆:讽刺、想象和批评》(*Poe and the Subversion of American Literature: Satire, Fantasy, Critique*, 2014)中,塔利将坡作为"漫游者"的流动性与其文类创作紧密相连,指出坡借地理空间所实现的对这一时期美国文学的突破与发展②。坡的创作理念对之后的侦探小说、现代小说、后现代小说产生重要影响。"太空漫游者""神经漫游者"亦成为漫游者在新的历史文化语境下的发展和创新,诠释着对人和空间关系的新思索。

坡借"漫游者"所反映的审视城市与空间的视角在当下的城市和空间研究中仍有着重要意义。在英国当代地理学家大卫·哈维看来,漫游者"不只是审美者,到处游荡的观察者",而是"同时怀有目的,企图挖掘社会关系的秘密,并穿透拜物教"③,并将"漫游者"与资本的空间生产、政治经济关系紧密相连。法国当代思想家德塞托将"漫游者"与城市书写和空间化相连,并认为"漫游者"是"城市真正的作者",他们行走的过程亦是"空间化的过程"。

漫游代表着一种观察、体验与记录城市的视角,反映了都市人对自身定位和城市文化的理解。在城市研究者们看来,"通过漫游这一举动,数不胜数的城市使用者将城市看作自己的空间进行书写与再书写——创造出一个又一个片

---

① 汪民安:《情动、物质与当代性》,山东人民出版社2022年版,第213页。

② Robert T. Tally Jr, *Poe and the Subversion of American Literature: Satire, Fantasy, Critique*, London: Bloomsbury, 2014, p.3.

③ David Harvey, *Paris, Capital of Modernity*, New York: Routledge, 2003, p.36.

段故事，与其他片段相关联、交叉，正是这些轨迹和联系，将城市赋予形态。"①"漫游者"作为书写和描绘现代生活的"街头艺术家或诗人"②，在城市空间与文化中扮演着积极的角色。对于"漫游者"的关注和研究，将"漫游者"与空间、文化相结合在当下依然有着重要意义。

结　语

坡对城市的关注与19世纪变革时期的社会文化环境紧密相连，城市化进程改变了原有的地理空间，亦影响了人们的生活方式与价值观念。城市推动了"漫游者"的产生，"漫游者"参与到城市的"绘图"中，又促进了对城市的认知和理解。通过"漫游者"这一群体，坡表达了对城市表象下一系列社会问题的关注，从微观层面折射出对现代化进程的矛盾态度，体现出作为作家的前瞻性、开阔视野与人文关怀。坡借城市和"漫游者"传达出的社会思索与创作理念也对当下的城市研究、文学地理学研究产生了深远的影响。此外，在对西方城市化进程和文学文本的分析和借鉴中，应结合我国自身的社会历史，立足于全球化背景和当下的发展。作为文学研究者，我们应肯定城市在国家发展中的重要战略地位，积极投身于城市的空间生产与文化实践，推动城市在文化传播与交流中发挥更加积极的作用。

---

① ［澳］德博拉·史蒂文森：《城市与城市文化》，李东航译，北京大学出版社2007年版，第86页。

② Robert T. Tally Jr, *Spatiality*, New York: Routledge, 2013, p. 99.

物质流动与流行病书写：
《荒凉山庄》的新物质主义解读

穆玉瑶[*]

摘要：虽然对物质能动性的理论思考是 21 世纪才逐渐兴起的新思潮，但早在 19 世纪，狄更斯便在小说《荒凉山庄》中通过流行病书写使物质能动性得到了具象化呈现。他充分吸收"瘴气理论""水源致病说"等主流病因说，描写了流行病如何借助空气污染物、污水等流动性物质媒介实现病毒的跨空间、跨躯体流动，呈现出物质流动与流行病传播之间的互构性。"物质"视角对物质能动性给予充分肯定，强调人与物质环境间的复杂纠缠，唤醒人类对物质环境的重视，也为解读狄更斯的流行病书写提供了全新路径，有助于更好理解其流行病书写的深层蕴意。此外，狄更斯也通过流行病的文学表征积极探讨 19 世纪的物质环境污染、阶级区隔、环境非公正等社会议题，为解决当下环境危机与环境疾病、构建生态共同体开辟了一条新的路径。

关键词：《荒凉山庄》；流行病；物质流动；新物质主义

引　言

"冷酷的十一月，满街泥泞，煤烟顺着烟囱管帽低低飘去，天空中渐

---

[*] 穆玉瑶，南开大学外国语学院在读博士研究生，主要研究方向为英美文学。

淅沥沥地下着黑色细雨,夹杂着鹅毛大雪般的煤屑,狗儿浑身泥浆,四处全是浓雾。"① 狄更斯在《荒凉山庄》开篇不仅借助昏暗污浊的伦敦环境对以"大法官庭"为代表的英国司法体系进行严厉批判与控诉,也充分还原了19世纪中期伦敦糟糕的物质环境状况。巧合的是,该时期英国正值流行病频繁侵袭,引发了人们对物质环境恶化与流行病之间关系的思考,但受限于医疗水平的发展,关于流行病的科学解释始终没有定论,社会各界也纷纷建言献策,一时间,瘴气致病说、水源致病说等病因学说鱼贯而出,极大地丰富了流行病病因学讨论话语。狄更斯对相关病因说十分熟悉,他敏锐地捕捉到了物质环境日益恶化与流行病传播之间的潜在关联,首次出版于1852—1853年的《荒凉山庄》可以说是对该时期物质环境与流行病书写的最佳文学表征。

《荒凉山庄》充满了狄更斯对该时期物质环境、流行病与社会问题的思考。小说中对流行病频繁描写也引起了学界的广泛研究,对《荒凉山庄》中流行病书写的关注多从隐喻角度进行解读,该研究路径从文化研究视角解读疾病,赋予疾病丰富的文化意蕴与文化属性,但依然是以人类为中心的研究视角,将疾病归为待人阐释的"他者",忽视了疾病作为物质本身的物质属性。此外,关于物质环境与流行病二者的关系,一直以来都未被予以重视。作为文学跨学科研究的主题之一,流行病书写所具有的文化意义和价值为文学研究提供了丰富的文学经验,理应将其置于更加开放、多元的视野中加以考察。新世纪以来,文学研究领域掀起"新物质主义"(New Materialism)研究热潮,文学文本中的"物质"也因此焕发出新的生机与活力,物质的动态性和能动性成为学界关注的焦点,这为我们提供了一种重新思考物质环境、流行病与人类社会关系的方式②。有鉴于此,通过新物质主义的独特视野探究《荒凉山庄》中流行病书写的文学意义,探索物质能动性、流行病与人类社会之间的"内在互动"(Intra-action),不失为解读文本、拓宽流行病书写与物质研究的新路径。

---

① Charles Dickens, *Bleak house*, London: Penguin Classics, 1868, p. 1.
② Andrew Esptein, "The Disruptive Power of Ordinary Things", *Journal of Modern Literature*, Vol. 40, No. 2 (2017): 184 – 188, p. 185.

纵览小说不难发现，空气污染物、水污染等已成为该小说物质环境描写的显著特征，从"物质"视角出发有助于更好理解其流行病书写的深层蕴意。基于此，本文以"物质"为聚焦对象，重点分析污染物如何以一种隐蔽的方式与身体、社会产生互动联系，进而传播流行病。笔者发现，狄更斯在小说中赋予污染物以能动性（Agency），他充分吸收瘴气理论的观点，认为空气中存在某种污染物，因其强大的流动性对人体产生能动作用，使人类身体沦为中毒身体。同时，他也并未否认其他非空气污染物在引发、传播流行病方面的能动作用，并重点强调污水这一物质与人类身体之间的跨躯体性（Trans-corporeality）物质交换如何致人患病。这样，狄更斯将长期未受重视的"污染物"拉回人类视野，并试图恢复其自身的物质能动性和物质力量。此外，狄更斯还通过物质在传播流行病方面的能动性参与19世纪阶级差异、环境非公正等议题的讨论，表达人与万物互惠互联的共同体意识，彰显其作为作家与社会改革家的社会责任感与前瞻性眼光。

一、伦敦雾：瘴气理论与物质的跨空间流动

19世纪的伦敦素来享有"雾都"之称号，笼罩城市上空的烟雾和灰尘、难闻的气味与令人窒息的腐烂味道不仅是伦敦物质环境书写的标配，更是该时期主流病因说"瘴气理论"所主张的主流病因。小说中，狄更斯将"雾霾"等空气污染物描写成了一种邪恶而流动着的物质，充满了个性与力量，它们可以跨越不同的地理空间，携带病毒、传播病毒。

"伦敦雾"作为小说中的重要意象贯穿全文，不仅成为狄更斯批判社会的利器，更成为揭示物质环境污染的有力助手。浓雾笼罩泰晤士河，"在这个大（而且脏）的都市河边污浊的空中翻滚，自身也愈来愈受到污染"①，雾潜入运煤船的厨房、雾侵入老人们的眼睛和喉咙里，使他们坐在火炉旁呼哧呼哧地喘气，雾钻进船长抽的烟管和烟斗里，顺着呼吸进入人体……②狄更斯用一连串

---

① Charles Dickens, *Bleak house*, London: Penguin Classics, 1868, p. 1.
② Charles Dickens, *Bleak house*, London: Penguin Classics, 1868, p. 2.

雾的铺陈，使他笔下的雾仿佛游移不定、行动敏捷的活物，无孔不入，它们带着有毒物质进入人的眼睛，通过呼吸进入人的体内，与人体进行物质交换，点出了浓雾对人体可能的伤害。长期以来，由于地理位置、燃煤取暖等问题，烟雾在伦敦早已屡见不鲜，已然成为伦敦的标志，随着工业革命的蔓延和城市的迅速扩大发展，伦敦的空气污染状况不断恶化。维多利亚时期，浓雾更是已经成为"伦敦特色"。此时英国社会疾病频发，民众苦不堪言。除天花、鼠疫等常见流行病外，霍乱多次侵袭英国，人口死亡率急剧上升；斑疹伤寒也多次侵袭英国，仅1838年伦敦登记在册的就约有14000人生病，其中1281人死亡[①]。当时科学界普遍流传一种"瘴气理论"（Miasma Theory），认为空气污染是万恶之源，是一切疾病的源头。瘴气即污浊、有毒、不洁的空气，这是一种可知但不可见的气体，通常产生于卫生条件恶劣的环境中，多为腐化的动植物或腐烂的垃圾发生化学反应后产生。伦敦热带病专家托马斯·索斯伍德·史密斯（Thomas Southwood Smith）指出，热病最初都源于"大气中某种特别的状况"，大气中含有某种引发疾病的污染物，而这些污染物很可能来自"有机体在腐烂或分解时所形成的有毒物"[②]，这些污染物在空气中聚集形成瘴气，被人体吸入后最终导致人体器官受损引发疾病。简单来说，该理论认为污浊的空气中携带病原体导致疾病大肆传播，而"伦敦雾"作为当时主要的空气污染物之一，便是主要的致病源，这也不难解释为何狄更斯关于雾的描写往往伴随疾病。

污浊的空气除了浓雾之外，还有其他多种表述，它们无一例外都间接促成了流行病的传播。探长巴克特和斯纳戈比先生来到贫民窟"汤姆独院"（Tom-All-Alone）时，眼前这一幕使他们大为震惊，这里的街道"臭气熏天、五味杂陈、迂回曲折"[③]，路上的排水道也被倾倒的垃圾堵得严严实实，因此常看到

----

① [英]弗雷德里克·F.卡特赖特、迈克尔·比迪斯：《疾病改变历史》，陈仲丹译，山东画报出版社2004年版，第131页。

② Southwood Smith, *The Common Nature of Epidemics, and Their Relation to Climate and Civilization: Also, Remarks on Contagion and Quarantine*, London: J. B. Lippincott & Company, 1866, p.19.

③ Charles Dickens, *Bleak House*, London: Penguin Classics, 1868, p.371.

地面"阴沟堵塞,黑色的淤泥和混浊的脏水全都很深"①。而这里"全都有人患热病"②,他们来来去去,染上并传播热病,四处撒下罪恶的种子③。离此处不远的墓地也是疾病流行、污秽不堪之所。因常年无人打理,又无有效的隔离措施,因而墓地成为滋生、传播流行病的最佳场所。患病的贫民死后多草草浅埋于此,尤其夏季气候炎热之时,尸体在地下腐烂,散发出恶臭的气味与毒素,随着空气流通把致命的疾病传染给那些未与世长辞的同胞弟兄姐妹。④狄更斯将埋在地下的尸体喻为"复仇的厉鬼",他们能够"出现在许多病榻旁"⑤,致使更多的人患病而亡。此处巧妙的比喻也表明从腐烂的尸体里散发的有毒气体具有极强的流动性,它们既可以附着在其他物质表面,又可以随空气中诸多不可见的物质一同跨越空间的界限,从"腐烂的地里"扩散至千家万户,传播病毒。在小说《董贝父子》中,狄更斯也指出,"如果污浊空气里升起的有害粒子可以被肉眼看到,我们就会看见它们像浓重的乌云在这种人类常来的地方降下,而且慢慢地弥漫开来,污染一座城市的一些较好的部分。"⑥狄更斯将空气中的有毒物质描述为可以自由穿梭的粒子,这些流入医院和麻风病院的有毒源泉会"淹没监牢,使犯人船超重航行,而且会滚过大海,使广漠的大陆上罪恶泛滥成灾"⑦。

虽然与"瘴气理论"所主张的污浊有毒的气体传播病毒的观点并无二异,但是狄更斯的描述让人们前所未有地意识到,即使无生命的物质,哪怕是对人类毫无用处的垃圾污物也会对人类施以能动性影响。长期以来,受工具理性思潮等的影响,人们在思考诸如空气、食物、水等非人类物质生命时,往往难以超越其工具属性去思考物质本身的属性与价值,人们在意的是"物是否有用",无法感知其内在的"物性"(thingness)。只有当物体失去了它的工具属

---

① Charles Dickens, *Bleak House*, London: Penguin Classics, 1868, p. 501.
② Charles Dickens, *Bleak House*, London: Penguin Classics, 1868, p. 501.
③ Charles Dickens, *Bleak House*, London: Penguin Classics, 1868, p. 360.
④ Charles Dickens, *Bleak House*, London: Penguin Classics, 1868, p. 246.
⑤ Charles Dickens, *Bleak House*, London: Penguin Classics, 1868, p. 246.
⑥ Charles Dickens, *Dombey and Son*, Pennsylvania: PSU Press, 2007, p. 675.
⑦ Charles Dickens, *Dombey and Son*, Pennsylvania: PSU Press, 2007, p. 675.

性、停止为我们工作时,其物性才得以显现,"当钻头断裂、当汽车抛锚、当窗户变脏,当它们在生产和分配、消费和展览的循环中的流通哪怕是被暂时阻止时,那么,那些自称为物的故事,就是与人类主体的关系发生变化的故事,也是关于物如何真正命名为特定的主客体,而非命名为客体的故事"①。因此,在小说中,当空气因受到污染难以为我们提供健康的氧分,当水变得浑浊不堪,失去了用于洗菜、饮用的工具属性时,我们才能真正关注到它们作为物质本身的物性:它们既可以影响人的情绪,见到的人或因其生喜、或因其生厌,也能够作为物质媒介传播病毒,为流行病提供最佳温床。狄更斯便是通过这种形式,借助流行病书写,使得长期遭人忽视的物质能动性得以显现,自此将长期以来受人忽视的物质环境拉回人类视野,重新思考物质对人类社会的能动性影响。

虽然对物质能动性的理论思考是新世纪后才逐渐兴起的新思潮,但是狄更斯在其流行病书写中,便通过诸多污染物如何传播流行病对物质能动性加以具体化描写。他充分利用瘴气理论的主张,描写了流行病如何借助雾、臭气等流动性物质媒介在社会范围内广泛传播,呈现出物质流动与流行病传播之间的互构性。显然,狄更斯也注意到了这些物质在传播病毒方面的巨大威力,但是,他并未对"瘴气理论"所倡导的病因说不假思索地全盘接受,而是更进一步地思考流行病传播的其他诸多可能。

二、污水:水源致病说与物质的跨躯体流动

空气污染危害了伦敦市民的身体健康,水污染则成为该时期环境卫生和个体健康的另一大祸患。当以"瘴气理论"为主导的公共卫生改革并未根除流行病时,英国著名医生约翰·斯诺(John Snow)提出"水源致病说",指出人们是因为饮用了受污染的水才感染了流行病。其实,在泰晤士河因工业生产遭受严重污染时,许多关于霍乱传播的讽刺漫画便直指受污染的泰晤士河,认为泰晤士河水中细菌、病毒横生,污水才是罪魁祸首。在《荒凉山庄》中,狄

---

① Brown, Bill. "Thing Theory." *Critical Inquiry* 28.1 (Autumn 2001): 1–22. p. 4.

更斯通过书写泰晤士河污水等物质如何与人类身体进行跨躯体性物质交换，实现跨物种间的物质互动，从而揭露出病毒传播的另一隐藏途径，唤起公众对水污染的重视，也积极参与、甚至寓言了随后斯诺关于"水源致病说"的科学突破。

早在1832年，斯诺医生便开始怀疑引发霍乱的罪魁祸首是受污染的水，并对此展开研究。此时公众还不曾认真考虑流行病与水污染之间的关系，因为当时伦敦臭气弥漫，气味这种直观的感受自然比水中看不见的细菌更加使人信服，至40年代末，尽管污浊的空气已经得到有效治理，但是霍乱再次袭来，死伤惨重。这也进一步验证了斯诺医生的认识：霍乱的传播是由于病患的排泄物污染了饮用水。1854年霍乱在伦敦的索霍区（Soho）爆发，导致该地区十分之一人口死亡，斯诺开始实地走访调查该地区的死亡案例，他将死亡病例放在地理网络上通过家庭供水水源对霍乱的发病率进行比较，发现大部分的死亡案例都发生在该地区的布罗德街（Broad Street）和坎布里格街（Cambridge Street）交叉口的一处已经受到污染的免费公共水泵，附近的居民都来这里取水，而该水泵旁边不远的地方就是一处排污管道。离水泵越近死亡病例越多，而当关闭该水泵后，疫情也呈减弱的趋势。自此，霍乱传播与水污染之间的关系逐渐受到社会各界的重视。

狄更斯在小说中也流露出受此观点的影响，并详细描写了居民生活用水以及泰晤士河的污染状况。流浪儿乔负责清扫的区域为街道十字路口处，可是这里无论怎么清扫也扫不干净，天气不好的时候更是很难将淤泥清扫掉，由于贫民窟的下水道设施还不完善，人们经常将垃圾、污水倾倒在街道上，因此即使没有下雨，街道也总是泥泞不堪，淤积成水坑。街道十字路口糟糕的环境卫生状况和该地区流行病泛滥的描述无不呼应了斯诺关于十字路口街区水源污染的这一调查，垃圾污物污染了该地区的生活用水，因此人们用水洗菜，却怎么洗也洗不干净，不仅洗衣服用的水污浊不堪，人们日常饮用的也正是这种污浊的水，喝了这种水，烧砖工人的五个孩子还未等成年便早早死亡。

此外，狄更斯还将戴德洛克夫人失踪的地点设计在泰晤士河，由此也可窥见河水的污染状况。埃丝特在寻找戴德洛克夫人时，两次经过泰晤士河，河边的墙上写着"浮尸认领",并写有打捞经过。这里表明戴德洛克夫人很可能投河自尽,而在当时,河上漂浮垃圾、动物和人的尸体的情况十分普遍,因此出现了以在泰晤士河上打捞尸体、漂浮物等为生的捞尸工人。在1866年发表的《我们共同的朋友》里,狄更斯也同样塑造了尸体打捞工这一人物形象,小说发表后不久,伦敦便再次遭遇霍乱流行,其中最严重的地区就是距离河水污染最严重河段最近的地区。又深又黑的河水与死亡相连,如幽灵般夺去人的生命,腐烂的动物尸体、工业垃圾和废水以及排泄物全部流入泰晤士河,由于泰晤士河是潮汐河,这些排入河里的污染物经过潮汐变化,最终倒灌回城市,涌入伦敦的居民用水水源中,攻击人的身体。

史黛西·埃莱默（Stacy Alaimo）在《身体自然》中将人类身体描述为一种"跨躯体",即"人类身体与非人类世界之间的物质联系"①。身体的跨躯体性（trans-corporealiaty）使病毒这种物质借助水的流动进入人体内,与身体进行物质交换,进而致人患病。人的身体时刻处于动态变化之中,"细胞在持续更新,骨头在不断重塑,'身体内部'不断地在对内部或外部变化做出反应"②。此外,埃莱默也指出,我们生活的环境是一种被称为"跨躯体"的时空,在所有的物质肉身之中,人的肉身与"自然""环境"密不可分③。具体来说,跨躯体性表现为身体不断与外在物质与环境的能动性发生互相联系。埃莱默对身体受到环境影响的渗透性予以关注,重点分析了环境或污染物诱发的疾病,说明人的身体本身就是物质性存在,与外在物质环境间存在十分频繁的物质交换,"环境并非没有行动能力、空旷的空间或仅作为人类利用而存在,相反,它是充满需求、主张和行动的能动者"④。环境中的各种物质入侵、渗透并构成了身体,通过物质在身体内部、身体之间和身体外部的迁移,环境在

---

① Alaimo, Stacy, *Bodily Natures: Science, Environment, and the Material Self*, Bloomington and Indianapolis: Indiana University Press, 2010, p. 2.

② Alaimo, Stacy, *Bodily Natures: Science, Environment, and the Material Self*, Bloomington and Indianapolis: Indiana University Press, 2010, p. 5.

③ Alaimo, Stacy, *Bodily Natures: Science, Environment, and the Material Self*, Bloomington and Indianapolis: Indiana University Press, 2010, pp. 237-262, p. 238.

④ Alaimo, Stacy, *Bodily Natures: Science, Environment, and the Material Self*, Bloomington and Indianapolis: Indiana University Press, 2010, p. 2.

身体中的留下了深刻的印记,物质环境污染导致身体感染流行病就是物质能动性的外在表达。

如果说空气这种目力不可见的物质无法引起人的感知,那么污水这种肉眼可见、可触摸的物质则更具象化地体现出了物质与身体间跨物种的物质互动,正是人类物质身体与环境存在这种相互渗透、彼此纠缠的互动关系,使得人体更容易暴露在危险环境中,无法抵抗有害物质的侵袭,这也更体现了人类社会与周围物质环境之间不可分割的联系。人类身体始终在与污浊的空气污染物、污水等物质进行持续互动,彼此互相施加影响,同时也在被对方改变与塑造,人的能动力作用使得物质环境日渐受损,而物质环境也反作用于人类身体,威胁人的健康。狄更斯试图在流行病大肆侵袭人的生命之时,唤起人们对物质生态环境的关注,也有力地反驳了当时"身体与环境分离"这一观点。从流行病传播的角度而言,无论其源自何种空间,又弥散至多么广阔的地方,其根源都是从身体与环境之间的互动开始的,即,物质的跨躯体流动是引发流行病的传播的根本原因。

三、汤姆独院、环境非公正与万物互联的生态思想

流行病传播让长期受人忽视的物质生命重新回到人类视野,通过与人类身体的物质互动,物质自身的能动力与对人类的影响得以显现。狄更斯对引发流行病的物质空间进行详尽描写,这些地方多为墓地、贫民窟、烧砖场等穷人的驻扎地,由此揭露出该时期的环境非公正现象:伴随社会进步而产生的物质环境危害往往由底层贫民来承担。随后狄更斯却以病毒在整个社会的无差别传播打破了人为的空间、阶级之分,痛斥资本主义发展对底层民众的迫害以及对物质环境的破坏,不仅表达了疾病面前人人平等的态度,而且进一步彰显其万物互联的生态思想。

小说中,狄更斯以贫民窟"汤姆独院"的形式呈现出该时期最激烈的环境非公正现象。与狄更斯其他小说中描绘的贫民窟不同,汤姆独院不仅是英国工业革命最直接的产物,也是衰败的英国司法体系不公的产物。"大法官庭"这个庞大的法律机器如鸷禽猛兽,无情地吞噬着每一个牵涉其中的生命,在

"贾戴斯控贾戴斯案"中,司法制度的拖沓和腐朽使得案件被讨论多年,期间理查德暴病身亡,留下妻子艾达与遗腹子艰难度日;弗莱德小姐也为此打了一辈子官司,每天疯疯癫癫地出入大法官庭等待宣判;而"汤姆"或许就是这场案件的牵连者,是"那场官司使得这条街变得荒无人烟"①,后来有无数个"汤姆"一样的受害者来来去去,"孤独的汤姆大院"名称的由来也恰好说明这个贫民窟已经与正派人断绝来往,他们就像此地的名字一般孤独,无人问津且陷入绝境。② 虽然汤姆独院是英国司法体系不公的产物,但英国社会并未对此负责。居住在汤姆独院的底层贫民由于缺乏基本的卫生条件引发传染病,工业生产导致的环境污染更加剧了病毒的传播。对上层街区的群体而言,这种污染物质并未产生显著健康威胁,但于居住在汤姆独院的贫民而言却十分致命,因为呼吸着污浊空气、喝着污水的正是这些无家可归的底层民众,由于身处城市中环境最为恶劣的地区,他们自然成为病毒感染的首要目标,也因此沦为社会的弃儿、众人嫌弃的对象。无论是底层人的贫穷,还是贫民窟等地脏乱的卫生状况,这些本属于政府相关部门施政不利的产物,此时却摇身一变成为对穷人的人身攻击和污名化的武器,在狄更斯看来,这不仅是对底层人民的环境非公正,更是社会非公正的具体体现。

然而,虽然疾病的生发地往往被认为是贫民窟、墓地等肮脏不洁之地,但是这种人类话语语境下的空间区隔划分与阶级划分在流行病的侵袭下变得脆弱不堪、有毒物质凭借其"隐形"的特征及其强大的跨区域流动性,很快便可跨越阶级障碍,在全社会范围内肆意扩散。小说中虽然患病的底层人常年居住于贫民窟等特定区域,但是依然可以自由行动,他们"来来去去,染上并传播热病"③,流行病正是抓住了人的流动性进行人际间传播。流浪儿乔虽然在墓地染上热病,却可以将热病传染给只见过几次面的萨默森小姐。从墓地里散发出的有毒气体四处流动,它们于无形之中来回穿梭,仿佛这些病患"将来也要从腐烂中给唤起来,成为一个复仇的厉鬼,出现在许多病榻

---

① Dickens, Charles. *Bleak house*. London: Penguin Classics, 1868, p. 432.
② Dickens, Charles. *Bleak house*. London: Penguin Classics, 1868, p. 432.
③ Dickens, Charles. *Bleak house*. London: Penguin Classics, 1868, p. 360.

旁"①，把致命的疾病传染给那些未与世长辞的同胞弟兄姐妹②。有毒的空气成为弥漫整个城市上空的"隐形杀手"，随呼吸进入人的体内，为健康埋下隐患，构成了城市生活中最严重的危险。此时，流行病俨然化身为拆除阶级"隔阂"的有力工具，作为一种能动性物质，病毒借助空气污染物极强的流动性在人群中自由穿梭，它无视人为设定的阶级区隔、空间划分，对人类群体施加无差别、不可逆的影响，由此，尽管存在人为的上层社会、底层贫民窟等空间区隔与阶级区隔，但作为身处同一片天空、呼吸着同样空气的个体，每个人都不可避免地会受到空气污染物的侵袭，沦为中毒的身体。

汤姆独院的描写不仅抨击了英国司法体系的腐朽和英国工业生产导致的物质环境污染，还深刻揭露出其背后隐含的对底层人民的环境非正义现象。此外，狄更斯也通过书写流行病与物质环境之间的互构性，进一步表达了其"万物互联"的生态思想。流行病的传播不仅将不同阶级、地区的人紧密相连，也将人类与非人类物质置于共同的生态网络之中，处于同一生态网络中的人类与物质之间的关系也并非单向的，物质自身也会对人类社会施加其能动作用，狄更斯借此警醒正处于工业繁荣发展时期的英国，勿以"地球主人"的人类中心主义姿态自居，万物互联的生态思想才是社会持久稳定发展的核心要旨。

四、结语

流行病并非简单的底层人民的"贫穷病"，它更是一种社会病，关乎每一个公民的生命健康。虽然狄更斯并未将流行病书写置于小说前景，但通过突出物质能动性与流行病之间的关系，小说将长期处于边缘位置的物重新拉回人类视野，强调了人类社会与物质环境之间的复杂纠缠，警醒世人在工业大踏步前进的同时，也不应忽视对物质环境的保护。迈入 21 世纪，人类面临的环境问

---

① Dickens, Charles. *Bleak house*. London：Penguin Classics, 1868, p. 246.
② Dickens, Charles. *Bleak house*. London：Penguin Classics, 1868, p. 246.

题日趋复杂严峻，系列"环境疾病"频发，愈发成为影响人类及非人类生命的物质威胁，新冠疫情更是一记促使人类重新思考的警钟，更加凸显出人类与物质生态网络之间彼此依存的关系。狄更斯的流行病书写与新物质主义的交汇使我们在审视与我们互相纠缠的物质世界时，对物质能动性有了更为深刻的认识，从流行病传播、物质能动性的视角重新考察《荒凉山庄》中的物质环境污染，也为我们解决当下环境危机与环境疾病、构建生命共同体开辟了一条物质生态优先、绿色发展的全新路径。

海岛与印第安文化
——斯·奥台尔《蓝色的海豚岛》的景观解读

秦鹏钧*

摘要：本文立足于景观和种族文化之间的关系，以美国儿童文学作家斯·奥台尔（S. O'Dell）所著《蓝色的海豚岛》为文本，旨在研究书中自然和人文景观及其背后的文化因素。《蓝色的海豚岛》描写了一个印第安女孩的海岛生活，其中很多自然景色和人文景观的描绘与海岛上的印第安文化密不可分，本文探讨了海岛景观的文化和文学属性，并从部落生活、自然景色和动物等方面入手，论述了海岛自然和人文景观的印第安文化因素。

关键词：斯·奥台尔；《蓝色的海豚岛》；景观；印第安文化

《蓝色的海豚岛》是美国作家斯·奥台尔所著的一部儿童文学虚构小说，这部作品以尼克莱尼奥族（Nicolino）原住民胡安娜·玛丽亚（Juana Maria）的故事为原型，讲述了一个印第安女孩卡拉娜（Karana）独自一人在海岛生活的故事。《蓝色的海豚岛》在讲述卡拉娜海岛求生故事的同时，也向我们描绘了她所在海岛的自然和人文风貌。在奥台尔的笔下，海豚岛是卡拉娜出生和生活的地方，是故事发生的场所，也是她与自然和部落文化连接的载体。作为故事的叙述者和主人公，卡拉娜深受部族印第安文化的影响，她的印第安文化背景影响

---

* 秦鹏钧，南开大学外国语学院英语语言文学专业在读博士研究生，主要研究方向为英美文学文化、生态批评、文化地理学与文学地理学。

着书中景观的形成，而这些景观也自然而然地带有了印第安文化的印记。

一、《蓝色的海豚岛》与"景观—文化景观—文学景观"

《蓝色的海豚岛》的主人公卡拉娜是海岛印第安部落头人的女儿，卡拉娜与弟弟拉莫（Ramo）以及部落其他族人一直平静地生活在海豚岛上，而俄国人的到来改变了这一切。自称是奥罗夫船长（Captain Orlov）的俄国人带领四十个阿留申猎人来岛上捕杀海獭，而在他们捕杀完海獭准备装船的时候奥罗夫船长与部落头人在贸易问题上产生分歧，继而导致双方的流血冲突。冲突之后的部落死伤惨重，头人战死，其余男丁也所剩无几，最终整个部落决定搬去新的地方。然而临走之前卡拉娜和弟弟没能登上船只，他们只能留在岛上。在经历了弟弟去世和出海失败后，卡拉娜开始了她独自一人在岛上的生活，最终她等来了接走族人的那艘大船离开了海豚岛。

斯·奥台尔在《蓝色的海豚岛》一书中描绘的海豚岛风景奇特，但同时也暗含各种危机与挑战。族人搬走后，卡拉娜必须独自面对生存的挑战，她不仅需要提防害死她弟弟的野狗群和随时会再次登岛的俄国人和阿留申猎人，而且还要不断地搜集食物和淡水以及寻找庇护所。弟弟去世之后，卡拉娜制作武器来保护自己，还要忙着搜集处理鲍鱼等食物防止其变质腐坏。在努力求生的同时，卡拉娜也逐渐习惯了岛上的生活环境，她驯服了一条狗并为其取名为"朗图（Rontu）"，欣赏水草滩的海獭，甚至和误入她住所的阿留申女孩互换了礼物。奥台尔在书中刻画出了一位聪明勇敢的印第安女孩形象，而她与自然和谐相处的海岛生活也成为对这一小说研究的焦点之一。

国内对于《蓝色的海豚岛》这部作品的研究比较有限，主题也比较集中。鉴于《蓝色的海豚岛》的海岛求生故事与《鲁滨孙漂流记》有异曲同工之妙，一些研究将这两部荒岛文学作品进行了对比分析。张奕认为这两部作品同为荒岛小说，《鲁滨孙漂流记》和《蓝色的海豚岛》只是一种载体，折射出的是两部小说出版的那个时代社会的经济水平和人们的思想意识[①]。从鲁滨孙到卡拉

---

① 张奕：《从〈鲁滨孙漂流记〉到〈蓝色的海豚岛〉看荒岛小说的嬗变》，载《大理大学学报》2020 年第 5 卷第 9 期。

娜，变化的不仅是主人公，还有女性的话语权以及对环境问题的关注。关合凤将赫尔曼·麦尔维尔的《白鲸》与这两部作品进行比较，认为从《鲁滨孙漂流记》到《白鲸》可以看出海洋文学对于环境问题的日益重视，而《蓝色的海豚岛》中卡拉娜与自然和谐共处的生活模式代表着海洋文学的又一高峰①。一些研究专注于《蓝色的海豚岛》的生态批评研究。"通过展示人类对自然环境的破坏、人与人之间关系的恶化以及人类对物质无法摆脱的欲望，奥台尔深刻地揭示出西方社会所面对的生态危机及其反生态的本性。"② 对于《蓝色的海豚岛》的生态批评，很多研究会聚焦在卡拉娜与动物和谐相处与自然和谐共存的生活状态，认为这样的人地和谐是人与自然和谐相处的关键。卡拉娜与阿留申猎人、俄国人以及部族成员残杀动物、征服自然的行为形成了鲜明的对比，而这也让该作品经常以生态女性的视角被解读。"《蓝色的海豚岛》颠覆了以往小说对于女性的描述都是弱者、客体的形象，彻底地打破了男性文学对女性形象传统的描述。"③ 李东风认为尽管恶劣的自然条件给她在岛上的生活带来诸多不便，然而她自始至终对自然充满了敬畏，并用爱化解了自己的孤独和仇恨④。这些研究认为女性和自然之间存在着天然的联系，而这种联系是卡拉娜宽容与爱的根源。国外研究中，生态批评依旧是研究的一大关注点。德维·阿利安尼斯（Devi Arlianis）认为《蓝色的海豚岛》是生态批评研究的典范，并指出书中人类的每一项需求和活动都需要并依赖着大自然⑤。然而卡拉娜不仅要面对岛上自然世界的挑战，也同时要面对来自内心的孤独，而她本人

---

① 关合凤：《从海洋文学名著看海洋意识的嬗变——以〈鲁滨孙漂流记〉、〈白鲸〉和〈蓝色的海豚岛〉为例》，载《河南社会科学》2009 年第 17 卷第 4 期。

② 徐夫玲：《生态马克思主义视角下的〈蓝色的海豚岛〉》，载《周口师范学院学报》2015 年第 32 卷第 6 期。

③ 王英英：《探析〈蓝色的海豚岛〉的生态女性主义》，载《湖北经济学院学报（人文社会科学版）》2015 年第 12 卷第 5 期。

④ 李东风：《融入自然，建构自我——〈蓝色的海豚岛〉的生态女性主义解读》，载《黄河科技大学学报》2013 年第 15 卷第 4 期。

⑤ D. Arlianis, "Human-Nature Interdependence in Scott O'Dell's *Island of the Blue Dolphins*," *Sastra Inggris-Quill*, Vol. V, No. 2, 2016, p. 144.

战胜孤独的过程也是爱战胜仇恨和恐惧的过程①。

对比国内外的研究可以看出,生态批评和女性研究一直是《蓝色的海豚岛》研究的焦点。无论是国内的生态批评、生态马克思主义、生态女性研究甚至是和《鲁滨孙漂流记》的比较研究或者是国外的人地关系或者卡拉娜个人成长历程的分析,这些研究基本都在围绕卡拉娜作为女性与自然世界的联系与互动。值得注意的是,国外的一些研究跳出了文学研究的范畴,并以《蓝色的海豚岛》为切入点研究与其相关的地理和历史背景。前面提到这部小说的原型是尼克莱尼奥族的原住民胡安娜·玛丽亚,乔恩·莫·伊兰森（Jon M. Erlandson）等人直接研究了该部落聚居的圣尼古拉斯岛。这一研究阐明了该地历史上一个记载不足的时期,该岛历史居住者使用的技术,以及19世纪欧洲殖民主义和经济全球化之后发生的非同寻常的文化互动和变化②。罗·摩根（Ron Morgan）则整理了圣尼古拉斯岛的照片和其他书面材料,这些材料记述了发现玛丽亚居住的鲸骨小屋的过程以及其他关于这座海岛的历史信息③。但目前来看,对于该地的地理研究还比较有限。与其他文学研究相比,这些研究的对象并不是《蓝色的海豚岛》这部小说而是小说的现实原型,这些研究并不关注小说传递出怎样的信息,而关注于小说发生地原型圣尼古拉斯岛的地理和历史意义。从这一点来看,《蓝色的海豚岛》的文学研究和地理历史文化等方面的研究似乎处于一种比较分离的状态,且鲜有研究将这二者联系起来。如何将书中的海豚岛与现实中的圣尼古拉斯岛联系起来,以及书中的自然和人文描写有何种历史和文化背景就成了本文需要探讨的问题。而为了解决这一问题,本文拟引入"景观—文化景观—文学景观"的概念。

"景观""文化景观"和"文学景观"是三个具有连贯性的概念,它们分

---

① J. C. Stott, "Narrative Technique and Meaning in *Island of the Blue Dolphins*," *Elementary English*, Vol. LⅡ, No. 4, 1975, p. 446.

② J. M. Erlandson, et al., "From the *Island of the Blue Dolphins*: A Unique Nineteenth-Century Cache Feature from San Nicolas Island, California," *The Journal of Island and Coastal Archaeology*, Vol. Ⅷ, No. 1, 2013, p. 76.

③ R. Morgan, "An account of the discovery of a whale-bone house on San Nicolas Island," *Journal of California and Great Basin Anthropology*, Vol. I, No. 1, 1979, p. 172.

属于不同的学科领域，彼此之间既有区别也有联系。在将这些概念引入《蓝色的海豚岛》的分析之前，我们有必要对这三者进行简要的阐述和区分，并说明"景观—文化景观—文学景观"为何可以将文本与现实联系起来。

如果说"景观—文化景观—文学景观"是连接现实世界与文学世界的桥梁，那么景观就是面向现实世界的一端。现实世界中的物体，无论是自然界中的山川树木或者是人类文明中的亭台楼榭，如果没有人主观视角的观察也只是物件的排列组合而已。风景这一概念暗含分离和观察两个方面①，因此不论是风景还是景观，这一概念的出现本身就带有人的主观性，而这种主观性也承担着将现实世界的事物映射到我们主观世界的任务。可以说现实世界和主观性是景观的两个关键要素，而对于景观的定义也多从这两个方面入手。很多文化地理学家都先后定义过景观这一文化地理学的核心概念。约翰·怀利（John Wylie）认为景观不是事物和文化的简单排列，而是文化和价值观实践的场所。他同时还表示，景观是现实世界中真实存在的实体，而并非人脑海中的想象产物②。对于美国文化景观研究创始人卡尔·索尔（Carl Sauer）来说，景观属于外部世界，是客观存在的物质场，而不是我们感知的一部分③。英国景观学者威廉·乔治·霍斯金斯（William George Hoskins）关注地方的景观，他认为景观的主要属性是它的历史属性，而并非地理属性。而对于地方的景观而言，乡土属性（rurality）才是其核心要素④。约·布·杰克逊（J. B. Jackson）则认为景观来自人们的日常生活和实践。"我们远非世界的观众，而是世界的参与者，"⑤ 在杰克逊的眼里，风景或景观来自于人的实践，也蕴含着想象和人类的集体理念。尽管三位学者对于景观的定义和理解略有不同，但他们三者都强调了景观的物质性。"景观首先是一个真实、可触摸、可观察、可走进的存在。景观本身就是田地、山脉、道路和建筑，而不仅仅是它们的图片，或是它

---

① J. Wylie, *Landscape*, Abingdon: Routledge, 2007, p.3.
② J. Wylie, *Landscape*, Abingdon: Routledge, 2007, p.6.
③ J. Wylie, *Landscape*, Abingdon: Routledge, 2007, p.20.
④ J. Wylie, *Landscape*, Abingdon: Routledge, 2007, p.33.
⑤ J. Wylie, *Landscape*, Abingdon: Routledge, 2007, p.51.

们非物质化的象征意义。"①

对比不同学者的阐述我们可以发现，景观来自外部世界而并非出自人的想象，但人的主观性也必定参与了景观的建立。景观可以视为人主观看待客观世界的产物，而在这一过程中景观也不可避免地带有了文化的印记。例如在《风景与记忆》一书中，西蒙·沙玛（Simon Schama）将德国的黑森林与爱国主义联系起来，也将阿尔卑斯山与男性气质相关联。同样威廉·约翰·托马斯·米切尔（William John Thomas Mitchell）也在《风景与权力》中提到风景是有意识形态的，且与帝国主义有联系，并在许多风景画中佐证这一观点。这种文化和自然的关系可以被视为文化地理学及相关学科中景观研究的核心②，而在这类研究中，景观也不仅仅是外部世界事物的组合，也是人类实践、价值观和文化的体现，成为了一种文化景观。实际上对于"文化景观"的定义，人文地理学家们在解释景观的时候都有所涉及。卡尔·索尔给出了一个清晰的定义，认为文化景观"是由一个文化团体从自然景观中塑造出来的。文化是主体，自然区域是媒介，文化景观是结果。"③ 基于此概念，汤茂林进一步区分了文化景观的具体类别。汤茂林认为文化景观由自然和人文两大类因素组成。包括地貌、动植物、水文、气候和土壤等的自然因素构成了文化景观的基底，而人文因素则可以分成两类，一类是包括聚落、人物等的物质因素，而另一类是包括思想、宗教、生活方式等的非物质因素④。在20世纪的最后20年，诠释学、结构主义、后结构主义给地理研究带来更为复杂的意义的研究方法，也使文化景观中文化的概念发生了根本的转变⑤。此处"景观"与"文化景观"之间的桥梁已经搭建完毕。如果说"景观"是人用主观性去看待外部世界的产物，那么"文化景观"则是自然景物在人类文化中的投射。自然世界孕育了人类文明并影响着人类文化的发展，而文化又影响景观的意义和人们看

---

① J. Wylie, *Landscape*, Abingdon: Routledge, 2007, p. 54.
② J. Wylie, *Landscape*, Abingdon: Routledge, 2007, p. 9.
③ J. Wylie, *Landscape*, Abingdon: Routledge, 2007, p. 20.
④ 汤茂林：《文化景观的内涵及其研究进展》，载《地理科学进展》2000年第1期。
⑤ 向岚麟、吕斌：《新文化地理学视角下的文化景观研究进展》，载《人文地理》2010年第25卷第6期。

待景观的方式。这样的双向关系不仅影响着地理和社会文化研究等领域,也影响着人文艺术创作以及对这些创作作品的解读方式。除雕塑、绘画、建筑等创作之外,文学和文字如何与景观之间相互影响则是"文学景观"领域内的问题。

一个景观之所以能够成为文化景观,在于除了它的自然属性,还有人文属性;同理,一个文化景观之所以能够成为文学景观,在于除了它的人文属性,还有文学属性[1]。曾大兴将文学景观定义为那些与文学密切相关的景观,它属于景观的一种,却又比普通的景观多一层文学的色彩,多一份文学的内涵[2]。在此基础之上,文学景观又可以被分为两类,一类是实体性文学景观,另一类是虚拟性文学景观,而这两类景观在一定条件下也可以相互转化。由此可见,"景观—文化景观—文学景观"这三者之间存在着明显的递进关系,一个景观只有在文化的加工下才能成为文化景观,而文化景观具有了文学属性才能成为文学景观,而在这一过程中,景观、文化和文学一直都在虚实之间相互影响。有研究认为文化景观和文学景观之间存在着既相离又相连的关系,一方面,二者在"可视性"上存在着本质差别,另一方面,二者相互促进影响,文学景观可能会推动文化景观的形成。同时,文化景观的存在也为文学景观提供了素材、形象支撑[3]。

二、海岛风景与文学景观

至此"景观""文化景观"和"文学景观"各自的定义以及它们之间的区别与联系已经明确,接下来要解决的问题则回到了海豚岛上。要分析《蓝色的海豚岛》的景观,就需要先确定海豚岛的景观由什么组成以及这些景观有何种属性。

首先可以肯定的是,这部作品里面有许多海豚岛的自然描写。卡拉娜在岛

---

[1] 曾大兴:《文学景观研究》,载《广东技术师范学院学报》2011年第32卷第4期。
[2] 曾大兴:《论文学景观》,载《陕西理工学院学报(社会科学版)》2014年第32卷第2期。
[3] 王金黄、丁萌:《人文地理学的跨学科互动:"文化景观"与"文学景观"》,载《南华大学学报(社会科学版)》2019年第20卷第1期。

上的山石岩木之间穿梭搜集草药和食物、乘独木舟在海里航行、夜观星空，甚至遭遇海啸和地震，奥台尔在描写卡拉娜生活的同时也勾勒出海豚岛的轮廓。在奥台尔的笔下，卡拉娜爬过的山、采集草药时周围的植物树木、远观的海浪和滩涂以及在海面上看到的夕阳和夜晚的星星，这些景物由山顶到海平面，从岛中央到近海，在一个空间内立体地展现在读者眼前。在以往的研究中，这些景物组成的自然环境经常是生态批评的对象，但需要注意的是，这个海豚岛同时也是卡拉娜所在部落生活的场所。部落与阿留申猎人的冲突可以说是全书情节的一个转折点。在小说的第一章，卡拉娜和弟弟拉莫在峡谷口采摘食物发现了阿留申猎人和俄国人的船，这一情节也从侧面说明部落已经在这个海岛上生活了数代，他们的生产和生活方式并没有受到外界的影响而改变。在部落迁移之后，卡拉娜独自在岛上生活，此时的海豚岛已经成为她实践的场所，而海豚岛上与部落人民以及卡拉娜互动的自然景物也可以被认为是印第安文化下的文化景观。在海豚岛景观的自然因素中有一类比较特别的存在，那就是岛上出现的动物。在海豚岛及其周围出现过许多动物，例如蜂鸟、章鱼、海豚等，其中海獭和野狗是书中比较重要的两种动物。海滩上众多的海獭是部落对外交易的资源，也是部落悲剧的导火索。卡拉娜的父亲以及其他部落男子因为海獭毛皮贸易与阿留申猎人发生冲突而死去，而整个部落因此搬到了其他地方。同时海獭又成为了卡拉娜的伙伴，最终她放弃了捕猎动物。野狗群因部落搬迁无人看管而出现，而在部落离岛之后，野狗群咬死了卡拉娜的弟弟，也成为了卡拉娜在岛上的主要敌人。而在与野狗群的一次战斗中，卡拉娜救下了一只受伤的野狗并取名为"朗图"，并与它在岛上相依为命。这些动物融入了印第安部落的生产生活实践中，作为岛上自然因素的一部分，它们的存在影响着部落和卡拉娜的生活，也折射出部落其他人和卡拉娜之间相同又有所不同的动物伦理观，属于文化景观的一部分。

除了自然景观之外，《蓝色的海豚岛》中还有人文景象的描写。对于书中的人文景象，我们可以将其分为两类，一类是有人类参与的动态的景观，例如阿留申猎人在海滩捕猎海獭加工毛皮的场景，另一类是没有人类参与的静态的景观，例如山洞中的塑像和空着的村庄。有趣的是，这两类人文的景观恰好与故事的转折点部落搬离相契合。在部落搬离之前，书中出现的人文景象很多都是与人们的生活劳作有关，而在部落搬离后，书中的人文景象则全部来源于卡拉娜的独自探索。与自然描写相比，书中的人文描写比较有限。这可能与故事的情节相吻合。在部落搬走之后，卡拉娜在海豚岛的主要生存挑战和机遇大多存在于自然界而并非已经搬空的村庄旧址，因此当代入其视角去观察海豚岛时所见到的自然景象必定多于人文景观。需要注意的是，小说中出现的人文描写，不论是实体的建筑雕像等，还是非实体的部落传统和神话传说，这些人文的描写都具有印第安文化的色彩，因此书中出现的人文景观自然而然地成为了一种文化景观，这些景观的出现也与卡拉娜本人产生了文化上的共鸣。

如前文所述，文学景观产生于文化景观，而与后者相比，文学景观不仅有文化属性，也具有文学属性，而文学景观又可以细分为实体性和虚拟性两种。那么出现在文中的自然和人文景观具体属于哪一类？本文认为，书中出现的自然和人文景观既是文化景观也是文学景观，原因主要有如下几点。第一，文中出现的自然和人文景观都是卡拉娜及其族人在海豚岛实际接触和互动的对象，换言之海豚岛这一地方参与到了卡拉娜及其印第安部落村庄的生产生活实践之中。第二，这些景观直接或间接地与卡拉娜所处的印第安部族及其文化产生了联系。海上的惊涛骇浪让卡拉娜敬畏海洋，山洞中的塑像让她联想起了祖先，岛上稀少的林木又让她想起古老的印第安神话，可以说海岛上的景观本身就具有文化属性，一些景观直接关联到印第安的文化，而另一些则与卡拉娜的伦理观念潜移默化地呼应着。第三，《蓝色的海豚岛》这部作品本身就是奥台尔以圣尼古拉斯岛的胡安娜·玛丽亚的故事为原型创作的小说，而这也决定了这部小说中的一切景观，包括自然和人文世界的构建，都是基于作者本人的文学加工而成的。因此书中的海豚岛是以圣尼古拉斯岛为原型在文学中构建出来的产物，其本身自带文学性。而在这部小说中，很多景观不仅带有文化的属性，更影响着书中卡拉娜的情感和行为，是故事叙述的关键一环。野狗群是岛上强大的邪恶力量，但卡拉娜也是在和野狗群的斗争中救助并驯服了朗图，而朗图在卡拉娜怀中去世也是全书一个十分感人的情节。在海滩上成群的海獭是部落的交易筹码，也是卡拉娜的朋友，而它们的存在也最终让卡拉娜放弃了捕猎。因此从三个方面来看，海豚岛及其众多景观既是文化景观，也是文学景观，它们的存在不仅反映着印第安文化的影响，也丰富并推动着故事的发展。

三、海豚岛景观的文化性和文学性

《蓝色的海豚岛》的景观是多样的，这些不同的景观的文化和文学内涵也不尽相同，而书中景观的文学和文化性大多体现在自然世界和部族生活这两个方面。

如前文所述，动物在书中是一个很重要的群体，也是海豚岛自然景观的重要组成部分，而卡拉娜与各种动物的互动也在一定程度上体现出了印第安文化的动物伦理观。关春玲在分析印第安动物伦理观的时候指出，印第安文化中有着善待动物的精神特质，他们在日常生活和生产实践中与动物有着直观的接触，且有着众生一体的价值观以及对梦幻和完善的自我的追求[①]。在这样的精神特质的影响下，印第安文化认为动物和人类同属于生命共同体的一员，而从未将人凌驾于动物之上，同时在尊崇动物灵性的美国印第安文化的价值体系中，道德并非人类独有，动物也被赋予值得人类追求和仿效的高尚品质[②]。这样的动物文化价值观在书中则具体表现为卡拉娜对待不同动物的态度。卡拉娜自始至终都很反感将海獭视作贸易的资源和筹码。"因为这些动物都是我的朋友。看它们在海草中间游戏晒太阳该多么有趣啊，那比盼望弄串珠子戴在脖子上要有趣得多啦。"[③] 阿留申人在海滩上扔长镖枪和剥皮的画面让她反感，而与阿留申猎人在海滩的血腥画面形成对比的是卡拉娜在部族搬走后回到海滩看到的画面。"蓝色的海豚正在海草区外面的海面上腾跃。海草区里，海獭正在玩它们永远玩不厌的小游戏。在我四周，处处都有海鸥在捕捉扇贝。"[④] 需要注意的是，印第安文化对动物的重视和尊重并不意味着完全放弃杀戮，而是要怀着敬畏的心最大化地利用捕猎的动物，但在经历了驯养朗图、蜂鸟，和海獭交朋友等事件之后，卡拉娜决定完全放弃捕猎动物。她最后再也没有杀过海獭、鸬鹚和海豹来做衣服，也没有再杀过野狗。在卡拉娜的眼中，生机勃勃的

---

① 关春玲：《美国印第安文化的动物伦理意蕴》，载《国外社会科学》2006 年第 5 期。
② 关春玲：《美国印第安文化的动物伦理意蕴》，载《国外社会科学》2006 年第 5 期。
③ [美] 斯·奥台尔：《蓝色的海豚岛》，傅定邦译，新蕾出版社 2010 年版，第 16 页。
④ [美] 斯·奥台尔：《蓝色的海豚岛》，傅定邦译，新蕾出版社 2010 年版，第 111 页。

海草区、开满小花的蜂鸟沙丘以及在海面上腾跃的海豚这些景象远胜过那些漂亮的衣服和饰品,而这些生机勃勃的动物图景也与卡拉娜对动物心怀尊重的文化传统相呼应。但自然世界也不是一直风调雨顺。卡拉娜在试图驾独木舟出海时见识到了大海的压迫感。"大海黑沉沉的,分不出哪是海哪是天。滚滚的海浪听不见声息,只有当它们在独木舟下穿过或撞击在独木舟上时才发出微弱的响声。有时这种响声仿佛是人在发怒,有时又像人在哈哈大笑。恐惧使我忘记了饥饿。"① 在离开海豚岛之前,卡拉娜也经历了海啸和地震。"接着,在那海滩上的一片亮光和那些光秃秃的大小礁石外面,离它们还有一里格多远的地方,只见一排巨大的白色浪峰在向海岛铺天盖地涌来。"② 自然是多变的,海豚岛上的动物既可以是卡拉娜的朋友,也可以是害死她弟弟的凶手。天上的星星烘托出平静的氛围,而海上的风浪也可以至她于死地。崇尚天人合一的印第安人强调生存环境,他们相信人类必须与自然世界达成永久的平衡才能世代生存,而不是以暂时的拥有为现世的目标③。这种和谐、平衡、统一的自然观念体现在书中各式各样的动物身上,也体现在宁静却充满力量的自然世界中。

部族集体生活是印第安人的主要生活方式。这样的生活让印第安的个体与集体紧密结合,也让他们十分看重集体和血缘文化的传承。书中卡拉娜所在的部族因为无力应对阿留申人而选择渡海搬离,而卡拉娜为了找弟弟没能登上船只,只能留守在海豚岛。在返回村庄之后,卡拉娜感受到的是一种萧瑟的气氛,这种气氛不仅来自于环境,也与部落集体有关。在印第安部落的社会学研究中,小说原型的尼克莱尼奥族和邻近的费尔南迪诺族(Fernandino)和加布里埃利诺族(Gabrielino)放在一起研究,这些在加利福尼亚附近的部族如今被认定为已经消失的部族。这些部落都是由世袭酋长来统治,部落成员以采集野生植物、狩猎和捕鱼为生④。这样中心式的社会结构让部落人民的生活不仅依赖自然世界也重视部族集体。"那些在珊瑚湾战斗中死去的人还活在我们心

---

① [美]斯·奥台尔:《蓝色的海豚岛》,傅定邦译,新蕾出版社2010年版,第61页。
② [美]斯·奥台尔:《蓝色的海豚岛》,傅定邦译,新蕾出版社2010年版,第155页。
③ 秦苏珏:《北美印第安"大地之母"神祇的生态原型探析》,载《西南民族大学学报(人文社会科学版)》2011年第32卷第8期。
④ C. Waldman, *Encyclopedia of native American tribes*, New York: Infobase Publishing, 2014, p. 86.

里。我们到岛上或海上任何地方,也不管是打鱼、吃饭或者晚上坐在篝火旁边,我们都会想起他们。"① 而在部落离开海岛,卡拉娜返回村庄的时候,她仿佛又听到了亡者的声音。"以前我从来没有注意到这个村子是那样的安静。雾在空无一人的屋里回荡,飘动的雾形成各种各样模糊的人影,使我想起所有死去的人和离去的人。波涛拍岸的响声也仿佛就是他们在絮絮讲话。"② 这样的描写刻画出了阴森、荒凉的村落,体现出部落人民失去挚爱的悲痛,随着青壮年男子的死去,部落的力量被削弱,而部落失去了力量支柱带来的茫然则是这种沉寂氛围的源泉。

结　语

《蓝色的海豚岛》这部作品借卡拉娜之眼向我们叙述了她的海岛生活,同时也向我们描绘了海豚岛多元的自然和人文景观。本文从"景观—文化景观—文学景观"的角度分析了这些景观并尝试鉴别它们的属性,认为这些景观来源于卡拉娜及其部族的生活实践,且景观的构建受到了印第安文化的影响,同时具有较强的文学性,在丰富故事内容和推动故事发展的同时展现出印第安天人合一、尊重自然、重视集体的文化特征。可以说,书中出现的自然和人文景观的描绘是印第安文化和文学景观的有机结合。但需要注意的是,目前对于这部作品的研究大多集中于文本研究,与故事原型所在的圣尼古拉斯岛及尼克莱尼奥族的社会、文化和地理研究之间关联度较低。本文只是从景观、文化和文学的视角试将该作品与印第安文化研究联系起来。对于书中景观是否影响到现实世界的人文地理研究则需要进一步探讨。

---

① [美] 斯·奥台尔:《蓝色的海豚岛》,傅定邦译,新蕾出版社 2010 年版,第 26 页。
② [美] 斯·奥台尔:《蓝色的海豚岛》,傅定邦译,新蕾出版社 2010 年版,第 47 页。

音景、移民与水位线：
论《孔雀的叫喊》中的音景叙事

徐超超*

摘要：与典型的移民作品不同，英籍华裔女作家虹影的《孔雀的叫喊》既呼应了当代中国文坛对于社会现实"呼喊式"的写作风格，也传达出海外移民女作家对于国家工程背景下传统与科技、故乡与移民、过去与现在等问题的深刻思考。小说故事以三峡工程建设为空间背景，借助于"孔雀的叫喊""电话铃声""乡音"三重风格各异的音景叙事类型，共同勾画返乡人柳璀不断回归的空间行迹，探究中国乡土世界中独特且稳定的声音沟通方式。

关键词：《孔雀的叫喊》；虹影；音景叙事

一、引言

《孔雀的叫喊》（*Peacock Cries at the Three Gorges*）于 2003 年首次在中国大陆出版，是英籍华裔女作家虹影出版的"重写笔记小说"系列中的第一本长篇小说。该作取材中国民间志怪故事《度柳翠》，书写女科学家柳璀四十年后回到家乡良县解开身世谜团，并见证三峡工程建设中家乡变迁的现代性故事。

---

* 徐超超，南开大学外国语学院英语语言文学专业在读博士研究生，主要从事英美文学研究。

其后，虹影又相继在中国台湾，英国出版繁体本（2003）、英语本（2004）。《中国日报》认为《孔雀的叫喊》试图传达出一种中国独特的"轮回"（Reincarnation）与"福报"（Retribution）观念，即人们无论做什么都应该对后代负责，三峡大坝工程亦是如此，是一部充满生态伦理学意味且不可忽视的作品①。《柯库斯书评》评价该作套用中国民间故事的"轮回"叙事手法将过去、现在和未来混合在一起，即借用三峡工程提供了一个对立事物相遇的舞台——基因与轮回、尊重与野蛮、愤怒与宽恕，最终达成某种思想启蒙②。国内学者尤平则从当代文坛的"呼喊"现象着眼，明言无论是余华的《在细雨中呼喊》、北村的《周渔的叫喊》，还是虹影的《孔雀的叫喊》，都表明当下诸多作家在题目选择以及在语言运用上的特殊取向③。遗憾的是，上述研究并未细分文本中的声音类型，未细究不同空间中的声音表现力，也没有将作品置于海外女作家创作模式与中国传统叙事机制的讨论中，无法深度揭示各类音景的社会性解读。

加拿大音景研究专家夏弗将"任何声音环境"归纳到"音景"（soundscape）概念中，认为"表达一个确切的声音景观远比表达一个视觉景观困难"，因为音景通常包含更为丰富的社会细节信息与特写镜头④。为了方便识别，夏弗通过细节定位将音景分主调音（keynote sound）、信号音（signals）和标志音（soundmark）三个层次：一为主调音，它确定整幅音景的调性，提供无处不在且不容忽视的声音背景；二是信号音，它借用声音装置的输出方式而易被识别，如口哨、喇叭和铃声等；三是标志音，它起源于地标一词（landmark），标记地方的声音特质⑤。虹影在创作《孔雀的叫喊》过程中，以女科学家柳璀作为叙述第一视角，以轮回叙事为指引，将重游故乡产生的种种

---

① "Story of Reincarnation and Retribution", China Daily, 2003 – 2 – 24. (http://www.china.org.cn/english/international/56544.htm)

② "Peacock Cries", *Kirkus Review*, 2004 – 7 – 15. (https://www.kirkusreviews.com/book-reviews/hong-ying-2/peacock-cries/)

③ 尤平：《"叫喊"：从存在向欲望的滑落》，载《新闻爱好者》2008年第4期。

④ R. Murray Schafer, *The Soundscape: Our Sonic Environment and the Tuning of the World*, New York: Knopf, 1977, p.7.

⑤ R. Murray Schafer, *The Soundscape: Our Sonic Environment and the Tuning of the World*, New York: Knopf, 1977, pp.9 – 10.

思考注入到"孔雀的叫喊""电话铃声""乡音"三幅差异化音景中。本文认为音景正是虹影《孔雀的叫喊》创作中的主要叙事对象,通过描绘不同类型音景,共同揭露出主人公柳璀与故乡之间的情感联结,传达虹影对于轮回叙事、移民工程、处所意识的多重社会性思考。

二、"孔雀的叫喊":轮回叙事与生态忧思

如果读者能够细心阅读小说便会发现,虹影在开篇引文中埋下可供解读的听觉线索:"在无边的喧闹躁动中,请你静一下心,听孔雀的恐惧叫喊。"[①] 有趣的是,虹影在小说正文部分却无过多描述,唯有三处。其一,虹影开篇坦言该词源于美国现代诗人华莱士·斯蒂文斯(Wallace Stevens)1954 年出版的诗歌《夜色统治》(*The Domination of Dark*)当中的片段:

> 从窗口望出去,
> 我看到行星聚拢,
> 就好像树叶
> 在风中翻卷。
> 我看到黑夜来临
> 大步走来,像浓密的铁杉的颜色
> 我感到害怕,我记起了孔雀的叫喊。[②]

其二,小说第二十六章藉用"鎏金孔雀树"典故简要提及:"孔雀夸飞,恐伤羽毛,知猎者近亦不动。画记哀之"。其三,故事结尾女科学家柳璀接连发问"两千年后,这个水库会怎么样?""我们就是两千年后的孔雀?"[③] 那么,作者选择倾听"孔雀的叫喊"有何特殊寓意呢?首先,"孔雀的叫喊"在文学

---

① 虹影:《孔雀的叫喊》,江苏文艺出版社 2013 年版,引言。
② 虹影:《孔雀的叫喊》,江苏文艺出版社 2013 年版,引言。
③ 虹影:《孔雀的叫喊》,江苏文艺出版社 2013 年版,第 257 页。

音景中并不鲜见,D. H. 劳伦斯在 1911 出版的作品《白孔雀》直言:"孔雀就是女人的化身,要么就是魔鬼"①。"孔雀的叫喊"一方面象征着人类对于野性生命力的体悟,具有生命轮回的神秘韵味;另一方面孔雀的华丽外表也与女性美妙身形等量齐观,其叫声指向女性与自然间的亲近关系②。其次,虹影指向了"移民工程"与"孔雀的叫喊"间的冗杂关联,突出三峡工程为主题的故事背景。孔雀在中国传统文化中被冠以"越鸟""南客"等文禽之名,孔雀的啼叫隐喻游子乡愁,亦有美好回忆凋敝的惋惜之情。由此可见,"孔雀的叫喊"是虹影移民哲思的意象再造。20 世纪 90 年代以来,新移民作家的审美实践主要集中在三个领域:一是海外华人的开拓史和漂泊史;二是中国大陆的历史记忆;三是异域现实生活的内在冲突③。虹影结合海外女作家的空间流动经验,尝试把中国现代女性故事植入国家工程之中。可以看到,置身家乡良县的柳璀清晰地认识到"迁移"是该地"最正常现象"④,验证了"孔雀的叫喊"作为文本主调音的合理性,具备无迹可寻却又无处不在的显性特征。

值得注意的是,痕迹寥寥的"孔雀的叫声"又是如何在文本中达到"无处不在"的叙事效果?其一,"孔雀的叫喊"使女性成为自然的唯一代言人,将"孔雀的叫喊"升华为"生态的呼唤",充满离乡游子对于故土不存的叹息。事实上,小说围绕良县展开的故事情节是基于虹影六岁时在忠县石寨的一段儿时生活而进行的文学再现。毛尖认为虹影的另一部作品《我也叫萨朗波》,更为全面地概括了虹影的故乡印象:"整本诗集,最常见的背景是'水',最主要的色调是'蓝',最频繁的意象是'鱼',最重要的人格是'母亲'"⑤。小说开篇存在这样一段与之吻合的风景描写,也是柳璀自母亲口述中获取的良县初印象:"那时江水碧绿透澈,水里浮游着通体透明的桃花鱼,可能是从山涧的溪河里漂入长江,成群结队,各种颜色都有:玉白、乳黄、粉

---

① [英] D. H. 劳伦斯:《白孔雀》,谢显宁、刘崇丽、王林译,中国文联出版公司 1994 年版,第 228—229 页。
② 赵春华:《现代人的抗争——评〈白孔雀〉的象征意义》,载《小说评论》2012 年第 2 期。
③ 洪治纲:《中国当代文学视域中的新移民文学》,载《中国社会科学》2012 年第 11 期。
④ 虹影:《孔雀的叫喊》,江苏文艺出版社 2013 年版,第 29 页。
⑤ 虹影:《我也叫萨朗波》,江苏文艺出版社 2014 年版,第 195 页。

红,与远山上的桃花树相互辉映"①。至此,身为科学家的柳璀的生态忧思开始生发。虹影的生态忧思不仅厘清了女科学家柳璀对于改造自然的态度转变,还印证返乡人柳璀逐步建立起乡土"团体格局"的过程②。

其二,女性"生育疼痛呐喊"是孔雀叫喊的第二层表征。许多专注"女性身体叙事"的研究者认为,女性需"用自己的血肉之躯拼命地支持着她演说中的逻辑"②。虹影不仅追问身体叙事背后的女性问题根源,且更为关注身体叙述与中国式"轮回叙事"中的存在式关联。毕淑敏的《生生不已》将死亡与生育连接起来,形成轮回式的生命圆环。在陈阿姨的讲述中,画家陈月明与女科学家柳璀在"玉通禅师"与"妓女红莲"的行刑之际降生。庭院内是女性分娩过程中撕心裂肺的喊叫,庭院外是民众围观行刑时山呼海啸般的吼喊③。虹影将女性生育时来自个人身体经验的"疼痛呐喊"塑造成超越死亡意义的载体,以此建立连接"前世"与"后世"的转世通道。故事余篇中,身为科学家的柳璀对陈阿姨的说法从深感荒谬到笃信不疑,因为她感到"冥冥之中,她的心里有个空位,一直在为一个人空着"④。虹影反复使用闪回、插叙的叙事手法强调故乡在个人精神中不可磨灭的印迹,促成柳璀对于丈夫的警告:回故乡是因为"她有自己的事要办","无需告诉他,也与他无关"⑤。最终,叙事者通过既往历史和现实乡土完成审视自我过程,跨越短暂生命的束缚,找回记忆,回归精神故土⑥。

概言之,虹影的《孔雀的叫喊》体现了特点鲜明的轮回叙事特征,它善用闪回、插叙,同时包含向前的线性叙事。颇为玩味的是,"孔雀的叫喊"可视作一种累进式声音叙事方式,囊括了作者基于物质与精神两个层面的思考,而轮回叙事进一步验证了时间、空间变化中故土的不变性。在此基础上,无论

---

① 虹影:《孔雀的叫喊》,江苏文艺出版社2013年版,第13页。
② 张京媛:《当代女性主义文学批评》,北京大学出版社1992年版,第195页。
③ 虹影:《孔雀的叫喊》,江苏文艺出版社2013年版,第164页。
④ 虹影:《孔雀的叫喊》,江苏文艺出版社2013年版,第147页。
⑤ 虹影:《孔雀的叫喊》,江苏文艺出版社2013年版,第29页。
⑥ 唐湘、林静:《半个离散的灵魂——论虹影作品的离散根源》,载《外国语言文学》2014年第1期。

故乡作何变化，柳璀发出的每一声"孔雀的叫喊"都成为见证返乡人回归的一个有力证据。

三、电话铃声："景深失落"与"库区音景图"

音景构成方式类似于具有景深（perspective）的图景，处于前景的声音成为音景的"形"（figure），而蛰伏于背景的声音则指向"底"（ground），且"由于任何声音都可以被人有意识地聆听"，因此所有类别的声音都可以在音景中相互切换主次①。夏弗使用高保真（Hi-Fi）和低保真（Lo-Fi）这对声学范畴描述各个社会阶段的音景特征。高保真音景指的是农业社会所具有的低水平环境噪声与声音重叠频率的特征，清晰地听到整张音景中所有离散的声音；相比之下，城市化与工业化造成声音拥挤与声音权利问题，使得人们听到的往往是一团无法辨别的模糊混响，处于低保真音景状态下②。傅修延将社会发展过程中的音景模糊现象统称为"景深失落"③。《孔雀的叫喊》文本所述时期正值90年代至新世纪初三峡大坝建设库区移民的阶段，小说中良县"到处都在拆房"，"每一个好像都有另一幅面孔，在等待什么事情发生"④。据此，我们可以合理推测，良县小镇正处于处于高保真趋向低保真的音景过渡阶段，陷入音景嘈杂，记忆模糊的"景深失落"中，闹市中人为了相互听见不得不提高嗓门说话或是借助声音装置——信号音。

虹影如何实践"信号音"解决"景深失落"问题？从创作题材看，虹影并不回避小说中因景深失落造成的记忆模糊问题。对于移民作家自传体作品中的记忆部分，谭恩美曾给出过一个有趣解释："我所写的不是具体的作品，而是记忆中的感受。当我把感受写成小说时，我的想象力便进发了"⑤。虹影的

---

① R. Murray Schafer, *The Soundscape: Our Sonic Environment and the Tuning of the World*, New York: Knopf, 1977, p. 10.

② R. Murray Schafer, *The Soundscape: Our Sonic Environment and the Tuning of the World*, New York: Knopf, 1977, pp. 43–44.

③ 傅修延：《论音景》，载《外国文学研究》2015年第5期。

④ 虹影：《孔雀的叫喊》，江苏文艺出版社2013年版，第34页。

⑤ 谭恩美：《我的缪斯》，卢劲杉译，上海远东出版社2007年版，第74页。

观点与之相似，尽管在访谈中多次表示自己的作品题材来源于亲身经历，但她并不回避作品中的虚构与改写元素，并将重写笔记小说的创作目的归置于用"适当的形式"重讲故事，让渐趋模糊的记忆能继续"游动在想象的世界里"①。从叙事手法看，作者有意在《孔雀的叫喊》中密集使用"声音装置"，通过个性鲜明的声音装置增强个体叙述能力，最终将记忆清晰呈现出来。因此，虹影将电话铃声视为叙事节点，脉络清晰地将主人公柳璀回乡寻根旅程中的整个行为逻辑与三峡移民历史背景串联起来。文本中总计出现了九次重要的通话片段，逐步绘制出一幅逻辑连贯、内容细致的库区音景图。

表一　库区音景图

章节	空间场域	通话对象	音景
第二章	北京遗传研究所	女秘书→柳璀	柳璀托付母亲代收丈夫礼物。
	北京颐和园后街	母亲→柳璀（留言）	柳璀回家团聚，母亲希望其回到三峡库区探亲，并处理好身世与婚姻两大问题。
第五章	三峡库区宾馆	丈夫情人→柳璀	柳璀拒绝与其交流，独自踏上良县寻亲之旅。
第六章	良县金悦大酒店	丈夫李路生→柳璀	李路生讲述库区移民群像。
第十三章	良县金悦大酒店	柳璀→母亲（留言）	柳璀交代良县和寓所现况。
	良县金悦大酒店	李路生→柳璀	李路生邀请妻子出席三峡工程融资晚宴。
第十五章	良县金悦大酒店	酒店经理→柳璀	经理对柳璀大献殷勤。
第二十八章	良县金悦大酒店	母亲→柳璀	母女交流良县变化，提及当地的灭鼠行动。
	良县金悦大酒店	下属→李路生	下属紧急汇报库区问题。

如上图所示，库区音景图分别由章节、空间场域、通话对象和音景四类要素构成，呈现出独特的音景叙事特征：特征一，虹影笔下的电话铃声是整篇小说中唯一清晰可听的信号音。需要指出的是，《孔雀的叫喊》中的"电话铃声"既是神秘化良县往事的"编码"（coding）手段，又是叙述人用以交流音景内容与听觉感受的"解码"（decoding）过程。小说以电话铃声作为空间叙事节点帮助柳璀步步深入地了解良县往事以及移民现状。特征二，女性成为空间移动主体与音景信息接收者。虹影关注"女性"在社会变革中"躯体和心

---

① 虹影：《孔雀的叫喊》，江苏文艺出版社 2013 年版，引言。

理的变形记",其笔下的女性形象通常"不是作为丈夫的妻子或者家庭主妇而行为处事,而是作为家庭的支柱和社会最底层的基础而存在",冷静捕捉周遭环境中的声音与画面①。

　　此外,虹影在库区音景图中植入两幅移民实景图。其一,虹影在故事伊始通过空间移动描绘出一幅由远及近,热火朝天的良县人口迁徙图。小说第五章中,柳璀首次在库区宾馆远眺横断大江的"三峡大坝","施工机械在切割山岭,载重卡车在坝顶上来回行驶"②。随着女主人公转场良县,工地施工的嘈杂声音逐渐被人口移民的喧嚣声取代。其二,旧城动物迁徙图,旧城所有的事物呈现一种焦急的移民状态,既耐心"等待什么事情发生",又迫不及待地"按将来的样式过日子",动物奇特的迁徙现象成为库区移民叙事延伸的标志③。小说第九章中柳璀从载客摩托车司机口述中获得一幅"老鼠迁徙图","老鼠精着呢,抢先搬家,成群结队从旧城往山上新区跑。新区用药挡住他们不让进,每天夜里,加一条毒药封锁线,冲不上去的老鼠成片倒在街上"④。音景的讨论是以历史性、社会性和文化性为前提,对于声音装置的把握需要提前了解具有高度社会生产性的空间场域,并最终还原到具体的社会背景中加以考察与解读⑤。自20世纪80年代三峡移民工程试点以降,有关的三峡移民文学与新闻叙述开始频繁见诸流行刊物,诸如虹影的女性作家呈现出"走出自我/身体,走向他者/社会"的变化趋势⑥,在写作内容上走出历史苦痛与女性伤痛的题材限制,转而描绘移民、拆迁、西部开发、南水北调等重大题材,形式上则以集体性叙事消解了个人化自传体叙事的形式单一与内容单薄。

---

① 唐湘:《作为"创伤女性"意象的地母与河母——以严歌苓和虹影为中心》,载《福建师范大学学报(哲学社会科学版)》2015年第5期。
② 虹影:《孔雀的叫喊》,江苏文艺出版社2013年版,第19页。
③ 虹影:《孔雀的叫喊》,江苏文艺出版社2013年版,第34页。
④ 虹影:《孔雀的叫喊》,江苏文艺出版社2013年版,第51页。
⑤ 李健:《"听觉性"的在场——论大众文化装置范式中的声音景观》,载《南京社会科学》2021年第2期。
⑥ 孙桂荣:《集体型叙事中的女性声音——对当代女作家非虚构书写的一种考察》,载《南开学报(哲学社会科学版)》2021年第2期。

四、乡音："河母"意象与处所意识

  虹影曾对海外女作家群体加以评述，指出该群体的创作常常带有共通的"自然之母"情结，写道："许多华裔女作家正在把'会说故事的母亲'这一传统往下延伸，把中国文化延伸到西方语言之中，她们都是会讲故事的母亲。将女性承担的文化叙述者角色一代一代往下传"①。具体而言，华文女作家的"自然之母"形象主要包括两种："地母"与"河母"。前者可进一步明确为"地母精神"，张爱玲认为"地母精神"的意义在于凸显女性拥有高贵品质，例如《小姨多鹤》中的多鹤、《一个女人的史诗》中的田苏菲、《妹头》中的妹头等等，这些女性身上拥有"地母精神"：身世多舛，被俗事俗物所累，却能忍受苦难，富有生命力。王安忆在散文《地母的精神》对张爱玲推崇的"地母精神"大加赞扬，同时她试图超越性别间的激烈对峙，以一种性别关怀的高姿态去重构历史，将"地母精神"从单一性别领域推向社会、政治、历史等层面②。而虹影则是"河母"形象创作的代表作家，"我的长篇甚至短篇几乎都写了一条河流。《饥饿的女儿》是长江上游，《K：英国情人》是长江中游，《走出印度：阿难》里面是恒河。《一镇千金》和《给我玫瑰六里桥》也有河流。河流每夜穿过我的心，给我生命，我赋予河流人性，我就是河流"③。因此，"河母形象"自然成为虹影小说的永恒主题，这一点也印证了在《饥饿的女儿》英译出版时作者将书名修改为 Daughter of the River 的主张。

  "河母"形象缘何而来？首先，古代典籍《太一生水》对"河母"原型有过注解："是故太一藏于水，行于时。周而或始，以己为万物母；一缺一盈，以己为万物经"④。甲骨卜辞中也多有"河母"记载。原始社会人以为万物山川必有神灵主宰，由此产生了自然崇拜。当代移民女作家将"河流意象"塑

---

① 虹影：《会讲故事的母亲——海外女作家的女性意识》，载《花城》2005 年第 6 期。
② 张娟：《王安忆小说的"地母精神"与现代市民价值观》，载《求是学刊》2012 年第 3 期。
③ 虹影：《女性的河流——虹影词典 40 则》，载《清明》2021 年第 1 期。
④ 转引自范晓佩：《〈太一生水〉梳理：试解中国古代的宇宙论》，载《江汉考古》2019 年第 2 期。

造成跨域书写的写作范式，河母开始挣脱神话形象的桎梏，成为具有丰富社会性与包容力的"原乡标识、异乡对应，精神彼岸"①。其次，虹影对于"自然之母"的思考深受俄罗斯抒情诗人阿赫玛托娃的影响。阿赫玛托娃善用"景物描写"创作抒情作品，在作品中"她不直接讲述自己，而是讲述内心表现的外部环境，讲述外部生活的事件和外部世界的物体"②。显然，虹影对于河母意象的文学再现深受阿赫玛托娃的艺术手法启发，谈道：

> 长江就是一条魔江，你会发现突然它不高兴，会把一条条船吞下去全部埋葬。它如果要让你活，你怎么想死都死不了。像我的三哥他在长江里游来游去，不管多么涨大水，别人一跳下去可能就没人影了，可河水就是爱他，不会把他吞掉。因为我们在南岸，附近都是一些山，比如三块石，那里埋了死掉的人，你走进山里，会发现很多奇怪的现象，比如树跟你说话，花在你眼前一瞬间就开了，这是你心情很好。比如你心情不好，它们会发出一些很奇怪的叫声。③

在夏弗看来，每个地方都应有属于自己独特的标志音（soundmark），这些声音能够标记地方的声音特质，反映地域群体的概念。同时，他指出让听众自主识别不同地方音的细微差别正是听觉设计师的重要任务，因为细微差别的标注能够让听众脑海中的地方记忆留存更长时间④。美国文学地理学者罗伯特·塔利（Robert T. Tally Jr.）将这一构想归结为"处所意识"（Topophrenia），指出这一理念内涵了"人类与物质环境的所有情感联系"，表现了人们对于地方的某种关切⑤。显然，虹影将标志音塑造成承载处所意识的混合载体，使观察

---

① 朱育颖：《河流意象：大河之女新世纪的跨域书写》，载《天津师范大学学报（社会科学版）》2014 年第 2 期。

② 转引自王加兴：《阿赫玛托娃艺术风格探幽》，载《当代外国文学》1995 年第 1 期。

③ 赵黎明、虹影：《"我在黑暗的世界里看到了光"——虹影访谈录》，载《小说评论》2009 年第 5 期。

④ R. Murray Schafer, *The Soundscape: Our Sonic Environment and the Tuning of the World*, New York: Knopf, 1977, p. 239.

⑤ Robert T. Tally Jr., *Topophrenia: Place, Narrative, and the Spatial Imagination*, Indiana: Indianan University Press, 2019, p. 20.

者能够置身于变动与静止之中讨论内在的联系。

其一，虹影通过四川方言的语言形式拉近叙事人柳璀与故乡良县之间的距离，通过表达语言习惯确认返乡人的正确归属地。从语言特质看，四川方言在现代语言区划中属于北方方言区，该地区特殊的河流、历史、文化等诸多因素共同促成独特的发音方式，是整个良县地域特有的标志音。因此，"方言"成为标记一个社会群体身份特征和社会关系的音觉符号，满足"处所意识"的需要。譬如，小说第六章中良县摊位小贩的方言吆喝，第七章中鲫鱼巷门口的四川麻将，第九章中陈月明母子间的土话交流，第二十章中出租车司机用本地话询问目的地等，都带有个性鲜明的行为方式与浓郁的方言特色。在柳璀听来，尽管"本地人说话像在吼，四川话发音太高，仿佛不能静心静气地说一件事"，但她"觉得四川话不仅不难听，反而感到亲切"[1]。

其二，"水位线"成为良县乡土世界频频出现的地理意象，虹影通过乡音再次对良县新城与旧城进行划分。"库区每个地方，每个峡岸，都标明首期淹没海拔145米水位线，以及最后淹没的海拔175水位线，成为川江一景！"[2]。虹影将水位线两侧传统且衰败的"旧城"与舒适美好的"花园新城"放置在空间对峙位置上，乡音承担起表达差异的功能。在良县旧城中，没有街名号码的街巷中，"木窗在几嘎作响"。陈阿姨居住的鲫鱼巷是"良县千篇一律的灰瓦房"的典型代表，"黑乎乎的门洞里，有几个男女围着一张黑黑的桌子在打麻将"，而在鲫鱼巷的另一侧，"阳沟里哗啦啦地淌着附近猪鬃厂排出的带泡沫的脏水"[3]；与之相比，新城沿山而筑，华厦迭起，"电子大屏幕上放着娃哈哈矿泉水广告，几秒钟后换成股市消息"，交通警察站在街心井井有序地指挥着来往的车辆[4]。金碧辉煌的"金悦大酒店"矗立在新城最高处，装点出新城整洁有序、安静宜居的舒适环境[5]。虹影一方面以差异明显的乡音区分老城与新城之间的景观特征，指明旧城是返乡人柳璀的寻忆目的地。另一方面柳璀逐

---

[1] 虹影：《孔雀的叫喊》，江苏文艺出版社2013年版，第25、34页。
[2] 虹影：《孔雀的叫喊》，江苏文艺出版社2013年版，第20页。
[3] 虹影：《孔雀的叫喊》，江苏文艺出版社2013年版，第38—44页。
[4] 虹影：《孔雀的叫喊》，江苏文艺出版社2013年版，第33页。
[5] 虹影：《孔雀的叫喊》，江苏文艺出版社2013年版，第26—27页。

渐认清乡土世界与落后旧城之间并不等同，乡土世界的未来应在花园新城之中。考虑到舒适的新城生活更符合柳璀作为科学家改造自然的信念，她坦言："雄踞在旧城上的新城，更合适居住"①。由是观之，作者通过使兼具返乡人与科学家两重身份的柳璀往返新旧双城，抒发旧景即将不存的惋惜。但更为重要的是，虹影希望借助科学家的理性视角审视国家工程的先进性，展望新城之中的美好生活。

无独有偶，著名的诺贝尔文学奖得主莫言在其作品《檀香刑》后记中，指明了标志音与所绘高密世界间的关联："二十年前当我走上写作的道路时，就有两种声音在我的意识里不时地出现，像两个迷人的狐狸精一样纠缠着我，使我经常地激动不安。"一种是胶济铁路上的火车鸣笛声，另一种是高密一代的地方小戏猫腔②。由此可见，标志音不仅成为作家识别故乡的标记，同时成为滋养作家创作灵感与素材的一汪清泉。虹影的作品充分诠释了这一特点，故乡之音成为包括《孔雀的呐喊》《饥饿的女儿》《好儿女花》《小小姑娘》在内大部分作品中唯一且清晰的咏叹调。

五、结尾

"音景"在虹影小说中扮演着重要的角色，其丰富的隐喻内涵参与到叙事构建中，观察着国家工程中的社会群像。其一，"孔雀的叫喊"指向文本轮回叙事的主调音，表征游子与原乡之间无法割舍的情感联结与不断回归的心路历程；其二，"电话铃声"是贯穿全文的信号音，厘清主人公柳璀回乡寻根过程中的空间足迹与行为逻辑，并见证彼时家乡建坝的移民实景；其三，"乡音"是确认处所意识的标志音，同时也细分开水位线两侧不同的音景特征，进而帮助当地民众展望新城之中的宜居生活。有趣的是，虹影在故事结局借用中国传统美学中"无声胜有声"的艺术手法，当所有的声音渐趋平静，金悦大酒店三十层楼顶矗立着"一个东方明珠式的铁塔，悬挂着倒计时的大霓虹灯，上

---

① 虹影：《孔雀的叫喊》，江苏文艺出版社2013年版，第25页。
② 莫言：《檀香刑》，当代世界出版社2003年版，第376页。

面的秒数不停地闪动,真是个争分夺秒的架势"①。虹影通过对声音施加扭曲和变形,激发听众的想象力以填补画面中的"留白",从而拓张叙事的时间与空间维度。一方面以"争分夺秒"的积极姿态表明了库区人民对于新城生活的欢迎态度,传递库区人民对于美好生活的殷切期盼;另一方面以无声(silence)② 状态反衬出三重音景的真实运转,反复验证了中国乡土世界具有稳定的情感内核。

---

① 虹影:《孔雀的叫喊》,江苏文艺出版社 2013 年版,第 99 页。
② R. Murray Schafer, *The Soundscape: Our Sonic Environment and the Tuning of the World*, New York: Knopf, 1977, p. 52.

《进入空气稀薄地带》中的三重悖论

王承诚*

摘要：美国作家乔恩·克拉考尔于1997年出版的非虚构小说《进入空气稀薄地带》描述了作者亲历的1996年珠峰山难的全过程。尽管该书以其巧妙的叙述方式深受读者喜爱，但书中的矛盾之处也令人无法忽视。本论文将从该书的三重悖论进行分析，指出作者对该书叙述的准确性、对登山者能力的评判以及对商业攀登的价值评估是自相矛盾的。本文认为，作者在有意或无意间歪曲了与山难相关的事实，并以此来彰显以作者本人为代表的"合格的"登山者的优越性，进而从另一个角度肯定了商业登山的功利性。

关键词：《进入空气稀薄地带》；三重悖论；商业攀登；功利性

1996年春季发生在尼泊尔一侧的珠峰山难是珠峰登山史上的一次重大灾难。该山难给无数登山者及其亲人带来无法磨灭的创伤，并造成15人死亡，其中包括两位国际知名领队罗伯特·霍尔（Robert Hall）和斯科特·费希尔（Scott Fischer）。关于这次灾难的报道有很多，其中以美国作家乔恩·克拉考尔（Jon Krakauer）创作的非虚构小说《进入空气稀薄地带》最为出名。该书一经出版，就成为当年的畅销书，并入围1998年的普利策奖。称此书为非虚

---

* 王承诚，南开大学外国语学院在读博士研究生，曾于2015年主持中南大学创新创业项目"宗教文化视域下的狄更斯成长小说研究——以《大卫·科波菲尔》为例"（项目号CX2015404），并于2023年7月在《中国图书评论》发表论文《攀登、写作与国家建构——〈登山与英国浪漫主义〉评述》。目前研究方向为浪漫主义时期与维多利亚时期的旅行文学与登山文学。

构,是因为当时克拉考尔以随队记者的身份参加了霍尔组织的登山队并成功登顶。而此书所讲述的,正是这场山难的全部经过。

克拉考尔此行的目的是撰写关于珠峰商业化的报道。尽管该书详尽地批判了商业登山所造成的严重后果,但作者对于商业登山的态度却始终是暧昧的。作为1996年山难的见证者,作者一方面不屑于商业登山的大众化倾向,另一方面又在不知不觉中成为其功利性的共谋。为什么会产生这种矛盾?这种矛盾又指向了什么?然而,很少有学者就这个问题展开讨论。关于这本书的研究,国外学者主要聚焦于种族主义、女性主义与后殖民主义。彼得·L. 贝耶斯(Peter L. Bayers)在《帝国攀登》(2003)一书中指出,克拉考尔在书中所表现出的"歉疚感"其实是一种帝国主义的残余。[1] 朱莉·莱克(Julie Rak)所著的《虚假顶峰》(2021)通过将《进入空气稀薄地带》的小说版与电影版进行对比,发现两者都是从白人男性的视角出发,从而将非白人、女性以及当地少数民族背夫边缘化。[2] 中国学者对该书的研究还处于起步阶段。裴蓓于2020年发表在《外国文学研究》上的论文《〈进入空气稀薄地带〉中登山者的伦理选择困境》从文学伦理学的角度对克拉考尔的著作进行了阐释。

本论文将从以下三个角度进行分析:书中内容的真实性、"合格"登山者的界定以及商业登山的价值评估。通过分别指出它们之中存在的悖论,本文最终得出结论:尽管作者反复强调他在展现一种"原始而冷酷的诚实"[3],但其写作中的诸多不实之处都指向了一种对于"合格登山者"的建构。而这种建构,也间接地使作者肯定了商业登山带给他的自我满足感。克拉考尔表面上批评商业登山的弊端,却最终与其功利性形成共谋。

一、关于真相的悖论

克拉考尔在书中不断强调自己是以一种诚实的态度书写事实,所以书中所

---

[1] Peter L. Bayers, *Imperial Ascent: Mountaineering, Masculinity, and Empire*, Colorado: University Press of Colorado, 2003, p. 129.

[2] Julie Rak, *False Summit: Gender in Mountaineering Nonfiction*, Montreal: McGill-Queen's University Press, 2021, p. 192.

[3] [美] 乔恩·克拉考尔:《进入空气稀薄地带》,张洪榴译,浙江人民出版社2013年版,第 XII 页。

写内容的真实性不容置疑。① 本章对所谓的"诚实"提出质疑,并指出书中一些不实之处恰恰指向了作者不诚实的一面,尽管并非所有不实之处都是作者有意为之。

首先,克拉考尔对"关门时间"的记录就有经不起推敲之处。按照国际惯例,所谓"关门时间",就是最晚登顶时间,每一次登顶前都要由领队进行设定。无论在这个时间之前是否登顶,时间一到都要立刻下撤。甚至说,对于经验丰富的登山者,即使没到关门时间,如果感到按时登顶机会渺茫,也应听从安排下撤。在关门时间之后登顶则意味着天黑之前赶回营地的可能性降低,登山者"轻则遭遇风暴或迷失方向,重则体力耗尽而亡"②。可以说,关门时间的制定至关重要。

然而,在《进入空气稀薄地带》中,霍尔始终没有给出一个确定的时间。根据克拉考尔的记载,早在5月6日,即距离登顶日还有4天之时,霍尔就强调,关门时间"大概在下午1点,最晚不超过2点"。之后,克拉考尔又提到,霍尔认为返回时间可以是1点,也可以是2点,但他并未宣布应该遵守哪个时间。接着,作者写到,直到登顶那天上午10点霍尔都没有宣布确切的关门时间。上午11点时,霍尔告诉队中其他两名顾客距离峰顶还有"三小时路程"③,也就是说以当时的速度到达峰顶的时间应该是下午两点。

与克拉考尔所暗示的关门时间不同,霍尔队的另一名队员洛·卡西希克(Luo Kasischke)在他的回忆录《狂风过后》中提到:在4号营地霍尔曾确定"下午1点为关门时间"④。在费希尔队向导布克瑞夫写的另一本有关1996年山难的回忆录中,下午1点的说法也得到了队员哈奇森的证实。⑤ 当时正是由

---

① [美]乔恩·克拉考尔:《进入空气稀薄地带》,张洪楣译,浙江人民出版社2013年版,第226页。

② Julie Rak, *False Summit: Gender in Mountaineering Nonfiction*, Montreal: McGill-Queen's University Press, 2021, p.204.

③ [美]乔恩·克拉考尔:《进入空气稀薄地带》,张洪楣译,浙江人民出版社2013年版,第109—135页。

④ Lou Kasischke, *After the Wind: Tragedy on Everest One Survivor's Story*, Michigan: Good Hart Publishing, 2015, p.118.

⑤ Anatoli Boukreev and G. Weston DeWalt, *The Climb: Tragic Ambitions on Everest*, New York: St Martin's Press, 2002, p.140.

于担心无法在下午一点这个关门时间抵达峰顶,卡西希克才与哈奇森一同中途折返,结束了他们的珠峰攀登,也同时避免了一场无可挽回的灾祸。另外,在布克瑞夫书中一次与费希尔队向导贝德曼的访谈中,贝德曼也承认,冲顶那天霍尔把到达南峰的最晚时间定在上午 10 点。① 从南峰到珠峰峰顶的攀登时间大约为 3 小时,所以贝德曼的说法也从侧面证明了霍尔确定的关门时间为下午 1 点钟。

究竟哪一种说法更为可靠?本论文认为是后者,原因有二。第一个原因是作为当时最负盛名的领队,霍尔在登顶前不设定关门时间的可能性几乎不存在。尽管他在登顶的过程中无视关门时间,导致自己与多名队员死亡,但如果事先没有确定好时间,像卡西希克与哈奇森这样谨慎的队员是不会贸然出发的。另外,霍尔之前带领团队时都会事先确定好返回时间。特别是 1994 年,因为遵守关门时间,霍尔在距离山顶仅百米的地方要求四名顾客下撤。第二个原因,是作者并未完全否认霍尔设定了关门时间,只是含糊其辞,将其界定在"下午一点到两点之间"这个很宽泛的范围内。对于塔西希克与哈奇森这两位中途折返者来说,关门时间是几点都不影响他们的声誉,他们没有理由不说实话。但是对于克拉考尔,关门时间是 1 点还是 2 点关乎他个人的公众形象。根据《进入空气稀薄地带》中的说法,克拉考尔是在冲顶当天下午 1 点 12 分登顶的。如果承认关门时间是下午 1 点,便是承认作者本人也与其他人一样为了登顶而丧失理智。但如果最晚 2 点登顶,那么作者就免除了无视规则的嫌疑。下午 2 点之前到达山顶的人只有六位,作者便是其中之一。

书中另外一个经不起推敲之处便是克拉考尔对于其他登山者的评价。霍尔队的大部分队员在他看来仅仅是"友好而有教养"的。至少在旅途之初,还没有谁"看上去像个笨蛋"。但是,从外表和经历来看,他们"丝毫不像那些酷爱爬山的登山者"。② 费希尔队记者兼队员桑迪·希尔·皮特曼(Sandy Hill Pittman)更是被克拉考尔大加指摘,说她是"一位附庸风雅的百万富翁登山

---

① Anatoli Boukreev and G. Weston DeWalt, *The Climb: Tragic Ambitions on Everest*, New York: St Martin's Press, 2002, p. 321.
② [美] 乔恩·克拉考尔:《进入空气稀薄地带》,张洪楣译,浙江人民出版社 2013 年版,第 26 页。

者"①。在介绍这些队员时，克拉考尔大多只提及他们的职业，却几乎不提他们的登山经历。例如，在介绍难波康子（Yasuko Namba）的时候，只说她是"联邦快递东京分部的人事主管"，因"不甘于日本中年女性那种温顺谦恭的传统形象"而登山。在她攀登时，则是"精神恍惚"、"焦急而缺乏经验的"。②队员贝克·韦瑟斯也被描述为一位唠叨不停的"病理学家"。登顶当日中途撤退的哈奇森更是位"略带书生气的加拿大心脏病专家"，出发前他"无法将冰爪固定在新靴子上"，出发时"一马当先，但很快筋疲力尽"。③

然而，这些被克拉考尔轻视的登山者却有他们另外的一面。卡西希克认为，难波康子是"日本最杰出的登山家之一"。在攀登珠峰之前，她"曾和霍尔的探险队进行过多次攀登"。④同样，哈奇森也是一位具有丰富经验的登山者。不同于克拉考尔，韦瑟斯在他的回忆录中认为皮特曼是"强壮且有决心的"⑤。

尽管克拉考尔声明他在本书中提供了"最准确、最真实的报道"⑥，但是对于"关门时间"这个关键细节的不实论述也使这本书的真实性大打折扣。同时，作者对其他队员的片面性书写也违背克拉考尔本人所声称的对于客观与真相的追求。那么，这样写的目的究竟是什么？

二、登山者与游客的悖论

通过虚报关门时间和矮化其他登山者，克拉考尔似乎想要确立自己与众不同的形象。那么，这种不同究竟是以什么为标准？本章剖析小说中关于登山资

---

① [美]乔恩·克拉考尔：《进入空气稀薄地带》，张洪楣译，浙江人民出版社2013年版，第85页。
② [美]乔恩·克拉考尔：《进入空气稀薄地带》，张洪楣译，浙江人民出版社2013年版，第134页。
③ [美]乔恩·克拉考尔：《进入空气稀薄地带》，张洪楣译，浙江人民出版社2013年版，第55—60页。
④ Lou Kasischke, *After the Wind: Tragedy on Everest One Survivor's Story*, Michigan: Good Hart Publishing, 2015, p.47.
⑤ Beck Weathers, *Left for Dead: My Journey Home from Everest*, New York: Dell, 2000, P.30.
⑥ [美]乔恩·克拉考尔：《进入空气稀薄地带》，张洪楣译，浙江人民出版社2013年版，第234页。

质的论述，发现作者人为将登山者与暴发户游客进行了区分。克拉考尔认为：只有真正热爱登山且肯为之牺牲一切的人才有资格攀登珠峰。而其他人，不过是"企图用金钱购买珠峰战利品"①的暴发户游客。但终究登山者与游客并非是泾渭分明，互相对立的。自诩为登山者的作者其实也不过是游客中的一员而已。

在克拉考尔看来，珠峰的商业化始于 1985 年。当时，几乎没有登山经验的美国富豪迪克·巴斯（Dick Bass）在其他登山家的帮助下登顶珠峰。仿佛一夜之间，珠峰便从"精英者的天堂"变成了"矿渣堆"。克拉考尔对此失望至极，认为商业化使珠峰受到了"贬低和亵渎"。②由此，克拉考尔预设了富有的业余登山者与经济能力一般的专业登山者之间的对立，即游客与登山者的对立。正是这种预设导致了上一章所提到的片面书写与不实报道。在克拉考尔看来，无论就经济实力还是攀登能力来说，自己显然属于后者。在做记者之前，他没有固定的工作，仅靠打零工维持生计。当时，他"当过木工，也捕捞过大马哈鱼"，每年的收入不过"五六千美元"。即便如此，登山始终是"他生活的中心"，没有任何事情"可与之相提并论"。他"活着就是为了登山"。③后来，他结了婚。即使婚前承诺再不登山，但婚后他违背承诺，只因登山对他"灵魂的召唤"。他的做法曾一度使婚姻走到了破裂的边缘。因此，在初次与他的队友们交谈的时候，克拉考尔认定，除了汉森，他和其他人没有什么共同语言。汉森是名邮政工人。和考拉考尔一样，他收入不高，却对攀登珠峰非常痴迷。为了积攒登山所需费用，他"没日没夜地干，白天在建筑工地干活，晚上加夜班"。因为他们两人"同属一个纳税级别"，相同的经历使克拉考尔"感到默契"。④其他队员大多为医生、律师、企业高管。他们相对

---

① ［美］乔恩·克拉考尔：《进入空气稀薄地带》，张洪楣译，浙江人民出版社 2013 年版，第 99 页。
② ［美］乔恩·克拉考尔：《进入空气稀薄地带》，张洪楣译，浙江人民出版社 2013 年版，第 14—16 页。
③ ［美］乔恩·克拉考尔：《进入空气稀薄地带》，张洪楣译，浙江人民出版社 2013 年版，第 13—16 页。
④ ［美］乔恩·克拉考尔：《进入空气稀薄地带》，张洪楣译，浙江人民出版社 2013 年版，第 26 页。

富足，经济宽裕。故而克拉考尔将他们归到"富有的业余登山者"的队伍中。

在克拉考尔看来，富有不仅意味着登山精神缺失，更意味着登山动机不纯。这一点集中体现在他对皮特曼的描写中。在克拉考尔的眼中，皮特曼既是一位"附庸风雅的百万富翁登山者"，更是一位"哗众取宠的业余爱好者"。为了成为第一位登上七大洲最高峰的女性，她耗费巨资并声势浩大地进行宣传。与其说皮特曼在登山，不如说她是一位"社会地位攀登者"。同时，她还有着对物质享受的执着追求。即使在南极文森峰（Vinson Massif）的营地，她携带的各种美食也"要四个人才能提起来"。另外，登山时要随身携带一台电视机，这样她就能"在帐篷里看电视"。① 皮特曼的行为看似荒诞，也不过是与众不同，而非动机不纯。至于皮特曼是否把登顶当作噱头进行炫耀，本文不得而知。即便如此，这也是商业登山带来的必然结果之一。因此克拉考尔对皮特曼以及其他队员的评价有失公允。而所谓的纯粹的登山动机其实也只是克拉考尔一厢情愿的建构。

同时，在克拉考尔看来，富有与登山技术的欠缺亦是相关联的。在他的笔下，经济状况良好的队员大多被描述为"攀登技巧末流"②、"力不从心"③等。尽管他们当中不乏登山经验丰富、登山技术娴熟者，但作者有意将其忽视，以凸显自己"极高"的登山水平。按书中所描述，当季能与他相提并论的，只有几位向导与个别徒手攀登的高手。克拉考尔对于自己登山水平的自信来源于多年的攀登经验。在阿拉斯加，他"独自攀登魔指峰（Devils Thumb）并在峰顶生活了三个星期"。在加拿大的多次攀冰经历"始终让他难以忘怀"。在南美洲，他征服过曾被认为是最难攀登山峰的托雷峰（Cerro Torre）。所以，在加入霍尔队后第一次见到队友们时，克拉考尔的优越感使他担心自己会被这些不合格的队员所拖累。他感觉自己在与"不明底细的人"合作。因此，他寄希望于领队霍尔能"将能力不足的人淘汰出局"，以使自己免受"他人能力不足而带来的危害"。④

---

① ［美］乔恩·克拉考尔：《进入空气稀薄地带》，张洪楣译，浙江人民出版社2013年版，第85—88页。
② ［美］乔恩·克拉考尔：《进入空气稀薄地带》，张洪楣译，浙江人民出版社2013年版，第99页。
③ ［美］乔恩·克拉考尔：《进入空气稀薄地带》，张洪楣译，浙江人民出版社2013年版，第60页。
④ ［美］乔恩·克拉考尔：《进入空气稀薄地带》，张洪楣译，浙江人民出版社2013年版，第26页。

克拉考尔本人的登山能力真的如此出众吗？这取决于看待它的角度。从结果看，确实是的。多位队员与向导都因无视关门时间而遇难或受伤，而他则登顶并安全返回营地。但是从过程来看，克拉考尔和其他登山者并无区别，甚至较之更为狼狈不堪。首先，是关于关门时间的问题。前面已经提到，为了证明自己的行为符合向导的要求，作者有意将关门时间写成下午两点。其实，作者更改关门时间的另一个目的是为了区别于其他"游客"，以证明自己是合格的登山者。克拉考尔的登顶时间是下午1点12分。如果关门时间是下午1点，作者就等同于承认自己没有能力在规定时间之前登顶。由此可见，他和其他为了登顶而失去理智的"游客"便没有了区别。其实，根据克拉考尔的描述，他在下午1点之前早已体力透支。冲顶那晚，克拉考尔因为严重高反，已经"连续57个小时没有合眼"。唯一的一次进食是在冲顶前三天。① 但在冲顶日当天，他却依然冲在队伍最前面。由于霍尔希望大家保持在较近的距离内，克拉考尔曾多次停下来等待其他队员。一次，他在一块冰雪覆盖的岩脊上坐了45分钟。另一次，他将身体抵在一块页岩上等待了30分钟。最长的一次他坐在背包上度过了90分钟。不同于海平面，在高海拔雪山上静止不动或者坐下休息有时会导致严重的后果。比起不停地攀登，这样做会使人在寒冷中更加"快速地失去体力"②。在克拉考尔到达通往峰顶的最后一关"希拉里台阶"（Hillary Step）时，他发现他的氧气瓶即将耗尽，而最后一瓶氧气却储存在距峰顶垂直距离一百米的南峰（South Summit）。然而氧气缺失并没有使克拉考尔止步，这个自诩为专业登山者的人竟然带着一个"空空的氧气瓶"③ 站在了珠峰峰顶。对于珠峰攀登者而言，氧气供应不足非常危险。一个专业的登山者既要具有体能，也要拥有判断力与及时下撤的勇气。以克拉考尔当时的状况，登顶是不明智的。这和他所批判的业余游客被冲顶冲昏头脑的做法如出一辙。其实，向导所设立的关门时间只是一方面，另一方面登山者也要根据个人当天的情况适时进行调整。卡西希克、塔斯克与哈奇森在登顶当天及时折返的做法

---

① ［美］乔恩·克拉考尔：《进入空气稀薄地带》，张洪榴译，浙江人民出版社2013年版，第1页。
② ［美］乔恩·克拉考尔：《进入空气稀薄地带》，张洪榴译，浙江人民出版社2013年版，第161页。
③ ［美］乔恩·克拉考尔：《进入空气稀薄地带》，张洪榴译，浙江人民出版社2013年版，第138页。

就比克拉考尔要明智许多。

　　克拉考尔的错误决定险些让他付出生命的代价。由于登顶人数众多,他在下午2点多才从希拉里台阶向下撤退,由于没有氧气,他感到头晕目眩,几乎失去知觉。幸好从旁经过的向导格鲁姆将自己的氧气借给了他。否则,克拉考尔也"不敢再往前迈了"。① 回到四号营地时,他已精疲力竭。第二天,那些曾经被克拉考尔称为"游客"的队员在帮忙寻找失踪人员时,他却因体力不支仍旧躺在帐篷里,无法提供帮助。

　　至此,克拉考尔所标榜的以他为代表的合格登山者的形象已被他自己的描述所颠覆。由此,登山者与游客之间的对立便也不再成立。实质上,他将自己区别于其他队员的做法所针对的不是这些人,而是商业登山。作者加入商业登山队攀登珠峰,却始终对商业登山不以为然。那么他与商业登山之间的关系究竟是怎样的?

三、商业登山的悖论

　　在《进入空气稀薄地带》中,克拉考尔对他所报道的商业登山嗤之以鼻。他认为珠峰商业化将太多不合格的人送上山,从而有损于登山的神圣性。之前的章节论证了所谓"合格登山者"只是作者的臆造,作者真正不屑于的是珠峰商业化所带给他的不适感。加入霍尔的团队意味着要和一群素昧平生的人一起登山。作为一个从未接触过商业登山的人,他无法接受这个事实。为此,克拉考尔不断洗白自己,试图撇清与商业登山之间的关系。但是,从他决定攀登珠峰的那一刻起,他与珠峰商业化就注定是捆绑在一起的。他越是想要挣脱,就越被套得牢固,直至最后克拉考尔不仅无法从珠峰商业化中剥离,更是成为其功利性的共谋。这就是本文的第三重悖论。

　　克拉考尔认为,他之所以能够与珠峰商业化保持距离,得益于两个原因。首先,由于他的努力争取,他无需支付攀登珠峰所需的65000美元。另外,他

---

① [美]乔恩·克拉考尔:《进入空气稀薄地带》,张洪楣译,浙江人民出版社2013年版,第141—142页。

以记者身份进行攀登，从而使他区别于其他商业登山队员。正如前文所述，作者认为，能够成功登顶并安全返回，并非源于向导或与商业登山相关的其他因素的帮助，而是基于作者本人的登山精神与精湛技术。甚至，正是商业登山阻挠了他的发挥：登顶那天，由于霍尔不允许队员们相距太远，在寒风中的多次等待也致使他的体力严重损耗。但是，克拉考尔给出的这两个说法并不成立。最初，《户外》杂志只是让克拉考尔"待在大本营"，报道"如雨后春笋般出现的商业登山活动"。但他指望杂志社能给他一个免费攀登珠峰的机会，因为花八周时间"待在珠峰的巨大阴影之中"着实让他感到痛苦。经过协商，他最终以隐形记者的身份随霍尔队一同攀登珠峰。① 也就是说，除了霍尔，其他队员完全不知道"有一名记者混在其中"②。其实，正是记者与登山者的双重身份使克拉考尔在不知不觉中成为珠峰商业化的一根链条。克拉考尔本来是被指派到费希尔队的。由于霍尔出价更高，费希尔才不得不放弃。当作者问及两位领队时，双方都坦言他们希望他加入，并非出于对他个人的兴趣，也并非因为欣赏他的文笔。只不过，他的加入能够使公司免除"一大笔广告版面费用"。所以真正令他们感兴趣的是"随之而来的公众效应和广告效益"。③ 克拉考尔的确没有付钱，但他的加入带来了媒体效益，也助长了珠峰商业化的进一步扩张。

珠峰商业化最为显著的特征是它的功利性。为了达到笼络金钱的目的，有关商业攀登珠峰的广告往往意在令人相信普通人也是可以登顶珠峰的，只要他"身体比较健康，手头也比较宽裕"。霍尔也曾说，只要有足够的决心，"任何傻瓜"都能登顶珠峰。④ 丹尼尔·布尔斯廷（Daniel Boorstin）在《幻象》中提到，登山不再是一次经历，而是"一种商品"⑤。它制造并贩卖意义，将珠峰商品化的同时也使参与其中的人抱有过高的期待。人们"开始相信，两个

---

① [美]乔恩·克拉考尔：《进入空气稀薄地带》，张洪楣译，浙江人民出版社2013年版，第16—18页。
② [美]乔恩·克拉考尔：《进入空气稀薄地带》，张洪楣译，浙江人民出版社2013年版，第100页。
③ [美]乔恩·克拉考尔：《进入空气稀薄地带》，张洪楣译，浙江人民出版社2013年版，第47—48页。
④ [美]乔恩·克拉考尔：《进入空气稀薄地带》，张洪楣译，浙江人民出版社2013年版，第109页。
⑤ [美]丹尼尔·布尔斯廷：《幻象》，符夏怡译，海南出版公司2023年版，第89页。

月内就能体验冒险的一生,享受出生入死的兴奋但又完全没有一点风险"。①1996年,激烈的市场竞争也让霍尔与费希尔失去理智,致使他们二人连同几位队员一同葬身珠峰。

那么珠峰商业化果真这么不堪吗?答案是否定的。珠峰商业化的弊端的确显而易见,但它也为更多的登山者提供了机会。不同风格的登山者聚集在一个团队里,互相学习切磋,对于提高各自的登山水平与团队意识有着很大的帮助。②克拉考尔之所以一直回避他与商业登山的联系,是因为去珠峰之前他始终都是一个人登山,所以并不习惯与他人协作登山。③所以,第一次和其他队员在一起时,他的反应是消极而警觉的。他感觉"信任同伴并不容易办到",所以他只能"把希望寄托在向导身上"。④与他极力捍卫的传统独立攀登相比,商业登山更注重团队合作。在高海拔环境中,包括向导在内的每一个人都有可能出现状况。登顶那天,当汉森感到力不从心想要撤退时,霍尔却坚持要他登顶。尽管有几位队员极力劝说霍尔,他却依然我行我素并最终导致汉森死亡。领队费希尔在冲顶日旧病复发,死在下山途中。而当天却没有一个人发现他的异常。尽管克拉考尔具有一定的登山资质,但是如果没有商业登山提供的便利条件,他登顶珠峰的机会相当渺茫。上一章提到的向导格鲁姆送氧气瓶的事件就是一个例证。另外,一向喜欢独自攀登的克拉考尔在下撤到距4号营地垂直距离40米的冰坡上时,因为"没有向导在等他"而感到很气愤。⑤这充分说明特立独行的克拉考尔在珠峰攀登的过程中也时常需要来自他人的帮助。

如果按照克拉考尔设想的方式攀登,珠峰就是一个"非场所"(non-place)。在非场所中,人是不与他人产生关联的。人们只是匆匆经过,共处一

---

① [美]丹尼尔·布尔斯廷:《幻象》,符夏怡译,海南出版公司2023年版,第83页。

② Lou Kasischke, *After the Wind: Tragedy on Everest One Survivor's Story*, Michigan: Good Hart Publishing, 2015, pp. 202 – 203.

③ Julie Rak, *False Summit: Gender in Mountaineering Nonfiction*, Montreal: McGill-Queen's University Press, 2021, p. 222.

④ [美]乔恩·克拉考尔:《进入空气稀薄地带》,张洪楣译,浙江人民出版社2013年版,第26页。

⑤ [美]乔恩·克拉考尔:《进入空气稀薄地带》,张洪楣译,浙江人民出版社2013年版,第148页。

个空间，却不发生交集，并在不断重复中与自我为伴。① 这便与布尔斯廷对后现代旅行所描述的一样：我们看向的，都是"镜子"，而不是"窗外"，所以我们看到的，"只有我们自己"。② 秉持这样的心态攀登珠峰，后果将不堪设想。

珠峰商业化既带来挑战，也带来机遇。按照布鲁诺·拉图尔（Bruno Latour）的行动者网络理论（ANT），在这个过程中，每一个个体都是行动者（actor）。行动者可以是人，也可以是物，它们"聚集在一起，平等地发挥各自的能动性"。其中的"网络"则是指"诸多行动者可以依附的关系场域"。③ 在这个过程中，主体与客体之间的二元对立不复存在。④ 行动者注重连结，永远不会是散沙一盘。在商业登山中，向导与队员，专业与非专业之间的界限其实并没有想象中那么清晰。同时，山上气候变化、雪崩等不定因素也无时无刻地影响着登山的进程。如果霍尔能够多听取其他队员的建议，或许他多年的努力经营也不至于付诸东流；如果有登山者能够根据云层变化预测大风暴的来临，或许就不会有这么多人牺牲；如果克拉考尔不曾固执已见，或许他可以帮助更多的人，从而减轻自己的内疚感。一切发生的已无从改变，人们能够做的只有尽量避免它重演。

尽管克拉考尔的视角有所偏颇，《进入空气稀薄地带》仍然充分展现了登山者与珠峰商业化错综复杂的关系。随着近年来攀登珠峰的人数持续增加，关于这个话题的讨论也将继续进行。

---

① Marc Augé, *Non-Places*: *Introduction to an Anthropology of Supermodernity*, trans. John Howe, London: Verso, 1995, pp. 77–79.
② ［美］丹尼尔·布尔斯廷：《幻象》，符夏怡译，海南出版公司2023年版，第122页。
③ 刘珩：《行动者网络理论》，载《外国文学》2021年第6期，第64—65页。
④ Rita Felski, "Latour and Literary Studies," *PMLA*, Vol. 3, 2015, p. 738.

《推销员之死》的现代城市景观与空间政治

杨艾苒*

摘要：《推销员之死》是美国剧作家阿瑟·米勒对于城市现代化和城市空间的深刻反思。城市现代化发展带来了城市生活方式的巨变，但资本积累的不平等也使普通人的生存空间倍受现代空间的不断挤压。通过呈现以威利·洛曼为代表的普通公民在美国现代化进程中遭遇的不同现代时空体验和人生悲剧，米勒展现了都市普通美国人面临的生存困境，探讨了资本主义体制下空间的异质性和政治性对个体心理和命运产生的深远影响，揭露了资本主义的固有矛盾和空间生产的非正义性，揭示了美国都市空间的本质。

关键词：阿瑟·米勒；《推销员之死》；城市景观；空间政治；美国梦；表现主义

引 言

20世纪美国著名现实主义戏剧家阿瑟·米勒（Arthur Miller）为其最知名的剧作《推销员之死》（*Death of a Salesman*，1949）构思的舞台布景耐人寻味："这个家背后和周围四面都是高耸的见棱见角的建筑……这所小小的、脆

---

* 杨艾苒，南开大学外国语学院在读博士研究生，主要研究方向为现当代英美文学研究。

弱的房子被包围在周围坚实的公寓大楼之中"①。舞台设计师乔·米辛纳（Jo Mielziner）回忆，米勒曾对男主人公威利·洛曼一家的周围环境进行如此解释："从前，洛曼的房子周围是开阔的乡村，如今却处在公寓大楼拥挤的褶缝里；原来，烈日之下有树木为其遮阳，现在这些树木或已死去或正在凋零"②。这一典型的城市景观形象再现了挣扎在现代大都市的洛曼一家面临的窘境：跻身于大城市中的普通美国家庭早已远离往昔自然、宁静、简单亲切的乡村田园，浸淫在理性、喧嚣、陌生繁复的城市文明之中，只能在现代摩天大楼的夹缝中残喘挣扎。

都市的工业化与现代化带来资本快速积累的同时，也不可避免地导致了城市居民归属感的丧失，阶级分化的加剧，社会伦理的恶化，以及家庭关系与群体意识的解体。一方面，现代城市为个体提供了栖息空间；另一方面，城市空间的政治属性和异质性给城市居民带来不同体验，对个体命运产生重大影响。文学地理学通过个体的感知、体验与意识探究个体与其所处空间的相互作用与相互影响。诸多学者聚焦现代城市空间，将其视为个体感知与体验的表征。让·鲍德里亚（Jean Baudrillard）指出，原始社会有面具，资本主义社会有镜子，而我们有影像。③ 现代城市空间由各种景观堆叠而成，是客观物质性存在，更建构与表征着社会意识形态，定义并表征着人们的价值观。著名空间理论家列斐伏尔（Henri Lefebvre）提出，社会空间尤其是城市空间是被建构、生产、规划的。④ 社会生产、资本积累与空间体验紧密相关，那么资本主义生产关系在构建现代空间的过程中起到了何种作用？米勒作为一名左翼作家，在其社会批评名作《推销员之死》中揭露了美国现代都市的何种资本主义弊端？蒋道超、史澎海探讨了资本主义对威利命运的影响，指出资本主义对其异化主

---

① [美] 阿瑟·米勒：《推销员之死》，英若诚译，上海译文出版社2011年版，第3页。
② Jo Mielziner, *Designing for the Theater: A Memoir and a Portfolio*, New York: Atheneum, 1965, p. 25.
③ 转引自：张桃红、张鑫：《论〈推销员之死〉中景观的悲剧维度》，载《外文研究》2018年第4期。
④ [法] 亨利·列斐伏尔：《空间与政治》，李春译，上海人民出版社2008年版，第21页。

要体现在劳动与人性异化两方面。① 尽管国内外学者对于该剧的主题和戏剧技巧已进行诸多探讨，本文将首次以城市景观与空间政治为切入点，探讨资本主义体制下景观的异质性与空间的政治性对个体心理和命运的影响，勾勒出以威利为代表的普通公民在美国现代化进程中所遭遇的不同现代时空体验，揭示美国都市空间的政治性和本质。

一、米勒的都市情结与现代城市空间理论

米勒是美国城市空间的体验者与表达者。米勒在纽约度过其一生的主要时光。他幼时家境优渥，于曼哈顿区的豪华公寓中居住生活。1929年，受经济大萧条影响，其父亲的工厂破产，一家人生活维艰，只得搬至生活水平较低的布鲁克林区。米勒主要的求学、工作及生活经历皆在城市，对于城市发展与城市生活的便利颇为熟悉，加之大萧条期间家庭经济崩溃，米勒敏锐地发现了城市所造成的异化，这皆使其对于美国现代城市的问题认识深刻、见解独到。对于米勒而言，城市不仅是建筑形态，更是空间形态，纽约不只是现代性场所，更是现代性本身。基于对美国城市空间与都市文明的体验和洞察，米勒在《推销员之死》中聚焦城市空间带给人们的新感受与新冲击，对城市空间体验进行了全面考量和深刻反思。

城市中耸立的高层大楼代表着现代性带来的全新空间体验，改变了人们的生活体验和精神感受。新文化地理学代表人物迈克·克朗（Mike Crang）指出，城市空间不仅是故事发生的场所，城市地理景观也影响着人们的感受与知觉，对其描绘表达了对社会生活的认识。② 现代城市的标志性景观当属鳞次栉比的摩天大楼与密集堆聚的公寓大楼，它们共同构成现代城市的视觉中心。城市居民的视觉随之由横向平视转为纵向仰视，由低到高，从中心至边缘，不同建筑之间的空间关系发生改变，感知和体验现代生活的新方式随之形成，人的

---

① 蒋道超、史澎海：《人性的错位——论〈推销员之死〉中的异化主题》，载《解放军外国语学院学报》1997年第3期。

② ［英］迈克·克朗：《文化地理学》，杨淑华、宋慧敏译，南京大学出版社第2003年版，第63页。

情绪、心理感受亦发生变化。人文地理学家段义孚（Tuan Yi-Fu）认为，景观中的竖直元素能够唤起人们的奋进精神和对脚踏实地的重力的反抗；封闭的、层次变化较少的空间往往使人们产生压抑之感。① 新的城市空间体验使普通民众产生竭力向上拼搏的执念与幻象，最终导致精神上的困惑、压抑甚至绝望。

米勒密切关注社会问题，对美国现实持批判的左翼政治立场，这也是其文学创作的核心。其社会观点深受马克思关于资产阶级和资本主义论断的影响。在《阿瑟·米勒自传》中，他清楚记得16岁时，一名大学生曾告诉他，世界上存在无产阶级和资产阶级两个阶级。发蒙振聩的话语给年轻的米勒带来极大的心灵震撼，颠覆了他对世界的认知，亦改变了其思想，建立一个没有阶级分化之社会的概念唤起其斗志，亦唤醒其对资本主义社会竞争机制、尔虞我诈的人际关系的反叛。②《推销员之死》就是米勒对美国政治社会的深刻反思。

诸多知名学者曾对社会空间与政治之间的密切关系进行深入探讨。列斐伏尔提出"空间是政治性的，每个社会都会生产出自己的空间"③。空间生产即是指空间作为一种商品的生产。一个城市独特的空间模式与其当时的社会制度、生产方式密切相关。"空间的生产属于某些特定的团体和阶级，占有空间是为了管理并利用空间"④。在资本主义蓬勃发展的美国，"资本是塑造空间形式、推动空间生产转换的根本力量"⑤。20世纪初的纽约，摩天大楼拔地而起，低矮民房坐落其间，私人空间被规划为公共用地。这些现象准确反映出资本积累导致的城市内部不平衡发展。尼尔·史密斯（Neil Smith）认为不平衡发展是资本主义独有的现象，是以系统化的地理形式表现出来的资本的固有矛盾。⑥ 正

---

① ［美］段义孚：《恋地情结：对环境感知、态度与价值》，志丞、刘苏译，商务印书馆2018年版，第41页。

② ［美］阿瑟·米勒：《阿瑟·米勒自传》，蓝玲、林贝加、梁彦译，华东师范大学出版社2015年版，第104—105页。

③ ［法］亨利·列斐伏尔：《空间与政治》，李春译，上海人民出版社2008年版，第9页。

④ ［法］亨利·列斐伏尔：《空间与政治》，李春译，上海人民出版社2008年版，第37页。

⑤ 任政：《资本、空间与正义批判——大卫·哈维的空间正义思想研究》，载《马克思主义研究》2014年第6期。

⑥ Neil Smith, *Uneven Development: Nature, Capital, and the Production of Space*, Georgia: University of Georgia Press, 2010, p. 4.

是各个阶级资本积累的不平等导致了空间的异质性，空间的对立和冲突应运而生。

不同历史阶段的作家、学者对空间的表现方式历经变革。现实主义小说的叙事结构以牛顿的绝对时空观念为基础，然而，纵观文学历史，人们对于空间的想象并非局限于该物理法则。弗兰兹·卡夫卡（Franz Kafka）、豪尔赫·路易斯·博尔赫斯（Jorge Luis Borges）在作品中展现的天马行空甚至光怪陆离的空间皆证实现代空间想象已不再是牛顿式空间了。①资本积累与科技革命给现代人带来前所未有的时空压缩（time-space compression）体验。文化地理学家大卫·哈维（David Harvey）这样定义现代时空体验："交通工具和通信设备消除了空间壁垒。我们体会到了强烈的时空压缩感：突然之间世界感觉越来越小，我们思考社会行动的时间范围也变得越来越短"②。现代化带来的全新空间体验促生了现代性的叙事方式，也为理解米勒戏剧的主题和表现方式提供了新视角。

二、现代化的悖论：对立的空间与非正义的城市发展

毋庸置疑，现代化发展为社会带来诸多积极因素，如交通运输系统大大缩小了地理距离、地域差异乃至地域身份的落差，城市化给人们带来大量就业岗位和获取财富的机会。然而，细观现代化发展的内部矛盾，不难发现现实与愿景往往相悖，平等与正义不过是表象。《推销员之死》中展现的空间正是现代主义进程中大都市的真实写照。现代城市空间存在多重对立和悖论，既存在城乡空间的对立，即"人类文明和自然之间的紧张对立"③，又存在城市内部空间的多重对立，其中最突兀的莫过于城市中心占据有利位置和巨大空间的摩天大楼，与被高楼大厦包围挤压、难见天日的低矮房屋之间的空间对立。

---

① Elana Gomel, *Narrative space and time: Representing Impossible Topologies in Literature*, New York: Routledge, 2014, p. 3.

② David Harvey, *Spaces of Capital: Towards a Critical Geography*, New York: Routledge, 2001, p. 123.

③ 施清婧：《〈推销员之死〉中的自然想象——兼论阿瑟·米勒的自然观》，载《解放军外国语学院学报》2012 年第 2 期。

以剑拔弩张的父子关系和城市空间给威利的精神空间带来的压抑桎梏为戏剧发展主线，米勒聚焦于城市空间和乡村空间的对立以及城市内部空间的政治性。威利与其寄予厚望的大儿子比夫之间的矛盾与隔阂表现在两代人对于城市和乡村生活截然不同的看法以及他们对城乡空间的不同认知。威利坚持认为唯有城市才是实现人生价值的场所，认为比夫选择在乡村庄园工作是无能之举。而比夫则十分明确其喜欢的生活模式是在辽阔的西部农场干农活，与马为伴。复杂、冷漠、快节奏的城市生活令其压抑不安、无所适从，他甚至把大都市比作疯人院。比夫对自然的回归与向往源于19世纪末兴起的"回归自然"运动。① 由于城市化和工业化发展，城市居民重拾对田园生活的向往。人们开辟小型农场，自己耕种，"崇拜自然成为中产阶级业余活动的重要主题，野外度假、夏令营等日益兴起"②。米勒认为比夫喜欢在西部农场干农活代表了美国人的传统看法，即认为西部是"对自私的城市和商业文明的逃避"③。除了与父亲的个人冲突，对商业社会和都市空间的厌恶是他逃离城市、回归乡村的主要原因，与城市相比，西部广袤的物理空间为其提供了广阔自由的空间与可能性。

　　现代城市文明和异质的城市空间让威利备受挫折，最终走向人生败局。作为一名推销员，他深知资本聚集、商业发达的城市才是带来成功和金钱之地，然而，工业化发展带来的巨大变革令其迷茫、窒息，唯有回忆中的田园生活才是其灰暗的人生暮年与职业低谷中的心灵慰藉。20世纪40年代，也就是威利一家搬至布鲁克林不过十余年，纽约高楼林立、交通拥挤、空气污浊。对于威利而言，宜居的生活环境与舒适的自然空间已遥不可及。他对此多次抱怨："他们把咱们憋死了。砖墙、窗户、窗户、砖墙……街上汽车排成了队。整个地区呼吸不到一口新鲜空气。"④ 威利常常回忆20年代轻松快乐的田园时光。

---

① Neil Smith, *Uneven Development: Nature, Capital, and the Production of Space*, Georgia: University of Georgia Press, 2010, p.21.
② Neil Smith, *Uneven Development: Nature, Capital, and the Production of Space*, Georgia: University of Georgia Press, 2010, p.21.
③ 阿瑟·米勒：《阿瑟·米勒手记："推销员在北京"》，汪小英译，新星出版社2010年版，第129页。
④ 阿瑟·米勒：《阿瑟·米勒自传》，蓝玲、林贝加等译，华东师范大学出版社2015年版，第12—13页。

他带着诗意与留恋回忆家中的两棵榆树和夏日飘香的小院。在生命的最后时刻，他依然试图回归田园生活，在土地中寻求生机与希望。威利在月色中丈量土地，在荒芜的花园中执着而仔细地播撒最后的希望之种，他感慨万分，"怎么才能回到从前那些好日子去呢？那会儿总是阳光明朗，全家一条心"①。威利无法逃离承载着个人梦想的城市空间，同时又留恋曾经亲近自然的生活，在不见阳光的院子中播种成为他与已逝田园时光唯一的联系方式。

城市内部不同空间的对立，尤其是大厦与矮屋之间高与低、明与暗、坚固与脆弱、中心与边缘的巨大反差正是威利精神困境的真实镜像。资本驱使下的城市景观往往呈现出鳞次栉比的高楼大厦与暗藏一隅的狭小公寓相错杂的布局，有华丽，有破败，有渴望，亦疏离。空间并非是空洞的，而是蕴含着丰富的意义，城市空间承载着人们的精神与生活状态，表达着个体的体验与感受。威利一家低矮、脆弱的房子被坚实的高楼大厦包围，城市的天空线被肢解得支离破碎，"这儿什么也看不见！这一片地方全叫他们用大楼封起来了"②。这一物理空间表征表现了威利一家人疲倦颓丧、渺无希望的精神状态和生活状态，也暗示了其注定走向失败的命运。同时，与周围的高楼大厦相比，这间矮小的房子远远落后于美国社会前进的步伐，正如威利辛苦奔波一辈子却依然无法跟上社会发展的脚步，无法实现其美国梦的理想。城市成为以威利为代表的普通美国人罪恶的物质之都，城市化进程和城市空间的扩张使得个体的生活空间、心理空间遭到吞噬，个体被物压迫而异化，失去自我，如破败的房子般消散、沉沦下去。

纽约的城市空间结构是社会关系、经济关系和政治关系的表征，摩天大楼与矮屋之间的对立体现了城市中各阶级空间占有的不平等，其背后的深层原因则是资本积累的不平等。哈维在描写19世纪的巴黎时指出，巴黎房地产被日益视为一种纯粹的金融资产，一种虚拟的资本形式，其交换价值被整合到一般的资本流通之中，完全支配了使用价值。③ 资本家拥有大片土地和空间所有

---

① ［美］阿瑟·米勒：《阿瑟·米勒自传》，蓝玲、林贝加等译，华东师范大学出版社2015年版，第165页。

② ［美］阿瑟·米勒：《推销员之死》，英若诚译，上海译文出版社2011年版，第166页。

③ ［英］大卫·哈维：《巴黎城记：现代性之都的诞生》，黄煜文译，广西师范大学出版社2010年版，第135页。

权,将房地产作为商品出租出售,积累了大量财富。而对于租赁和购买房屋的普通民众而言,高昂的租金和贷款则成为生活重担。为偿还房屋的按揭贷款,威利辛苦工作一辈子,其自杀的部分原因便是骗取保险金以偿还最后一笔贷款。小儿子哈皮也面临同样困境,高昂的生活成本使其对都市生活感到迷茫和绝望,他对比夫说道:"我不知道工作是为了什么。有时候坐在公寓里——孤身一人,想到每月付的房租,简直贵得荒唐"①。空间占有的不平等展现了各阶级资本积累的不平等,空间的运作模式——资本家因占用空间获得更多财富,穷人却因缺乏生存空间愈发穷困——亦加剧了阶级间的财富分化。

空间优势也意味着更大的权力和更高的社会地位。统治阶级将空间视作一种工具,使其服从于权力。② 城市空间是一种社会空间,空间结构与社会结构的同源性使城市空间的分异与隔离意味着不同社会阶层与群体的分异与隔离,③ 城市空间由此成为个体物质财富与社会地位的表征。哈维指出,空间分化影响着个体社会身份:"巴黎每个区各有其'模式',能够显露出你是谁,你的工作,身家背景以及追求的目标"④。这时,空间不仅与财富相关,更决定着个体身份与社会地位。随着工业化与城市化的推进,美国社会贫富差距加大,城市空间分隔愈加严重,富人与穷人之间的有形分隔也愈加明显。威利居住的地区反映了其低微的社会地位,且会随代际传递下去。比夫对此深有感触,他绝望地对父亲说道:"我不是当领袖的材料。威利,你也不是。你一向不过是个东跑西颠的推销员,最后让人扔在垃圾堆里,跟别的推销员一样。我干一个钟头就值一块钱,威利!"⑤ 由此可见,资本主义生产模式的空间生产不会从内部打破恶性循环,阶级地位的不平等因此不会随城市发展而消弭,资本主义正义的表象掩盖的是不公平的罪恶实质。

---

① [美] 阿瑟·米勒:《推销员之死》,英若诚译,上海译文出版社 2011 年版,第 22 页。
② [法] 亨利·列斐伏尔:《空间与政治》,李春译,上海人民出版社 2008 年版,第 108 页。
③ [美] 理查德·利罕:《文学中的城市:知识与文化的历史》,吴子枫译,上海人民出版社 2009 年版,第 263 页。
④ [英] 大卫·哈维:《巴黎城记:现代性之都的诞生》,黄煜文译,广西师范大学出版社 2010 年版,第 46 页。
⑤ [美] 阿瑟·米勒:《推销员之死》,英若诚译,上海译文出版社 2011 年版,第 173 页。

三、精神与现代空间的割裂：空间视角下的美国梦

个体的生存体验与其空间体验密不可分。如若个体存在与空间达到精神上的统一，个体精神便会得到外部空间和外部事物的关照。然而，现代科技与空间生产一味追寻客观真理和商业利益的最大化，关注对物理空间的支配和利用，忽略了个体空间体验，导致现代人精神与空间的相互割裂。马丁·海德格尔（Martin Heidegger）对现代性和技术理性进行反思，认为人们仅取建造的营建、制造之意思考建筑，将建造作为手段思考建筑本质，而建造即栖居乃是人之生存方式这一重要思想却被遮蔽与遗忘①。

《推销员之死》追溯了威利的心理历程和精神变迁，及其在流变的现代社会遭遇的生存困境。威利追寻美国梦的过程即是其精神世界的演变过程。他一生追随三个偶像：其父亲、哥哥本和伟大的推销员戴夫·辛格曼，他们分别代表美国梦的不同阶段，构成美国现代化进程史以及城乡空间变迁的真实写照。

美国梦的起源与清教伦理密切相关，人们无须神职人员的参与便可实现与上帝直接对话，但唯有通过自律和勤奋的生活，才能摆脱原罪，得到救赎。那时的美国梦意味着人人平等，无论出身，只要勤奋，皆可成功。威利对美国梦的最初认知来自他的父亲，其勤劳勇敢使威利坚信美国梦具有实现的可能。威利幼时，其父亲带着一家人远离城市，前往西部荒野，每到一个镇子就停下来，"卖掉他在路上做的笛子"②，靠辛苦劳动实现了自给自足的生活。在威利朦胧的记忆里，西部原野为一家人提供了生存手段，更成为其归属之地——被称为"家"的地方。乡村原野是他们广阔的游历空间，路边的村镇则是落脚和维持生计的地方。人在自然界原始而本真的空间中生存，并通过自给自足的生活实现精神升华，获得救赎。换言之，在前工业化时期，人的精神与空间体验是和谐共生的关系。

然而，随着工业革命和现代化的推进，基于精神救赎的美国梦在资本主义

---

① 邓波、王彦丽：《建筑空间本质的哲学反思》，载《自然辩证法研究》2004 年第 8 期。
② ［美］阿瑟·米勒：《推销员之死》，英若诚译，上海译文出版社 2011 年版，第 57 页。

政治经济学和消费社会的影响下逐渐庸俗化。此时，美国梦逐渐成为经济与商业成功的标志，物质财富的多少成为衡量一个人成功与否的主要标准。为实现美国梦，人们不择手段，人与物、人性与财富、理想与现实构成强烈的价值冲突。威利成年后，其哥哥本前往西部淘金的成功之路吸引了他。本时常这样重复其发迹史："我十七岁一头扎进原始丛林直至二十一岁。发了大财出来。"① 19世纪四五十年代盛极一时的淘金热使美国人相信每个普通人都有机会发家致富，"精神改善逐渐蜕化为一种物质追求：对财富的仰慕，对金钱的崇拜和对物质成功的向往"②。20世纪初期，美国社会向消费社会转变，人们的生活和消费方式发生巨大变化，分期付款成为主要消费模式。威利亦被裹挟其中。他奔波于各大城市，推广现代化的生活方式和商品以获取报酬，同时，以分期付款的方式为家人购置房屋、汽车、电器等商品。他每日不停工作10—12小时可赚取200块佣金，而高昂的债务常令其入不敷出，生存压力不言而喻。可见，城市社会经济的发展不断侵蚀着人们的生活本质，是以人类的异化为代价的。此时，人们获取财富的手段和途径已与其父辈所处的年代截然不同，曾经，田园牧歌般的乡村空间赋予人们从容、平等的精神空间，如今却被弱肉强食的丛林法则取而代之。

伴随着美国梦逐渐庸俗化的还有社会风气的恶化和道德的沦丧。受利益与欲望驱使，人与人之间的情感关系被冷漠、相互利用的利益关系取代。米勒敏锐关注到这一现象，展示城中人欲望膨胀、道德堕落、情感缺失的异化生存状态。威利年轻时以辛格曼为目标，将其视为推销员界的神话，因其代表了为城市资本家卖力的普通推销员凭借勤劳、科技和理性足以达成非凡的成就。不管是工作，亦或人际关系，辛格曼都十分受人敬重，在其"离世时，数百个推销员和买主都去给他送葬"③。他满足了威利对于美国梦的所有幻想。20世纪初期，美国呈现出欣欣向荣的繁荣景象，彼时的社会借助先进技术实现资本迅速积累，又不乏人文关怀。昔日里，推销员"这一行讲究人品、尊敬、义气、

---

① [法] 亨利·列斐伏尔：《空间与政治》，李春译，上海人民出版社2008年版，第56页。
② 刘继新：《文化透视下的"美国梦"——以〈推销员之死〉为例》，载《西安外国语大学学报》1999年第4期。
③ [美] 阿瑟·米勒：《推销员之死》，英若诚译，上海译文出版社2011年版，第101—102页。

有恩必报"①。除了丰厚的物质回报,赢得全社会的尊重与爱戴也是威利美国梦的重要内容。然而,步入暮年,威利发现世道已不复当年。他为公司奔波一生,却依旧无法摆脱生活的窘境,年老的威利不得不向雇主霍华德申请一份稳定的工作。然而,数十年的工作付出与个人情谊换来的却是被毫不留情地开除。他绝望地感叹道,现在"光剩下谋利,再谈交情、义气,没人理你——不讲人品了"②。这反映出以霍华德为代表的资本主义阶层的冷漠无情与利益至上,威利这样的小人物一旦失去价值便只有被遗弃的命运。随着现代化城市发展,"人文却遭受断裂与痛苦……金钱共同体取代了所有社会联系的纽带关系"③。米勒细致铺陈着物质性的城市空间,勾勒着独具魅力的海市蜃楼,人们逐渐被欲望操控,情感被磨砺成点缀,沦为最不实际之物。

不同于威利,其邻居查利能够清晰认识时代变化,他并未在金钱至上的消费社会中迷失自我,而是在现行社会秩序下依然脚踏实地精进技能,同时始终保持人情味。与威利只想依靠人情和人缘不同,查利始终勤勤恳恳,经营家族企业,依靠双手发家致富。他多次善意劝告威利换一个差事,不要偏执地为了自尊硬撑;劝诫他在商业化社会,不应只依靠好人缘,依靠与上司的交情,能够将商品销售出去才是一名成功的推销员。查利同样教导其儿子伯纳德认真读书,刻苦钻研,多次劝说威利的儿子比夫提高成绩。威利父子却不以为然,甚至将伯纳德视作反面教材,认为他是百无一用的书呆子。最终伯纳德成为一名赫赫有名且受人敬仰的律师,而比夫虽在学校是一个受人欢迎的篮球明星,却因成绩不及格无法毕业。除此之外,查利始终保持着人性的良善,时常给予威利物质上的帮助,精神上的慰藉。威利被辞退失去生活来源之后,查利并未嘲笑他,而是给予他陪伴,借钱给他,为他提供差事。

现代化的裹挟必然带来地理空间的转型和重构。三四十年代的城市化对乡村进行了前所未有的改造,钢筋混凝土等技术手段使得建造摩天大楼成为可能。基于牛顿力学、数学模型和几何原理的现代建筑不可避免地过滤掉了个体

---

① [法]亨利·列斐伏尔:《空间与政治》,李春译,上海人民出版社2008年版,第102页。
② [美]阿瑟·米勒:《推销员之死》,英若诚译,上海译文出版社2011年版,第102页。
③ [英]大卫·哈维:《巴黎城记:现代性之都的诞生》,黄煜文译,广西师范大学出版社2010年版,第V页。

的精神体验。"如果把空间降格为客观存在的话,人类甚至不可能找到自己在世界上的位置。……也就是这个世界就会变成不适合栖居的地方。"① 精神和城市空间的割裂使得许多个体在生存和心理的双重困境之中挣扎。在纽约拥有自己的家是威利奋斗一生的梦想。他喜欢自己建造房子,盖门廊,修地窖。对他来说,最重要的空间就是家——"把人类的思想、记忆和梦想结合起来的最伟大的力量之一"②。然而,异化的现代城市空间和商业社会决定了资本的拥有者才是空间的占有者,普通劳动者的生存空间只得不断遭受挤压,甚至被排除出局。通过威利的悲剧,米勒揭露了资本主义空间生产的非正义性。

综合考量不同历史时期,美国梦的内涵随现代化发展而变化,美国社会从充满人文情怀变成利益至上的商业社会,美国梦亦从自律以获得精神救赎,转变为一味追求利益与财富。威利的空间体验也经历了衍变——从广袤自由的乡村,到发达冷漠的现代都市。在这一过程中,他无法放弃对于美国梦的美好憧憬与执着追求,亦无法改变自己以迎合利益至上、人情冷漠的精神荒野。现代城市空间阻止着普通美国人获得真正的栖息之地,达到自我与外界空间的统一。这个精神绝望、孤立无援的小人物最终只得走向自我毁灭,以抗争这个无处不在却极为陌生的城市空间。

四、虚实结合与时空压缩:舞台的空间叙事手法

《推销员之死》的成功得益于米勒对大萧条时期现实主义话题的大胆针砭,亦归功于剧作家精心设计的戏剧手段与技巧。米勒运用表现主义和现实主义相结合的手法,以时空压缩的方式将数十年光阴压缩至两天一夜,以非线性叙事展现主人公在不同时空的跨越,将威利复杂而矛盾的内心世界形象、跳跃性地展现出来。

米勒将表现主义与现实主义相结合,将威利的内心世界直观呈现于观众眼前。洪增流、张玉红认为,米勒运用莎士比亚著名戏剧《李尔王》中"多重

---

① 邓波、王彦丽:《建筑空间本质的哲学反思》,载《自然辩证法研究》2004年第8期。
② [法] 加斯东·巴什拉:《空间诗学》,龚卓军、王静慧译,世界图书出版社2017年版,第39页。

自我"的表现手法，以对自我多层次复杂结构的分析，在舞台上重现人物心理状态，使观众看到主人公的内心激战①。为达此效果，舞台布景采取虚实结合的处理方式，"整个布景全部或者某些地方部分是透明的"②。戏剧情节发生于现在时，演员严格按照想象中的墙线行动，一旦故事发生于过去，这些局限皆被打破，剧中人从屋中"透"过墙直接出入于台口表演区。③ 米勒以台口为分界线，创造了不同的舞台空间。现实中的物理空间被威利的回忆无意识打破，后院则成为其幻想的场景。威利在完成时空穿梭的同时亦实现了现实与幻象之间的自由转换，观众由此可以直观看到威利的所思所想。

哈维在概括时空压缩引起的现代主义文学革命时提到，现代主义通过立体多维的空间叙事表现时空压缩感以替代线性叙事。④ 米勒不仅让威利穿梭于不同空间，还压缩时间长度以扩大空间体量，使剧本展现出多维、多空间的立体效果。米勒对时间的观点体现出他对现代主义叙事非线性特征的强调："不局限在时间框架里历时安排情节，而是同时呈现过去和现在，两者之间不必有始有终。在我看来，过去只是形式而已，是一个已经暗淡了的现在。因为我们的现状才是时时刻刻活在我们心中的部分。戏剧形式本身，除去内容和含义，应该是一种心理过程，汇集了一个人的社会生活灌注在他身上的一切"⑤。威利可以在幻想中回到过去，可以随悠扬的笛声穿越至儿时一家人在辽阔的田野旅途跋涉的情景。多维叙事使得威利身上呈现的不仅是某一时期的空间表征，而是数十年间不同空间的全景图。

除舞台空间设计外，米勒还巧妙借助灯光设计表现不同时空。每当"屋子上出现绿色的树叶"，房屋"带上夜景和梦幻的色调"⑥ 时，威利便陷入美好回忆。威利的葬礼后，耀眼的灯光令"压在这所房子上空的公寓大楼的无

---

① 洪增流、张玉红：《评〈推销员之死〉中表现主义》，载《外国文学》1999 年第 6 期。
② [美] 阿瑟·米勒：《推销员之死》，英若诚译，上海译文出版社 2011 年版，第 4 页。
③ [美] 阿瑟·米勒：《推销员之死》，英若诚译，上海译文出版社 2011 年版，第 4—5 页。
④ 刘英、隋亚男：《时空压缩与美国现代主义小说的视觉转向》，载《广东社会科学》2016 年第 1 期。
⑤ [美] 阿瑟·米勒：《阿瑟·米勒自传》，蓝玲、林贝加等译，华东师范大学出版社 2015 年版，第 122—123 页。
⑥ [美] 阿瑟·米勒：《推销员之死》，英若诚译，上海译文出版社 2011 年版，第 140 页。

情的高层建筑变得轮廓格外清楚"①。灯光作为舞台表现方式的重要一环，将树叶作为田园生活的表征引入观众视野，将原本作为背景的公寓大楼前景化，从而直观地达到时空变化的效果。

结　语

　　作为一名激进的现实主义作家，米勒对现代都市普通人的悲剧进行了深刻剖析。剧中，米勒描写的现代空间，尤其是对立的城乡空间和异质化的城市内部空间，充分展现了大都市现代人的空间困境。空间不仅是容纳的处所，更是人类生存经验不可或缺的一部分，而现代空间以获取利益为建造目的，忽略了美学与精神之存在，使建筑沦为冷漠的容器。由此，现代化引以为傲的理性至上导致了个体精神与外部空间的割裂。米勒运用虚实结合的空间设计、时空压缩的叙事手法等多种戏剧手段和技巧，以及寓意独特的灯光和音响效果来展现威利精神空间和时间的转换，揭示威利在不同时空的个人心路历程。

　　《推销员之死》是剧作家米勒对于城市现代化进程和城市空间本质的深刻反思。以自然为代价的现代化发展带来城市生活方式的巨变，现代化的交通和通信工具减少了资本积累的时间成本，普通人的生存空间却因此受到现代空间的不断挤压。米勒敏锐洞悉了资本主义的固有矛盾和空间生产的政治性，揭露了资本主义空间生产的非正义性，以及由此带来的对普通民众在空间、身份和实现个人梦想、获取成功上的束缚。米勒指出，现代化和城市化进程使资本积累进入黄金时代，人与人之间的关系、阶级与阶级之间的关系皆建立在金钱、欲望的基础之上，丧失了人性关怀。对于现代化导致的社会矛盾和城市空间的不公平，米勒坦言，工业化、商品社会、城市化带来的种种问题，他并未找寻到答案，只是意在表现"美国人为此付出的巨大代价"②。

----

　　① ［美］阿瑟·米勒：《推销员之死》，英若诚译，上海译文出版社2011年版，第185页。
　　② ［美］阿瑟·米勒：《阿瑟·米勒手记："推销员在北京"》，汪小英译，新星出版社2010年版，第136页。

艾德里安娜·里奇诗歌《潜入沉船的残骸》中的女性与空间

王阳阳*

摘要：艾德里安娜·里奇的诗歌《潜入沉船的残骸》充满了丰富的空间隐喻。本文以列斐伏尔的空间生产论为理论视角，对这首诗歌进行空间解读，探究诗歌中海洋空间、文字空间、生态空间与重塑女性身份及建构女性话语的互动关系。本文将运用列斐伏尔的三个空间概念"空间实践""空间表征""表征空间"，揭示美国父权制传统话语体系如何借助空间深刻影响着性别身份的生产与性别关系的建构，使美国女性失声；以及里奇如何借助空间来启迪女性突破美国性别话语体系束缚，为重建女性身份、重塑两性关系提供独特视角。

关键词：艾德里安娜·里奇；《潜入沉船的残骸》；空间生产论；女性；空间

艾德里安娜·里奇（Adrienne Rich，1929—2012）是美国当代著名的诗人和女性主义文学批评家，一生包揽了多项诗歌大奖，是一位"真正言说时代与生活的当代女诗人"①。其诗歌创作题材广泛，涉及语言、权力、性别、种

---

* 王阳阳，南开大学外国语学院英语语言文学专业在读博士研究生，曾主持2022年度天津市研究生科研创新项目"木兰的跨国旅行——迪士尼电影中木兰形象的改写与建构"（项目编号：2022SKY029）。主要研究方向为英美文学。

① ［美］海伦·文德勒、叶美：《阴阳的分界，锋利的言说 评艾德里安娜·里奇诗集〈沉入残骸〉》，载《上海文化》2019年第5期，第59页。

族和社会正义等广泛的政治与社会议题,她曾拒绝克林顿政府授予她的国家艺术勋章,以抗议美国政府社会政策导致的不公。艾德里安娜·里奇在1984年《位置政治之随笔》(Notes towards a Politics of Location)中提出了"位置政治"概念①,旗帜鲜明地指出了"位置"的文化建构性——与性别、种族、身份、权力之间的复杂关系,及其对于女性立场的重要意义。里奇对于"位置"的主张与空间转向后对"空间"的社会文化本质的理解具有一致性。然而,艾德里安娜·里奇对"女性"与"空间"之间关系的深入探讨,其实在"位置政治"概念提出的十年前,就已经在其诗歌《潜入沉船的残骸》中初见端倪。《潜入沉船的残骸》是一首简短的叙事诗,收录在同名诗集中(Diving into the Wreck, 1973),1974年里奇凭此诗集获得了美国国家图书奖。该诗集出版之时,评论家称之为里奇诗歌创作的"转折点"②,其中,诗歌《潜入沉船的残骸》被认为是女性运动中最著名的文学文本之一。这首诗歌讲述了女主人公勇敢地独自潜入未知的海洋空间,对遭受破坏、千疮百孔的残骸进行考古,探寻沉船真相的故事。里奇借助探险考古的主题和隐喻来讲述了一场女性找寻被深深埋藏、未被书写的自我身份之旅。全诗运用了诸多空间意象:海洋空间、生态空间、文字空间,且充满了隐喻意味。

这首诗歌自出版以来,受到了众多学者的广泛研究。不少学者从诗歌的主题、修辞、政治性等角度探究艾德里安娜·里奇的女性主义思想:凯特·索尔斯(Kate Soules)认为诗歌以"女性自我发现之旅"为主题,展现了里奇对女性身份的思考与改写女性历史的呼吁③。埃尔坎(Erkan)则从生态女性主义视角探究《潜入沉船的残骸》诗歌中文化和父权意识形态在人类和非人类主体的边缘化中的共谋关系④。尹倩、许庆红从"沉船"的隐喻性意义出发,揭

---

① Adrienne Rich, "Notes on a Politics of Location" in Blood, Bread, and Poetry: Selected Prose 1979 - 1985, New York: Norton, 1989, pp. 210 - 231.
② Margaret Atwood, "Review of 'Diving into the Wreck'", The New York Times Book Review, Dec. 1973, pp. 161 - 162.
③ Kate Soules, "Revitalization of Female History: An Analysis of Adrienne Rich's Diving into the Wreck and The Dream of a Common Language", Augsburg Honors Review, Vol. 5, No. 3, 2012, pp. 15 - 26.
④ A. Ü. ERKAN, "An Ecofeminist Approach to Adrienne Rich's Poem 'Diving into the Wreck'", GEFAD / GUJGEF, Vol. 32, 2012, pp. 239 - 249.

示诗人对女性主体的追寻①。李珺探究了诗歌中的政治性与激进女权思想，指出了诗人"建立雌雄同体的男女平等共处的理想世界"的女性政治理想②。哈桑（Mohamad Fleih Hassan）采用克里斯蒂娃的符号学和象征性的概念来分析里奇通过意义的过程与语言手段重构女性身份的诗歌话语③。俞茉、许庆红从认知诗学概念解读诗人打捞女性文学文化遗产的过程、试图建构女性共同体的愿景④。虽然以上研究者注意到了诗歌中"海洋探险""自然""语言"等意象的隐喻之意及其传达的女性主义思想，但是鲜有学者将这些意象纳入"空间"视域，对诗歌的空间书写仍缺乏深入研究，忽略了诗歌中丰富的空间意象与女性主义思想之间的关联，而这正是本文要探讨的重点。

学者刘英曾在"'空间转向'之后的欧美女性文学批评"一文中系统地梳理了空间转向为女性主义文学批评提供的丰富理论启发，并指出女性主义文学研究可以"揭露性别空间的建构本质"，"批判空间秩序对女性的束缚和限制"，更是强调"空间的性别意义可以由行动者在空间中的实践所塑造"⑤。诗歌文体的修辞性赋予了空间意象表层与深层双重含义，对诗歌进行空间解读为挖掘诗歌深层含义提供了创新视角。从空间视角解读里奇的诗歌为理解其中的权力与身份建构主题提供了新思路，为探讨女性在文学创作中如何通过空间来表达自我、建构女性主体性提供了新的理论视角。因此，本文将就以下问题进行深入探究：《潜入沉船的残骸》诗歌中的女性与空间有着怎样的互动？诗人如何借助空间书写为重建女性身份、重塑两性关系提供独特视角？为解决这些关键问题，本文将以列斐伏尔（Henri Lefebvre）的空间生产论作为理论视角，对《潜入沉船的残骸》进行空间解读，探究美国父权制权力话语与空间表征

---

① 尹倩、许庆红：《〈潜入沉船的残骸〉的隐喻之谜》，载《世界文学评论》2012 年第 2 期。

② 李珺：《诗歌的政治性——论艾德里安娜·里奇的诗歌》，载《长江大学学报（社科版）》2013 年第 7 期。

③ Mohamad Fleih Hassan et al., "Resurfacing Female Identity via Language in Adrienne Rich's Diving into the Wreck", *Mediterranean Journal of Social Sciences*, Vol. 6, No. 6, 2015, pp. 245 – 153.

④ 俞茉、许庆红：《隐喻·图式·指称——认知诗学视阈下〈潜入沉船的残骸〉解读》，载《合肥工业大学学报（社会科学版）》2021 年第 4 期。

⑤ 刘英：《"空间转向"之后的欧美女性文学批评》，载《广东社会科学》2022 年第 3 期，第 196 页。

在女性失语历史中的共谋关系以及美国女性如何借助表征空间建构女性话语体系，找寻女性的安身立命之路。

一、空间实践：海洋探险之旅与自我探索

20世纪80年代，列斐伏尔与米歇尔·福柯、爱德华·索亚等学者对空间进行了广泛的探索，将空间置于更广阔的社会与文化语境中，赋予了空间更丰富的社会文化内涵，促成了西方思想文化界席卷人文社科各个领域的"空间转向"。空间转向之后，空间成为了批判性讨论的前沿议题。空间研究的学者主张，空间绝非"中立"，而总是通过"话语构建""被意识形态标记"，并受"主导权力结构和知识形式"的影响，换言之，空间是通过文化话语，包括性别话语，被创造和表述的[1]。1974年，列斐伏尔在他的先驱著作《空间的产生》（*The Production of Space*）中将马克思的生产实践哲学引入空间研究领域，第一次提出了"空间作为一种社会产物，一个影响空间实践和感知的复杂结构"[2]的讨论。列斐伏尔的空间生产理论提出了空间实践（spatial practice）、空间表征（representation of space）和表征空间（representational space）三个概念，并强调了空间与意识形态、权力话语之间的密切关系："我们所称的意识形态，只有通过介入社会空间及其生产，并在此过程中获得实体，方能实现其一致性。意识形态本身，首先是一种关于社会空间的话语"[3]。"如果没有空间及其生产的概念，权力的框架（无论是现实还是概念）就无法得到具体实现"[4]。可以说，列斐伏尔的空间生产理论有助于研究《潜入沉船的残骸》中的空间与女性话语建构之间的互动关系。

---

[1] Theda Wrede, "Introduction to Special Issue 'Theorizing Space and Gender in the 21st Century'", *Rocky Mountain Review*, Vol. 69, No. 1, 2015, p. 11.

[2] Henri Lefebvre, *The Production of Space*, Translated by Donald Nicholson-Smith, Blackwell Publishing Ltd., 1991, p. 1.

[3] Henri Lefebvre, *The Production of Space*, Translated by Donald Nicholson-Smith, Blackwell Publishing Ltd., 1991, p. 44.

[4] Henri Lefebvre, *The Production of Space*, Translated by Donald Nicholson-Smith, Blackwell Publishing Ltd., 1991, p. 281.

空间实践指的是如何以特定的方式使用特定的空间,从而定义和构建空间;这是通过"受试者与他们的空间和环境"之间的相互作用而发生的①。在《潜入沉船的残骸》中,海洋空间是一个与陆地力量空间截然不同的失重空间,这里蕴藏着女主人公要探索的沉船残骸,同时也为女主人公深海探险提供了实践场所。"海洋"这一空间意象在英美文化中被赋予了深厚的文化精神与隐喻意义。从15至17世纪欧洲各国开辟海洋新航路的竞争到18世纪工业革命时期海洋交通工具的革新再到19世纪美国的海上"西进运动",海洋空间不仅彰显了各民族国家拼搏进取的精神与探索自然的勇气,更是霸权争夺的"政治场域"与"造梦工厂"②。在里奇的诗歌中,叙事者独自潜入深海探险的故事情节体现了其勇于开拓的冒险精神。但细究海洋空间在《潜入沉船的残骸》一诗中的深层含义,海洋象征着颠覆了叙事者所处的主流空间秩序的"异托邦"(heterotopia)。"异托邦"是米歇尔·福柯在1967年巴黎演讲稿《他者的空间》(*Of Other Spaces*)中提出的概念③。异托邦可以被解释为"与'被视为代表社会秩序的中心空间'分开而存在的反霸权空间"④。异托邦为边缘者提供了"另一种有序空间",是一种对抗霸权,解构现存知识话语体系的方式⑤。

在《潜入沉船的残骸》一诗中,陆地空间象征着以男性为中心的权力空间,女性作为边缘的他者,处于失语状态。而海洋空间消解了父权社会的霸权,为女性探索神话背后的真相、解构父权制传统知识话语的空间实践提供了一个安全的异托邦空间。诗歌第四节中"海洋是另一回事/ 海洋与力量无关/ 我必须独自学会/ 在深海中不用力地转动身体"⑥ 说明了与陆地空间相比,海

---

① Henri Lefebvre, *The Production of Space*, Translated by Donald Nicholson-Smith, Blackwell Publishing Ltd., 1991, p. 16, p. 18.

② Bernhard Klein, "Introduction: Britain and the Sea", in *Fictions of the Sea: Critical Perspectives on the Ocean in British Literature and Culture*, edited by Bernhard Klein, Hampshire: Ashgate Publishing Ltd., 2002, p. 2.

③ Michel Foucault and J. Miskowiec, "Of Other Spaces", *Diacritics*, Vol. 16, 1986.

④ Heba M. Sharobeem, "Space as the Representation of Cultural Conflict and Gender Relations in Chimamanda Ngozi Adichie's 'The Thing Around Your Neck'", *Rocky Mountain Review*, Vol. 69, No. 1, 2015, p. 22.

⑤ Robert J. Topinka, "Foucault, Borges, Heterotopia: Producing Knowledge in Other Spaces", *Foucault Studies*, Vol. 9, 2010, p. 55.

⑥ Adrienne Rich, *Diving into the Wreck, 1971–1973*, New York: Norton, 1973, p. 22.

洋空间的差异性与异质性。"我必须独自学会"表明这场独身探入未知空间的不易，然而，正是从陆地到海洋的空间转换中不断地适应未知空间，叙事者才能确保海底沉船残骸的考古任务顺利进行；正是从男性权力空间转换到反霸权的异质空间，女性主义者才能一窥女性被隐没的失语历史，找寻神话背后的真相。结合诗歌第三节中"我走了下来/ 一阶又一阶的台阶/ 氧气仍然让我沉浸在/ 蓝色的光线/ 和人类空气中清澈的原子之中……没有人/ 告诉我大海/ 什么时候开始"①，由此可知，海洋对于叙事者来说，是一个与自己习以为常的力量世界截然不同的陌生空间。这个陌生空间中没有"蓝色的光线""人类空气中清澈的原子"，"力量"完全不起作用了。力量在这里代表着权威的男性力量，而海洋空间不受既定权力关系的限制②，为叙事者逃离现实的力量世界、远离现有的国家机器、追溯女性话语与女性未被言说的历史提供了一个安全的避难所。

在《潜入沉船的残骸》中，海洋空间赋予了女性探索女性历史与文化遗产的空间实践。诗人借助考古学中探险考古的主题和隐喻讲述了一场女性找寻被埋藏、未被书写的自我身份之旅，去修复破碎的面孔，去寻求失语的历史③。沉船的残骸意象可以被视为一个隐喻，实则是指在海底沉睡已久的女性文学遗产与父权制社会除名的女性历史。"潜入"这一行动阐明了叙事者试图打捞被湮没的女性文学、文化遗产的决心与勇气，象征着重构女性身份与女性文学的期许与愿望④。女性这一革命性实践正是在空间转换中实现的。海洋空间承载着现实世界中被遗忘的创伤与记忆，叙事者潜入海洋空间找到了沉船的残骸："那溺水的面孔，睁着眼沉睡/那胸膛仍旧承载着重压/那银、铜、佛米莱的货物/隐匿在桶中，半嵌而腐烂/我们是那些半损的仪器/曾经坚守着航向/

---

① Adrienne Rich, *Diving into the Wreck*, 1971–1973, New York: Norton, 1973, pp. 22–23.
② Sorumlu Yazar, "Revising the 'Book of Myths in Which Our Names Do Not Appear': A Deconstructive Feminist Critical Analysis of Adrienne Rich's Poem 'Diving into the Wreck'", *Istanbul University Journal of Women's Studies*, Vol. 23, 2021, p. 2.
③ Mary J. Carruthers, "The Re-Vision of the Muse: Adrienne Rich, Audre Lorde, Judy Grahn, Olga Broumas", *The Hudson Review*, Vol. 36, No. 2, 1983, p. 296.
④ 俞茉、许庆红：《隐喻·图式·指称——认知诗学视阈下〈潜入沉船的残骸〉解读》，载《合肥工业大学学报（社会科学版）》2021年第4期，第105页。

被水侵蚀的日志/污染的罗盘"①。海洋空间以无声的方式保存着种种见证暴力的证据——"溺水的面孔"、仍承载着重压的"胸膛"、"半损的仪器"、"被侵蚀的日志"。

探索沉船残骸的潜海之行，是女性叙事者自我发现的旅程，异质的海洋空间赋予了叙事者创造"反叙事"②来取代自身被除名的神话之书，为女性提供了一个探索与建构主体性的场域。女性叙事者通过积极参与海洋空间的空间实践，建立起历史、文化和个人身份的联系。诗歌结尾，叙事者由第一人称"我"转换到"我是她/我是他"，诗人的身份从"我"转变为"她"，再转变为"他"，这表明，通过在海洋空间中的身份转变，诗人超越了传统的性别界限，体验到了一种超越性别的自我。因此，女性积极参与空间实践，是对海洋空间的物理探索，更是对内心世界的深入挖掘，是对自我认知和自我价值的重新评估。诗歌中的海洋空间作为一个全新场域的象征，不受既定权力关系的限制，为女性提供了一种逃离传统性别角色束缚的异托邦，使得叙事者能够探究船只最终沉入深海的原因、能够在这片未被完全探索的领域中自由地表达自己，寻找被历史遗忘的女性声音，从神话书中拯救女性的故事。

二、空间表征：文字空间与权力话语

列斐伏尔将空间视为一种"充斥着意识形态的产物"，产生的空间反过来充当了思想和行动的工具："空间不仅是生产手段，也是一种控制手段，一种统治权力的手段。"③权力不仅可以通过物理空间、国家机器、社会机构运行，还可以通过建构的概念化的空间即"空间表征"实现运作。空间表征是指被"科学家、规划师、城市学家、技术官僚细分者和社会工程师……构想或概念

---

① Adrienne Rich, *Diving into the Wreck*, 1971–1973, New York: Norton, 1973, p. 24.
② Sorumlu Yazar, "Revising the 'Book of Myths in Which Our Names Do Not Appear': A Deconstructive Feminist Critical Analysis of Adrienne Rich's Poem 'Diving into the Wreck'", *Istanbul University Journal of Women's Studies*, Vol. 23, 2021, p. 2.
③ Henri Lefebvre, *The Production of Space*, Translated by Donald Nicholson-Smith, Blackwell Publishing Ltd., 1991, p. 26.

化的空间……这在任何社会或任何生产方式都是主导空间"①。空间表征关乎知识、符号、行为规范，它趋向一种文字的和符号的系统，可以随着意识形态的改变而改变。因此，列斐伏尔认为空间表征是关于意识形态的历史②。"空间表征"揭示了空间话语通过对知识和符号的控制维持空间的秩序与稳定③。《潜入沉船的残骸》一诗中充满了对权力话语的隐喻——"神话""神话书""词语"。诗歌中的"神话"与"词语"作为空间表征的概念化知识与符号，维护了美国父权制话语，促成了女性在话语层面的边缘化现象。这一现象揭露了美国父权制权力话语与空间表征在女性失语历史中的共谋关系。

书籍本身也是一种文字空间，代表着知识、权威，是包裹着权力的话语。诗中的这本"神话书"象征着歧视性的、压迫性的意识形态话语和叙事，尽管这些话语是虚构的刻板印象，但在定义社会结构、身份和性别角色方面占据了绝对权威的地位④。神话书这一意象在诗歌中出现了两次。诗歌第一节平铺直叙，暗示神话书是诗人决定独自一人潜海的起因。"首先读完各种神话书，/安装相机，/检查刀刃，/我穿上/黑橡胶的盔甲，/可笑的脚蹼，/黯淡又笨拙的面罩。"⑤ 正是对这些神话文本真实性的质疑促使叙事者决定要独自潜入沉船的残骸去一探究竟，找寻被神话话语所歪曲的历史真相。

直到诗歌的第六七两节，诗人才直言潜海的目的："我来探索沉船，/词语是目标，/词语是地图，/我来观看那已经发生的破坏/以及俯拾皆是的珍宝。"⑥ 如果说沉船象征着女性文化遗产与被遗忘的女性历史，那么水光废墟中残骸所遭受的破坏显然是女性历史上所受伤害的彰显，然而这非但没有让女

---

① Henri Lefebvre, *The Production of Space*, Translated by Donald Nicholson-Smith, Blackwell Publishing Ltd., 1991, pp. 38 – 39.

② Henri Lefebvre, *The Production of Space*, Translated by Donald Nicholson-Smith, Blackwell Publishing Ltd., 1991, p. 116.

③ Henri Lefebvre, *The Production of Space*, Translated by Donald Nicholson-Smith, Blackwell Publishing Ltd., 1991, p. 38.

④ Sorumlu Yazar, "Revising the 'Book of Myths in Which Our Names Do Not Appear': A Deconstructive Feminist Critical Analysis of Adrienne Rich's Poem 'Diving into the Wreck'", *Istanbul University Journal of Women's Studies*, Vol. 23, 2021, p. 1.

⑤ Adrienne Rich, *Diving into the Wreck, 1971 – 1973*, New York: Norton, 1973, p. 22.

⑥ Adrienne Rich, *Diving into the Wreck, 1971 – 1973*, New York: Norton, 1973, p. 23.

性叙事者沉默，反倒促使其寻找自己的"词语"巧妙地摆脱男性"神话"的束缚。里奇曾在接受温蒂·马丁（Wendy Martin）采访时做出如下回应："语言就是力量，语言使我们无能为力，或使许多人无能为力。"① 语言文化上的暴力更具有隐藏性，冠冕堂皇的神话话语成为了男性暴力的共谋②。于是，诗人将"词语"当作目标，用"词语"解构神话，是因为文字是权力的符号，词语构成的话语有望帮助女性恢复话语权，借助文字空间的力量可以为失语的女性发声，运用不同于父权制所统辖的文字去书写女性自我，用女性语言记录女性经验，这不仅是对女性历史的重新诠释，更是为女性争取更广阔生存空间的努力③。

诗歌的第七节阐明了这场考古之旅的目的是解构神话话语，寻找历史真相。"我来之所为：／是沉船而非沉船的故事／是事物本身而非神话／是总是凝视着太阳／被水浸没的脸／是沉船被毁的证据／被盐磨损，摇曳成这破旧的美。"④ 到这里，神话的隐喻意味已经呼之欲出了。通过"沉船"与"沉船的故事"、"事物本身"与"神话"两组名词的对比，诗人强调了她的探险目的：她追求的是沉船本身的真实面貌，而非被神话化的故事。这些"故事"，如同"神话"一般，往往是从特定视角出发，构建了一套带有权力色彩的话语体系。在这套体系中，女性的话语往往被边缘化，甚至被曲解，只留下零星的碎片，如同深海中的残骸，缺乏完整的叙述。诗人的这次探险，不仅是对沉船真相的探寻，也是对女性话语的重构。她试图超越传统的神话叙事，以女性视角重新审视历史，赋予那些被忽视的碎片以新的意义，让它们在历史的长河中重新焕发光彩。

诗人以"神话书中／隐去了我们的名字"⑤ 作为全诗的结尾，这不仅直接

---

① Wendy Martin, "Adrienne Rich:'Language is Power'", *Women's Studies*, Vol. 46, No. 7, 2017, p. 727.

② 许庆红、朱妤双：《艾德里安娜·里奇作品中的政治书写与暴力批判》，载《外国语文研究》2018 年第 4 期，第 14 页。

③ 尹倩、许庆红：《〈潜入沉船的残骸〉的隐喻之谜》，载《世界文学评论》2012 年第 2 期，第 218 页。

④ Adrienne Rich, *Diving into the Wreck, 1971–1973*, New York: Norton, 1973, pp. 23–24.

⑤ Adrienne Rich, *Diving into the Wreck, 1971–1973*, New York: Norton, 1973, p. 24.

指出了女性在神话故事中被刻意忽略的现实，也深刻揭示了美国女性在父权制社会中被边缘化、声音被压制的境遇。然而，正如里奇在其散文集《血、面包和诗歌：散文节选 1979—1985》中所言，"沉默、空白的空间、语言本身以及它们对女性的排斥，所传达的信息与明确表述的内容同等重要，一旦我们学会了观察被遗漏的东西，倾听未被言说的声音，我们就能以局外人的眼光审视既定的科学与学术范式"①。这似乎暗示了探索自我身份的女性叙事者在踏上潜海之旅时，就意识到自己在历史叙事中是以缺席者的身份出现②。然而，诗人通过女性视角见证并记录了女性身份的探索过程，这是对美国传统男性叙事的反思和挑战，也是对女性在历史中缺席状态的一种反叙事尝试。诗人以此作为反思的起点，激发了对美国女性在历史叙事中角色的重新审视。最后，诗人呼吁社会历史中缺席的女性个体勇敢地去找寻父权制所消解的自我，以文字为武器书写自身的故事，借文字空间争取生存空间。

三、表征空间：重建女性身份的空间书写

列斐伏尔提出的"空间表征"概念揭露了空间与权力话语的共谋关系：在权力对空间的规训之下，空间表征得以形成，权力的所有者确定了等级社会的空间秩序。列斐伏尔的"表征空间"概念则为边缘弱势人群争取更多生存空间提供了理论支撑。表征空间是艺术家、作家、哲学家通过图像与符号构建的空间③，它覆盖了物理空间，对其对象进行象征性的使用。在权力对空间的规训之下，空间表征得以形成，权力的所有者确定了等级社会的空间秩序。但是边缘弱势人群可以借助表征空间对既有的权力秩序发起挑战，试图达到空间

---

① Adrienne Rich, *Blood, Bread, and Poetry: Selected Prose 1979–1985*, New York: Norton, 1989, p. 12.

② 许庆红、朱好双：《艾德里安娜·里奇作品中的政治书写与暴力批判》，载《外国语文研究》2018 年第 4 期，第 14 页。

③ Henri Lefebvre, *The Production of Space*, Translated by Donald Nicholson-Smith, Blackwell Publishing Ltd., 1991, p. 39.

关系上的平衡，为自身获取更多空间。

《潜入沉船的残骸》一诗中女主人公勇敢地独自潜入未知的海洋空间，对遭受破坏、千疮百孔的残骸进行考古，探索女性被遗忘的历史真相，解构男性权力话语。女主人公在规训空间察觉到了女性声音被扼杀、女性历史被埋没的现实，萌发了女性的主体意识，渴望通过"词语"构建女性的话语，因此勇敢地潜入海底的残骸，为女性的未来寻找出路①。女叙事者潜入海洋空间打捞女性文学遗产与历史碎片的探险经历可以视为女性为消解性别对立、突破现实世界的束缚、重建女性身份所做出的空间实践。诗歌中构建了一个海洋空间的异托邦，为女性逃离父权制社会，获得新的主体意识提供了避难所。诗歌构建的生态空间则为重建女性身份、找寻女性出路提供了独特视角。生态空间是海洋生物和谐的栖息地，有"珊瑚礁摇摆着他们锯齿形的扇子"，有"俯拾皆是的珠宝"。"这里有我，有美人鱼，深色的头发/ 像一股股黑色的泉流，有披着铠甲的美男鱼/ 我们静静盘旋/ 在沉船的四周/ 我们潜入船舱/ 我是她，我是他。"② 这一诗节是对海底生态空间的描写，叙事者终于抵达沉船的残骸，与水下生物雌雄美人鱼融为了一体③，共同见证了残骸所遭受的破坏。这体现了诗人从生态空间中寻找灵感，为重建女性身份，重塑两性关系提出了革命性的想法。一方面，"我是她，我是他"诗行中人称的转换，雌雄美人鱼"双性同体"，传达了里奇对女性出路的独特视角：与男性共同建构一个多元、雌雄同体、统一的身份，从而建立雌雄同体的男女平等共处的理想世界④。另一方面，生态空间中女性与自然达到的和谐统一景象与见证着历史暴力的沉船残骸形成了强烈的反差，表明了诗人以生态空间启迪女性的未来，消解性别对立，勇于追求平等和谐的两性关系⑤，沿着新的路线构想全新

---

① 李珺：《诗歌的政治性——论艾德里安娜·里奇的诗歌》，载《长江大学学报（社科版）》2013 年第 7 期，第 32 页。

② Adrienne Rich, *Diving into the Wreck, 1971-1973*, New York：Norton, 1973, p. 24.

③ Audrey Crawford, "'Handing the Power-Glasses Back and Forth'：Women and Technology in Poems by Adrienne Rich", *NWSA Journal*, Vol. 7, No. 3, Autumn 1995, p. 49.

④ 李珺：《诗歌的政治性——论艾德里安娜·里奇的诗歌》，载《长江大学学报（社科版）》2013 年第 7 期，第 32 页。

⑤ Kate Soules, "Revitalization of Female History：An Analysis of Adrienne Rich's Diving into the Wreck and The Dream of a Common Language", *Augsburg Honors Review*, Vol. 5, No. 3, 2012, p. 16.

的神话。

正如学者谢纳所言，文学可以"以语言文字符号为媒介，以现实景观世界为对象，以思想情感为内容，以再现、表现、想象、虚构、隐喻、象征等为手段，生产出符号化空间"，由此"参与表征空间建构"①。《潜入沉船的残骸》可以视为里奇借助诗歌文体参与表征空间建构，在文学内进行的一场女性突破现有话语体系束缚的空间实践。里奇早期的诗歌创作风格深受弗罗斯特、多恩、奥登、史蒂文斯、叶芝等男性诗人的影响，在"男性范式的宇宙"中生存与写作②，发表诗歌也多以男性名字作为笔名。20世纪60年代美国的政治风起云涌，伴随着女性主义运动的第二波浪潮，女性主义诗歌迅速崛起。里奇对政治的关注改变了她对诗歌的态度与诗歌创作风格。当她确实改变了行文长度、措辞和标点符号时，评论家们称她的作品是"苦涩的""个人的"，"牺牲了早期作品中甜美流畅的韵律，只为了不规则的线条和粗哑的声音"③。进入70年代后，里奇对男性语言的抨击更加严厉，反抗美国父权话语的掌控迫使她层层解构语言权力体系，走出"一直掌控她的、扎根于旧土壤的旧势力"④。

里奇的诗歌是对美国现实社会中两性话语权的反思与观照，里奇的诗歌创作是其借助表征空间为女性争取生存空间所进行的文学实践，目的是冲破现实世界的禁锢，获取新的经验与女性主体意识，用女性的话语书写历史，发出女性的声音。在里奇看来，艺术空间可以成为抵抗"主导文化中命名和形象建构能力"、弥合"男性范式下的主观性观点"与"女性日常生活"之间分裂的象征性手段⑤。自古以来男性作家对文学空间、文字空间的占有彰显了男性话

----

① 谢纳：《空间生产与文化表征》，辽宁大学博士论文，2008，第Ⅰ—Ⅱ页。

② Adrienne Rich, "Blood, Bread, and Poetry: The Location of the Poet", *The Massachusetts Review*, Vol. 24, No. 3, 1983, p. 528.

③ Nan Nowik, "Mixing Art And Politics: The Writings of Adrienne Rich, Marge Piercy, and Alice Walker", *The Centennial Review*, Vol. 30, No. 2, 1986, p. 211.

④ 许庆红：《"作为修正的写作"——里奇女性主义诗歌的政治与美学》，载《外国文学》2014年第1期，第20页。

⑤ Adrienne Rich, *Blood, Bread, and Poetry: Selected Prose 1979–1985*, New York: Norton, 1989, p. 141.

语的无所不在。男性视角的书写与男性范式的文学使女性的声音微乎其微。女性没有话语权,女性的历史必须经由男性话语得以讲述与记录。里奇认为女性共同拥有一种变革的力量,为了恢复力量,女性需要在精神上前行,通过语言、修辞和隐喻的手段,超越现有制度的禁锢①。因此,诗人在诗歌空间内借助文学表征书写女性经验,以诗歌为媒介,以探险为隐喻,按照自己的意愿进行文学创作,积极参与文学空间的生产,书写女性的神话,为女性争取更多的生存空间。正如玛格丽特·阿特伍德(Margaret Atwood)所言,这本诗集是"一本敢于冒险,并迫使读者也接受风险的书",是读者可以感觉到的"最好的神话"②。

五、结语

以列斐伏尔的空间生产论观照艾德里安娜·里奇的诗歌《潜入沉船的残骸》,可以揭示诗歌中空间与女性身份建构的互动关系。诗歌中的海洋空间为女性叙事者营造了一个逃离现实力量世界的反霸权的异质空间,才确保了女性空间实践的顺利实现,得以一窥湮灭的失语历史,找寻神话背后的真相。作为空间表征的概念化知识与符号,诗歌中的"神话"与"词语"深刻影响着性别身份的生产和性别关系的建构,这揭露了美国父权制权力话语与空间表征在女性失语历史中的共谋关系。诗歌中的"自然空间"为重建女性身份、消解性别对立、重塑两性关系提供了独特视角,传达了诗人对建立男女平等共处的理想世界的美好愿景。

---

① Mary J. Carruthers, "The Re-Vision of the Muse: Adrienne Rich, Audre Lorde, Judy Grahn, Olga Broumas", *The Hudson Review*, Vol. 36, No. 2, 1983, p. 294.

② Margaret Atwood, "Review of 'Diving into the Wreck'", *The New York Times Book Review*, Dec. 1973, pp. 161 – 162.